U0017487

深邃思想繫鏈的歷史跳躍

霍布斯、尼采到佛洛依德以及大眾的反叛

葉啟政◎著

深邃思想繫鏈的歷史跳躍

目錄

自序

　　在這本集子裡收集的是我從二〇〇八年以後陸陸續續寫就的部份論文。除了第四章有關大眾現象與共同體的討論是在單獨立意下寫出來的，其他三篇文章原是為將與此書同時出版的另外一本著作《象徵交換與正負情愫交融——一項後現代現象的透析》而寫的。在原先的構想裡，還將包含另外一個重要的思想家——馬克思（Karl Marx），但是，因為後來考慮把已寫就的這三篇文章另行單獨結集出版，所以，也就把當時尚未動筆之有關馬克思思想的討論暫時擱置，另外再處理。儘管剔除了有關馬克思之思想的評介，確實是一件遺憾的作為，但是，畢竟還是無損我原先構思的基本思維架構，也應當不會對讀者的理解有什麼明顯的障礙。當然，假若，讀者有興趣知道，我對霍布斯、馬克思、尼采與佛洛依德等四位極具份量的思想家，在西方社會思想發展史中，有著怎樣的親近貫聯關係，那就請逕行參考《象徵交換與正負情愫交融——一項後現代現象的透析》這本書吧！

　　在這裡，我有必要說明一下，為什麼我會改變心意，把原為《象徵交換與正負情愫交融——一項後現代現象的透析》一書已寫就的三章文字，又特別加上〈「大眾」雲團的氤氳霧靄與液化的共同體〉一文，單獨另行集結成書出版。首先，暫且不談我何以會在年已過六十五歲了還花費那麼多的時間與精力來重新瞭解霍布斯、尼采與佛洛依

德，尤其是尼采。這，我留在《象徵交換與正負情愫交融——一項後現代現象的透析》的序文中才做說明。在此，我僅只就「為什麼改變心意而另行成集出版」做一點說明，因為，這樣的說明，理應有助於讀者在閱讀本書時，比較方便走入我的心靈世界，瞭解我的寫作用意，特別是有關議題何以是如是的提引著。

　　當初，為了梳理當代的所謂「後現代狀況」，尤其確立整個「後現代」現象之呈現與所謂「現代性」的關鍵分離點，我認為，絕對有必要回到西方社會思想的發展脈絡中去尋找一些具歷史意義的線索。依據我過去的經驗，我覺得，對霍布斯、馬克思、尼采與佛洛依德等四人的某些特定重要概念進行耙梳，並從事歷史性的定位，可以說是深具意義的功課。這令我不得不耗費著相當多的時間和精力重讀這些思想家的作品，尤其是有系統地閱讀尼采的著作。於是，我就邊讀邊做整理與詮釋評論，後來變得欲罷不能，累積下來，不僅寫下的文字超過原先預期的數量，而且，碰觸的問題範圍也跟著擴大，一樣的，超出我原先規劃的議題範圍（尤其是有關尼采的部份）。如此一來，儘管這麼做至少是有助於澄清自己的理解與更細緻地鋪陳這幾位思想家的整體思想理路，但是，審度整個情形，卻讓我不得不承認，恐怕就難以擺在同一本書裡頭，作為提引我所真正關心的課題——象徵交換與正負情愫交融的現象——的思想史線索了。否則的話，整本書的結構會顯得沈重而累贅，相當臃腫邋遢，且不時又會有著失焦之虞。基於這樣的考慮，以另外獨立的一本書來呈現給讀者，應當是比較妥當的，所以，我也就這麼做了。

　　霍布斯、尼采與佛洛依德分別是活在十七、十九與二十世紀中葉的人物，他們所經驗的自有其所處之時代的特殊歷史——文化氛圍，況且，這幾個世紀又恰恰是歐洲世界面臨著最大變動的時代，所以，

他們的思想原本就極可能受制於時代所賦予的限制，無法推衍地通用
於不同的時代和不同的社會的。然而，畢竟，他們是重要的思想家，
思想賦有著一脈相承的激挑性，足以留下一定強度的「磁滯」效果，
對整個（即使施及於當代）社會理論的形塑有所影響。只不過，這樣
的思想傳承所引生的「磁滯」作用，到頭來，不免可能產生了時空誤
置的情形，顯得榫頭失準，不切實際，以致於誤導、失焦。我所以選
擇霍布斯、尼采與佛洛依德等三人重新予以解讀，其用意正在於此，
因為，在西方社會思想發展史中，他們都可以說是舉足輕重，有著巨
大的影響份量，能夠重新檢討他們的思想內涵、並給予適當的評論，
著實會有著一定的意義。

　　自從十七世紀以來，整個西方世界（聯帶的，全世界）經歷著幾
乎是史無前例的快速變遷，特別到了十九世紀以後，情形尤其是如
此。其中，表現在社會的結構表徵上面的，最明顯的莫過於是所謂大
眾社會的出現。到了二十世紀的七零年代，大眾傳播媒體科技（特別
加上電腦科技衍生之網際網路技術）極其快速的發展，更是厚植了大
眾社會的根柢。面對著為許多人所「詬病」的大眾擬像現象──諸如
冷漠、膚淺、低俗、譁眾取寵、宣洩、縱慾、任性、桀驁不馴、或乃
至異化等等──有如「癌細胞」以自我繁殖的方式一波又一波地浮現
著，人們開始懷念著傳統「共同體」社會所留有「良好」的印象，他
們看到的是，人與人之間所剔透溫馨、祥和、互信、可靠等等美好的
一面。於是，面對大眾社會所呈顯的「惡形惡狀」，許多的人們（特
別是社會學者）以往昔社會的模式（如中古世紀的歐洲）為典範，重
新編織起「共同體」的美夢，希望人類未來的文明有著往著這個方向
發展的機會。

　　在這樣的期待之中，我們不免要問：歷史可能倒流嗎？還是，往

昔美景已逝，難以再成真了？說真的，未來的情形應是如何，我不知道，但是，或許，我們至少可以從過去思想家的一些論述裡找到一些靈感與啟示，以提供給我們線索來從事合理的評估。總之，基於這樣的考量，選擇對霍布斯、尼采與佛洛依德三位重要的思想家的論述（特別是尼采的思想）重新進行解讀，並把〈「大眾」雲團的氤氳霧靄與液化的共同體〉一文也收集進來合著來閱讀，似乎起著挑戰讀者之分析和洞識能力的試煉作用。

我個人是希望把這本集子當成《象徵交換與正負情愫交融——一項後現代現象的透析》一書的輔助讀物或更詳盡的註腳。我這麼期待著，絕非懷有不良的動機，當成一種委婉的促銷手法，引誘讀者多買一本書，而只是針對有著進一步興趣暸解我到底在想些什麼的讀者們有個提醒，如此而已。說真的，這樣正經八百的嚴肅學術書籍，既非教科書，原就不能期待有什麼銷路的，想靠此賺錢，無疑是癡人做夢，絕無可能的。寫這樣的書，純粹是基於個人的興趣，恰恰又有著不怕死的出版商，肯不惜冒著賠本的風險來鼎力襄助，所以，我也就讓它出版，圖個在人生旅程中留下一點記錄，或許，將是最後的紀錄。

有一件事，我似乎有必要在此特別交代，那是：在這四篇文章中，有關尼采一文，我耗費的心力與時間最多、也最深。無論就知識的累積或生命的體現來說，從閱讀尼采的作品之中，自己所得最為豐富，也最為深刻。這讓我見識到尼采這一代奇人的才華，他對問題的挑動、時代脈動的敏感、歷史經緯的掌握、文明發展的洞見，在在都是獨到，且深具啟發作用。尼采用著一輩子的生命，以孤獨的單槍匹馬姿態向傳統權威正面挑戰，其勇氣和精神令人激賞。特別，尚是十九世紀裡，他即已經有著眼光以超乎時代的洞識能力，為二十一世紀

的人類文明預言著，這絕非一般人做得到的。他為人類所提供之化解文明困境的藥方，更是值得我們細細品味。當我寫完這篇文章，在讚賞之餘，最多的是感慨著，要在庸俗的「均值人」中經營「非凡例外」的思想事業，真的不容易，但是，尼采做到了，儘管他是孤獨、也一再地被人們忽視、誤解著。至於霍布斯，在這本書裡，我要特別提示的是他把人之本能慾望（特別是所謂的自我保全本能）看成是理解、也是經營「社會」的基礎，為後來之西方社會思想（不論是來自自由主義或社會主義）的發展奠下了基石。其中，最值得注意的，莫過於是為後來以資產階級（繼而，無產階級）作為代表「人民」（因而，「大眾」）此一歷史主體的典範形式來背書。更具意義的是，這開啟了後來以人的心理特徵作為理解、也是構作「社會」圖像、乃至化解社會問題的必要（甚至唯一的）基礎，佛洛依德的「原慾說」即可以說是此一認知傳統一脈衍生的說法，其所針對的正是被高度理性化之資產階級所面對的心理困境（其最為典型的異常表徵即是精神官能症）。更具體地來說，此一心理困境即是早已在初民社會裡浮現、且甚為重要的所謂「正負情愫交融」（ambivalence）狀態，而這一向即被西方社會學與人類學家視為是深具哲學人類學存有預設性質之一種具「源起」意涵的歷史質性。

　　說來，相當弔詭的，這種原被視為與初民社會共生的「正負情愫交融」狀態，竟然是大眾社會的基本特質，甚至被看成是一股催動的原始動力。奇怪的是，儘管尼采以極為嚴厲而苛刻的口吻不惜餘力地批判著大眾現象，但是，他卻挾持著酒神戴奧尼修斯的精神擁抱著「正負情愫交融」的心理狀態，認為這是推動文明的動力，也是肯確人之存在意義的關鍵所在。正是這樣的見解，讓我們深深地體認到，要理解大眾現象，尤其，為未來之人類文明開啟嶄新的格局，尼采的

思想絕不能缺席。總之，這些簡扼的描述使得我不得不肯定著，若欲
妥貼地認識由西方人所主導之人類當前文明的發展，至少，霍布斯、
尼采與佛洛依德三人的思想（當然，還應當包含馬克思）是必要有所
關照的。

　　最後，我需要特別感謝遠流出版社的吳家恆先生，他引介我把這
本書出版。我更應當感謝世新大學，五年來，學校提供我一個可以安
心寫作的環境，而且相當禮待我，令我總是覺得虧欠許多，無以回
報，謹以此書獻給世新大學，尤其，這些年來一直幫助我的同仁們。

葉啟政

識於世新大學研究室

二〇一二年七月二十一日

第 **1** 章
霍布斯的嗜慾說

第一節　議題的定位

　　儘管，或許誠如普勒門內茲（John Plamenatz）批評的，十七世紀英國霍布斯的思想（譬如，在自然法則中，人到底是以屈從於至高者或上帝為前提）顯得零亂，也有著頗多錯誤與失真之處（Plamenatz,1963:154），然而，回顧漫長的西方社會思想發展史，霍布斯提出的論述佔有著一席相當重要的地位，卻是眾人共同承認的。我們可以在霍布斯之後的諸多思想家，如洛克、休謨、亞當·斯密、盧梭、曼德維爾（Bernard Mandeville）、孟德斯鳩、弗格森（Adam Ferguson）或邊沁等人的身上，看到霍布斯的思想產生著正面或反面的發酵作用❶（參看 Germino,1972）。即使到了十九世紀的馬克思與二十世紀的佛洛依德這兩位具重量級身份之思想家的論述裡，我們依舊看得到霍布斯思想的影子。甚至，我們可以說，就有關對人與社會

---

❶ 明顯的莫過於是體現在英國與蘇格蘭道德哲學的所謂情操學派（sentimental school）之中（如夏夫茲伯里（Lord Shaftesbury）、哈奇森（Francis Hutcheson）、弗格森、亞當·斯密、里德（Thomas Reid）、斯圖爾特（Dugald Stewart）與休謨等人）。他們的社會思想可以說是針對霍布斯思想的批判性反應（Hirschman,1977: 64; 同時參看 Schneider,1967）。

圖像之想像的觀點上面，他們是承繼、並發揚著霍布斯思想的代表人物。

在此，所以特別關照到馬克思與佛洛依德，有兩點理由。其一、綜觀二十世紀（特別第二次世界大戰前後的一段時間內）之西方社會思想的發展軌跡，馬克思與佛洛依德的思想可謂是反映十八世紀啟蒙理性所彰顯之「現代性」的重要標竿，乃是許多思想家選擇對話的對象，可以說是導引著整個西方社會思想的發展軸線。舉凡德國的批判理論（如阿多諾〔Theodor Adorno〕、霍克海默〔Max Horkheimer〕、馬庫色〔Herbert Marcuse〕、賴希〔Wilhelm Reich〕或哈伯瑪斯〔Jurgen Habermas〕等人）或自以布荷東（André Breton）為代表之超現實主義以降的法國社會思想（特別具左派色彩的）（如勒菲伏爾〔Henri Lefebvre〕、巴塔耶〔Georges Bataille〕、沙特、德波〔Guy Debord〕、德勒茲〔Gilles Deleuze〕、瓜達里〔Felix Guattari〕、拉岡、傅科、卡斯多里亞迪斯〔Cornelius Castoriadis〕等等），莫不直接或間接地同時以馬克思與佛洛依德的思想做為討論的重要「分離點」。即使到了二十一世紀的今天，他們的思想還展現一定的影響威力。其二、倘若我們承認在當今（特別歐美）的世界裡有著所謂「後現代性」出現，同時，此一後現代性在某個程度上有著將現代性的某些基本核心義理予以闡閉的意思，那麼，自一九七○年代中葉開始，法國思想家布希亞（Jean Baudrillard）在一系列的著作中即以馬克思與佛洛依德的思想當成批判對象，並藉此做為尋找思想上之分離點的開端（Baudrillard, 1975, 1981, 1990a, b）。在這樣的情況之下，既然馬克思與佛洛依德的思想被學者們以正面或反面的立場當成為具代表性的焦點，我們自然有理由去追究他們兩人之思想背後的可能歷史源頭，而這正是所以選擇霍布斯的思想來做為討論焦點的緣由。

　　針對著上面的第一個理由，霍布斯的思想在西方社會思想發展史中可謂扮演著具「啟動」意涵的重要分水嶺作用，而此一「啟動」指的是，啟動了西方世界對現代社會（尤其資本主義體制下的現代性）進行理解的思想樞紐❷。其次，針對著第二個理由，假若我們同意布希亞的批判性論述對當今人類的後現代文明發展確實深具啟發意義的話，那麼，為了澄清和證成布希亞對馬克思與佛洛依德之思想的批判論點，我們更是有必要回到霍布斯的理論重新給予評估。所以是如此，那是因為此一後現代性將現代性的某些基本核心義理予以闔閉掉，正是終結了霍布斯以人的需求慾望做基礎所架出之具體物質性的社會（與歷史）意義，也同時宣告著以霍布斯的「嗜慾（或慾望）」命題做為軸線來經營有關現代性的論述模式將退場，或至少需要轉型，而這恰恰正是布希亞之論點的核心。

　　為了讓霍布斯的嗜慾說此一焦點議題呈現得更加順暢、且顯現得體，尤其，為了突顯它和布希亞對馬克思與佛洛依德的批評論點在思想史上確實有著一定親近性、甚至可以相互扣聯起來，我們似乎有必要先針對一向被學者們公認為霍布斯思想的關懷與定位重點有著簡拓的鋪陳。

　　霍布斯（1588-1679）生於十六世紀末的英國，一生活躍的時段是在十七世紀裡頭。在當時的西歐世界裡，特別是透過所謂的商業革命（Commercial Revolution），資產階級（特指所謂的中產階級）的力量漸漸浮現，而以國王為核心的勢力，也企圖突破教會主導的封建體制，在政治上爭取絕對的主導權。如此，在日益茁壯的資產階級結

---

❷ 馬克弗森（C. B. Macpherson, 1962:13,16）即持此一看法，並認為霍布斯的論述必須擺在歷史的脈絡來看，才可能彰顯出它內涵的深刻意義。

合著王權的夾殺下，以教會為中心且強調君權神授的封建體制面臨著瓦解的危機。然而，在這過程中，教會（教士）猶做困獸之鬥，企圖保有其原有的勢力，但這卻只是更加助長社會的動盪不安❸。譬如，就英國來說，在以國王為核心的國家主義生成的過程中，資產階級即影響政局甚鉅。在一六四九與一六八八—八九年，資產階級兩度參與廢除專制君王，提高國會的主導權，取消王室在政治與法律上的專權，並進而透過制憲方式予以約束（引 Becker & Barnes,1961:375）。

再特別就英國社會來看，除了有著上述如此一般的條件之外，在政治體制上，尚存有著更為糾結的內在問題。簡單地說，情形大致是如此：查理一世（Charles I）在一六二五年登基後，為了去除國會不斷的阻擾，致使與國會的關係變得相當緊張，其中導使緊張現象發生的阻擾之一是有關稅收的運用問題。當時，議會控制了稅收的最初來源，國王需要資金時，需得仰賴國會的通過。然而，國會議員為了討好選民，自然是不願多給，以免因此導致不斷增稅，失去了選民的支持。於是，國王與國會之間形成相互掣肘的狀況，整個英國社會跟著處於動亂不安的狀態之中。即使查理一世在一六四九年被處刑致死，政治上的紛爭還是未能終止，至少直到一六六〇年查理二世復位為止，內戰持續發生著。

終其一生，霍布斯所關心而意圖解決的，正是他所身處這樣的歷史場景，他於一六五一年所寫就《利維坦》（*Leviathan*）一書，即被

---

❸ 在一六五六年，霍布斯向一位索取《利維坦》一書的人士說明他為甚麼撰寫此書時即提到：「思考神職者在內戰之前以及開始時做了甚麼，他們所講所寫的如何助長了內戰」。又如在一六六八年出版的《畢希莫斯》（*Behemoth*）一書中，霍布斯更認為，該為英國內戰負責的是人民的「誘惑者」，而其中最該受到譴責的，莫過於是神職人員（包含經院學者）（引自 Shapin &Schaffer,2006:97）。

公認是力圖為英國社會謀求確立和平的途徑❹（Macpherson,1962,1968
;Plamenatz,1962,1963;Schmitt,2008）。因此，霍布斯的論述指向的，
可以說是有關具體政治體制的構作問題，而就當時英國的實際政治場
景而言，他即以克倫威爾（Oliver Cromwell,1599-1658）做護國公時
所形成的政府形式做為主張君主立憲的理想楷模，並由此建構其心目
中的理想政治體制，以做為穩定社會秩序的制度性基礎❺。

　　從這樣的寫作背景來看，無疑的，霍布斯的國家理論有著現實的
考量基礎，過去絕大多數的學者把興趣安頓在有關國家形成的理論上
面（特別是形塑政治權力的正當性時所具有的倫理意涵），因而是可
以理解的。聯帶的，在社會思想上的貢獻，霍布斯被定位在於提供具
有建構「社會秩序」之功能作用的政治體制（即所謂的國家〔state〕）
上面，於是乎也是一項順理成章的見解。或更具體地說，他的成就一
向被定位在於為現代西方世界提供國家形成的基本理論，而這個「國
家」即他所稱呼的「利維坦」❻。

---

❹ 其實，其更早的作品《論公民》（*De Cive*）即已展現了這樣的意圖。該書的拉丁文本於
　一六四二年首次在巴黎出版，後來，一六四七年在荷蘭阿姆斯特丹（Amsterdam）連續
　出了兩版，英文版則是與一六五一年出版之《利維坦》同年問世。基本上，《利維坦》
　可以看成是《論公民》的延續，儘管二者之間存有著一定的斷裂性
　（Skinner,2004:12）。不過，不管怎麼說，《利維坦》成為代表霍布斯之思想的經典作
　品，則是西方學界共同支持的看法，研究霍布斯者莫不以此一作品做為最主要的立論依
　據。準此，底下有關霍布斯之理論的論述，基本上即仰賴《利維坦》一書。根據史金納
　（Quentin Skinner）的研究，英文版的《利維坦》可能是在一年半的時間內寫成的，霍
　布斯所以使用其母語（英語）在這麼短的時間內寫就，為的是讓他的英國同胞有機會瞭
　解他的思想，以達到宣揚其政治主張、並使之有著落實的實際效果（Skinner,2004:
　19）。

❺ 在政治體制上，霍布斯傾向於保王派（Royalist），支持單一君王為主的至高權，而非
　透過議會來主導的至高權形式（Plamenatz,1963:116）。

❻ 有關「利維坦」一概念的原始意涵，尤其是霍布斯使用此一概念的期待和時代背景的詳
　細討論，參看施米特（Carl Schmitt, 2008）。在此僅特別點出施米特的一項意見聊充
　點綴：施米特認為，霍布斯對「利維坦」這個形象的運用，乃出自於精妙之英國式的幽
　默與半具諷刺性質的文學念頭（Schmitt,2008:55,65）。同時，霍布斯不時使用
　Commonwealth 一字指涉我們慣稱的國家（state），但是，紐維（Glen Newey）指

　　霍布斯之後的英法世界逐漸形成了以契約說為主調的自由主義政治思想（如洛克、盧梭、孟德斯鳩、邊沁等人），並且掌握了至高權，成為主導歐洲（繼而，美國，以至於全世界）社會發展的基本軸線。從社會與政治思想發展史的角度來看，霍布斯的思想可以說即是此一自由主義思想的重要歷史源頭❼。然而，在此處，這個面向並不是關切的重點，我們關心的毋寧地是，其理論所涉及西方社會思想中更為深層之哲學人類學存有預設的「人性論」，以及此一存有預設為十九世紀（特別二十世紀）以來之現代西方社會思想所可以開展的歷史意義。尤其，誠如上面提及的，它對當前後現代狀況的基本社會理路所可能衍生的意涵。

　　為了證成霍布斯之人性論（尤其涉及西方社會思想中深層之哲學人類學存有預設）的歷史意義，從事一些具歷史社會學意涵的簡扼釐清工作似乎是必要的。首先打算提到的，是有關他的論述與資本主義社會生成之間的可能關係。對此，馬克弗森指出，儘管霍布斯早已看到了資產階級剝削農民的「羊吃人」場景，但是，他並未立即有著嚴厲的撻伐，更未見他直接而明確地針對資產階級的社會（與歷史）意

出，霍布斯使用 state 一辭時，經常有著不同的特別意指，容易引起混淆。他建議使用政治權威體（political authority）一辭以取代，或許會更恰當一些（Newey, 2008: 50）。

❼ 根據里利（Patrick Riley）研究，在十七世紀後出現的社會契約論問世之前，西方世界其實早已有了立基於臣屬者（不一定是獨立個體）之自然意志的契約同意這樣的說法了（Riley, 1982）。貝克爾（Howard Becker）與巴奈斯（Harry E. Barnes）則指出，以社會契約來解釋社會制度和政治組織的源起與認可，首見於十五世紀中葉之西爾維烏（Æneas Sylvius）的著作裡，但是，直到接近十七世紀的開端，才被英國的胡克（Richard Hooker, 1552-1600）與德國的阿爾圖修斯（Johannes Althusius, 1557-1638）用來充做為社會與政治理論的重要信條，而這預示了霍布斯的論點，並讓他更加有系統且細緻地予以闡述（Becker & Barnes, 1961: 377, 438）。準此，雖然，我不敢遽然地如貝克爾與巴奈斯所意涵的，立刻論斷霍布斯的理論乃直接反映著資產階級帶動的商業革命，但是，倘若採取保守的態度來說，底下這麼的說法應當是可以接受的合理論點。這個說法是，霍布斯之以契約同意為基礎的政治權力正當性的論述，乃與其後之資產階級的大幅興起有著具一定歷史意義的選擇性親近關係，並對後來者產生一定的啟發作用。

涵有所著墨（Macpherson,1968）。儘管情形或許正如馬克弗森所說的，但是，我並無意從事更進一步的追究，因為這並非本文寫作的焦點議題。在此，需要特別提示的倒是，回顧往後的西方社會之歷史（與社會思想）發展的軌跡，霍布斯對「利維坦」國家的討論，尤其，諸多基本命題的設定，對後來的社會思想家在描繪資本主義社會的圖像形構時，的確產生了莫大的影響（參看 Macpherson,1962,1968; Bobbio,1993: 10-12）。他的立論可以說為日後西方社會思想家描述資產階級做為歷史主體的（特別是政治經濟）場景，埋下了深刻的伏筆，也為整個論述提供了核心的概念（與命題）基石，影響可謂至為關鍵，其中，他的嗜慾論（the theory of appetite）即是最具關鍵性的論證，儘管它一向被忽略了。正因為情形是如此，底下即以處理此一課題為焦點。

　　前面的論述提及到，除了上述之對後來之西方具體政治制度的建構與有關國家的理論有所貢獻之外，霍布斯的論述尚有著更為深刻的理論意涵——涉及到有關建構穩定之社會秩序的一些基本機制要件，或更籠統地說，觸及到帕森斯（Talcott Parsons）所謂的「社會秩序如何可能」問題。對此，帕森斯即乾脆就把「社會秩序問題」稱呼為「霍布斯問題」❽（Parsons,1937:89-94）。當然，論及到此一議題時，霍布斯提到一些概念，如社會契約、權力、政治權威、至高性（sovereignty）等等，確實都很重要，但是，誠如帕森斯已注意到的，在霍布斯的思想體系裡，立基於慾望（desires）而引發的激情

---

❽ 對霍布斯來說，所謂「社會秩序」問題的根本癥結，基本上乃在於如何營造一個「如何避免混亂」之穩定而恆常的秩序，並非接受既定秩序下有著一定的「混亂」才是正常，並以經營著「正常混亂」為標的。這一點與後來甚多社會學家接受後者之社會秩序觀的基本立場是不同的。

（passions）概念，才是形塑「社會秩序」之基本單元（即社會行動）最為根本的概念基石（Parsons,1937:89-90）。準此立場，相對於過去學界特別重視霍布斯有關「利維坦」國家做為政治體的結構特質（與衍生的議題）的論述本身，把焦點轉而特別擺在他的嗜慾論上面，於是乎有著極為特殊的社會學意涵。尤其，當我們回過頭來檢討布希亞企圖以象徵交換（symbolic exchange）做為基本表徵來刻畫後現代狀況❾，並宣告佛洛依德的需求說（theory of need）與馬克思的價值說（theory of value）失效❿的時候，若能重新回顧霍布斯的嗜慾說，無疑地將為整個論證提供更堅實的歷史基礎，讓我們可以從中獲取更多思想上的啟示，也可能讓我們對布希亞的象徵交換說有著更多的感應與體味。

第二節　巨靈「利維坦」圖像刻劃下之「國家」概念的意象

　　貝克爾與巴奈斯曾經指出，十六與十七世紀的歐洲思想深受兩個方向的重要發現所影響：其一、發現使得人們對所知之世界（意指人們所在的地球）的範圍與相對複雜性的瞭解程度增加；其二、發現使得人們對地球與其上之棲息者的相對大小感、重要性與其在宇宙中的意義地位感減小。前者指的是生物學家、探險者與早期民族學家的諸多有關生物體的結構以及美洲新大陸與非西方世界之初民社會的發現，而後者指的則是諸如伽利略與牛頓等人在天文學上的發現

---

❾ 借用李歐塔（Jean-Francois Lyotard , 1984）的用語。

❿ 簡言之，他們兩人論點基本上均建立在霍布斯所提出之自我保全（self-preservation）的生存概念上面（同時參看 Baudrillard,1975,1981,1990a,b）。

（Becker & Barnes,1961: 341）。結果，在西方人的認知中，不只是地球變小，世界變大，而且，也改變了人們對自身與周遭之社會世界的認知態度，其中，最為顯著而且直接衝撞既有社會秩序的，莫過於是逐漸動搖了整個封建體制。其次，發現初民社會似乎更加助長了歐洲人確認中古世紀時人們所持有的一種基本假設：在有社會建立之前，人是處於自然狀態，有著所謂自然人（natural man）的樣態。貝克爾與巴奈斯即認為，這樣的認知模式強化了十七、乃至十八世紀之歐洲人對自然狀態、自然權利與契約論的興趣。同時，對非歐洲世界（包含社會習俗與自然地理環境）的接觸日益增多，更是使得歐洲人對有關人與自然環境之關係的諸多問題產生興趣❶，這對後來之所謂「社會科學」的誕生，具有著顯著的意義（Becker & Barnes,1961:344）。霍布斯正是處在以這樣的定性基調來展現思想與拓殖知識的時代裡，他的思想受到這樣之發現的影響是可以想像得到的。其中最為明顯的，即表現在對國家（*Civitas,* commonwealth or state）此一政治實體的看法上面。

在《利維坦》一書〈引言〉的一開始，霍布斯稱國家乃像「利維坦」這樣一種龐然巨大的怪物，或可稱之為一種人造的人（artificial man）、自動機（automaton）或機器（machine）❷（Hobbes,1998:7）。根據波比歐（Norberto Bobbio）的說法，在文藝復興時代之西方人的思想裡（如培根），人造物並非如古代所認為的，只是模仿自然，而是等於自然本身。所以有著如是的想法，乃因自然被看成是一部大機器，發現自然即是企圖理解制約其機制的法則。一旦此一隱藏著的法

---

❶ 十六世紀的蒙田（1533-1592）與布丹（Jean Bodin, 1530-1596）即是代表人物。

❷ 在《論公民》一書的〈致讀者的序言〉中，霍布斯即以時鐘此一代表機器的原型來刻劃國家（Hobbes,1983）。

則能夠被發現，人們即可以製造出另一具機器，以更完美的姿態讓自然呈現，並增加其威力（Bobbio,1993:36）。準此理路來看，霍布斯的「利維坦」國家即是一具代表著完美之「自然」的機器，為本有缺陷的「自然狀態」再創一個新的完美樣態，以十七世紀西歐人慣有的認知模式與語言來形容，這同時也是一項藝術作品（Hobbes,1998:7）。

雖然，誠如前面提示的，霍布斯提出「利維坦」國家、並賦予以至高性❸，為的是意圖化解當時處於內戰狀態之英國社會的困境，但是，對整個西方的社會思想而言，他所觸及的，卻是具有著更為久遠且深刻的歷史社會學意義。大體來說，這個社會學意義有兩個層面：一是關涉具理論意涵之有關人與社會的哲學人類學存有預設；另一則是針對著具特殊歷史意涵之現實政治性的社會處境❹。

就具理論性之哲學人類學存有論的意涵而言，霍布斯提出了所謂「自然狀態」這樣的想像圖樣，做為論述人類存在的一種認知上的預備（甚至是起始）狀態❺。首先，他認為，社會之所以形成，並非人

---

❸ 相對地來看，馬基維利（Machiavelli, 1950）強調的，是君王個人的統御「品質」（特別是明智〔*phronesis*〕）的問題，而不是制度化的「至高性」所開展出來的結構問題。

❹ 在研究霍布斯思想的學術傳統裡，對其哲學觀一直有著兩種不同的認知模式。其一認為霍布斯的政治哲學是其自然哲學觀的邏輯所衍生出來的，因此，與霍布斯個人的歷史處境無關；另一則主張霍布斯的政治哲學與自然哲學可以是相互獨立著的，甚至，後者是受到前者的影響。有關此一長久之論爭的評介，可參考芬恩（Stephen J. Finn, 2006），儘管其立場是偏向後者。在此，以「具理論意涵之哲學人類學存有預設」與「具歷史意涵之現實政治性的社會處境」來闡述，除了有避開此一有關哲學立場的「羅生門」論爭的意思之外，最主要的用意是另外開闢出一個理解霍布斯思想的分離點。由於這並非本文所欲討論的重點，不擬多費篇幅來論述了。

❺ 在文藝復興（Renaissance）時期，西方人即把人看成為「個體」，有著受到神祉恩賜之自然法則導引的自然狀態（Peters,1956:156）。綜觀霍布斯的論述，我們可以說，他是觸及到人性問題的（如底下將論述的嗜慾或慾望概念），但是，若說人性是整個論述的焦點（或乃至是起點），倒不若說他論述的重點是「人類所處的自然狀態」來得恰當些（參看 Hoekstra,2007:110）。再者，在此所以說自然狀態是論述上的一種具哲學人類學意涵的認知預備狀態，並不等於只是意味具有著實際演進之歷史意義的「實質」原

類追求社會形式的本身❶，而是人們欲想從中獲取榮譽（榮耀）（honour〔glory〕）或利益（profit）（Hobbes,1983:42）。尤其，人性中內涵著可能相互仇恨的因子，導致人們處於自然狀態之中時，會因競爭（competition）、猜疑（diffidence）❷與爭取榮耀，引來爭執（quarrel）（Hobbes,1998:83）。因此，處在這樣相互爭執著的自然狀態下，人們彼此之間感到恐懼（fear），也往往相互傷害（hurt）著❸，以至於使得人與人彼此之間「處於永遠戰爭的狀態之中」（Hobbes,1983:45,49; 1998:84）。這也就是說，自然狀態基本上是一種人們處於戰爭的狀態，既殘酷，又邪惡（參看 Bobbio,1993:42）。為了避免自然狀態所衍生出來之殘酷而邪惡的戰爭成為永遠的狀態，以便於讓人們有著和平共處的機會，「利維坦」國家的建立是人類不能不選擇的一條道路❹。

　　顯而易見的，就概念的內涵而言，供奉著這樣的自然狀態，基本

始狀態（如一般所謂之初民部落的狀態），其意涵較為深刻而顯著的，毋寧地是做為鋪陳論述時具有啟發性的一種認知分離點，重點在於它所企知對照的狀態（對霍布斯而言，即「利維坦」國家所具的人工狀態）上面。所以，粗略地說，在時序上，自然狀態乃是相對於人為狀態的前置狀態，往往是人類進行社會改造時之一種具假設性質的「本有」狀態。回歸到霍布斯之幾何學至上的認知模式來說，自然狀態則可以看成是幾何學中的基本公設，乃定義所有可演繹之命題的基本前提，這一立論點至為關鍵。

❶ 這樣的論點顯然地與其後之契約論的見解是一脈相承的，而與涂爾幹（Durkheim, 1964,1995）主張「集體意識」乃超乎個體而具有著社會先驗性的立場正是相左著。

❷ 這個英文字彙的字典意思是因缺乏自信而害羞，但其在中古世紀的原意則是對某事或人缺乏信心或信任。在此，考量霍布斯的論述文脈，譯成「猜疑」似乎會比較合適些。

❸ 在拉丁文版的《論公民》一書中，霍布斯即指出，所謂公民社會（civil society）即始於人的相互恐懼（參看 Hobbes,1983:42）。這也就是說，由自然狀態進入公民社會的人為狀態的關鍵點在於消除人原先具有相互恐懼的心理狀態。以當時社會處於動盪不安的處境來說，霍布斯以恐懼與相互傷害來勾勒人所處的自然狀態，應當是相當可以理解的說法。

❹ 正是霍布斯以這樣的命題為前提所提出諸如自然法則與自然權利等等的觀念，構成了後來研究霍布斯思想之學者們關心的核心焦點，在此，我實無多有置喙的必要，再說，個人也沒有足夠的學術素養與能耐來處理這樣的課題。

上是對人的存在狀態予以設定的一種深具人類學意涵的命題。只不過，儘管它只是一種具設定性的命題，但卻經常是以在生活世界裡可以感知到的一些經驗做為基礎，其基本意義乃在於做為思想實驗（thought experiment）⑳的概念工具。準此，整個問題的關鍵顯然地並不在於是否「經驗可證」，而是在於對理解相關的社會現象到底具有著怎樣之特殊歷史─文化意涵的啟發意義與想像作用了（參看Germino,1972:93）。說來，這正是所以選擇霍布斯的思想來討論的重要關鍵所在，其所具特殊歷史─文化意涵的啟發作用，也因此成為底下論述霍布斯的嗜慾說對理解當代社會之意涵的關鍵轉折點，而這個轉折點又得從上述的霍布斯命題所可能彰顯的現實社會（政治）性來承接。

就具現實政治性的社會處境來說，霍布斯關涉的，基本上是當時歐洲世界所呈現「神學─政治」對彰格局衍生的問題。簡單說，這涉及基督教會整體與（絕對）王權（即屬靈與屬世）兩股勢力爭奪政治權力之主導權的鬥爭問題（Schmitt,2008:159-170）。當然，所以稱之為政治權力，乃是以今天慣有的概念來看的，在霍布斯的那個時代（尤其是其前的時代）裡，基督教會的力量還是相當龐大，由屬世權力主導的現實格局若非根本不存在，至少也僅是具附屬性質而已。這也就是說，就現實而言，屬世權力基本上乃依附在假「基督共同體」（Christian Commonwealth）為名之屬靈權力所主導的格局之下㉑。易言之，對霍布斯而言，在以屬靈帶動屬世之傳統格局的陰影下，縱然

---

⑳ 此一概念借自馬蒂尼奇（A.P. Martinich, 2005:63ff）（同時參看 Kavka,1986;Pasquino, 2001:406ff）。

㉑ 根據霍布斯的意思，屬靈權力是屬於神祇的政治，政治乃是宗教的一部分。相反的，屬世權力則是屬於人的政治，宗教則成為政治的一部分（Hobbes,1998:chapter 12）。

以尊王為綱本，他仍然必須在基督（上帝）的名分下尋找締造社會和諧平和的基礎，而這個基礎即是他所宣稱的基督共同體（Hobbes, 1998:Part 3）。無怪乎，施米特會認為，霍布斯謀求的其實是基督共同體的政治統一（Schmitt, 2008:162）。更重要的，這無疑地也正是霍布斯的理論與傳統基督神權社會的圖像展現「斷裂」的開始，更是為上帝樹立新形象的重要分離點。對霍布斯來說，這亦即企圖透過具屬世性質的「利維坦」國家來重塑上帝的形象，因而，有了「會死的上帝」（或謂「肉身的上帝」）的概念出現。霍布斯這樣的立論，推到極端來看，乃藉著物質性的概念來翻轉屬靈傳統所具有的優勢位階，並以此確保屬世君王運作權力時的正當性，更是做為期待君王獲得最後勝利的論述基礎。就在這樣的概念轉折與期待之下，君王所擁有的「利維坦」國家於是乎兼具了四種圖像：（會死的）上帝、巨人、巨獸、以及人透過技藝和智慧鍛造出來的巨型機器❷（參看 Schmitt, 2008: 146）。

在借某種形式來維持傳統的上帝形象（即「會死的上帝」）的同時，以機器的形象來描繪人的世界，誠如上文中已提及的，其實是霍布斯所處之十七世紀西歐世界極為流行之一種對社會圖像的「新穎」想像方式。施米特即指出，此一圖像的最初形而上的論斷歸功於笛卡

---

❷ 在一九三八年撰寫〈霍布斯國家學說中的利維坦〉一文時，施米特還認為國家有三種圖像：巨人、巨獸、以及人透過技藝和智慧鍛造出來的巨型機器（Schmitt,2008:55），但是，到了一九六五年撰寫〈完成了的宗教改革〉一文時，他予以修正，加進「會死的上帝」做為描繪「國家」之特質的一環，而國家之所以是「會死的上帝」，乃因它總有一天可能被內戰或叛亂所粉碎（參看 Schmitt,2008:120-121,140）。顯然的，對後人來說，霍布斯把「會死的上帝」概念加了進來，是時代的產物，在當時，有一定的社會意義，至少，這樣的設定使得他的主張容易被接受。發展到二十一世紀的今天，基督宗教所架出之屬靈的政治權力可以說是幾乎完全消退了，我們不只不需要假借巨人、巨獸、以及巨型機器等等的隱喻性的概念來形塑「國家」的概念，「會死的上帝」一概念更加是不再需要了。

兒，他把人體看成為一種機器，而由肉體和靈魂組成之人的整體則被看成是「智力加上一台機器」❷。但是，霍布斯不同於笛卡兒❷，他把此概念從「無形實體」的形而上層次拉下來，改採具人類學意涵的具體「物質化」立場，以隱喻的手法運用巨靈「利維坦」圖像來刻劃國家「巨人」。此時，靈魂不是外於做為機器的國家「巨人」，而是與肉體一齊，同時變成為此一機器的一個零件❷（Schmitt, 2008: 75,138）。

在國家這個機器既是「巨人」與「利維坦」、且被認為是由許許多多的「小人」組成的前提下，這個同時也是「會死的上帝」是如何做決斷呢？這成為霍布斯謀求「基督共同體的政治統一」時必須考量的關鍵重點。對此，霍布斯採取了具演繹邏輯性之幾何學的形態構作做為思想基模來刻劃國家機器，而人本身，特別是以人民為主體的芸芸眾生（甚至進一步地是人的基本生理特徵）則是組成國家「利維坦」的基本元素，就像幾何學中的「點」做為最基本的構成元素一般❷。這也就是說，雖然機器自身不會思考，但是，做為國家機器之組

---

❷ 在十七世紀的西歐世界裡，基本上，機械裝置、有機體、與藝術作品等三個概念的意涵並沒有清楚的區分界線。對霍布斯而言，此三者都是人類最具創造力之產物（即機器）的組成部分（Schmitt,2008: 77）。這個區分是後來才出現的。

❷ 有關霍布斯對笛卡兒思想之評論的闡述，參看林奇（W. T. Lynch, 1991）、馬蒂尼奇（Martinich, 2005:chapter 2）與芬恩（Finn, 2006: 102-107）。

❷ 在此，值得附帶地提到札卡（Yves C. Zarka）的評論。他認為，霍布斯的哲學其實是亞里斯多德之物理學與形上學概念的激進版本，他改造了亞里斯多德的因果說法，企圖立基於具時序性的物質實在，借用幾何學與機械論的觀點，並透過具肉身之人類的感官經驗與運動來呈現人的形象與社會現象。基本上，這乃有意遠離著笛卡兒所持有之非物質性的靈魂概念（Zarka,2006; 同時參看 Shapin & Schaffer,2006:85）。霍布斯以幾何學的理念（即重視基本組成元素與明晰定義）為基礎，對持無形實體論的物質主義立場予以批判，可以從《利維坦》一書第四部份的〈論黑暗王國〉中的論述得到佐證（Hobbes,1998:403-466）。

❷ 有關進一步闡明幾何學的想像對霍布斯思想的影響，將在下文中再次提到。

成成員的「人」所具有的種種身心特質（包含理性思考）本身，被認為原本即是內涵在國家機器之中的特定組成部分，而這正是使得國家機器會思考的關鍵所在。於是，我們可以把掌握和推動歷史進程的主角輕易地轉移到同時兼具激情（passions）與理性（reason）特質的「人」自身上面，他們為國家機器這個龐大的「人造的巨人」做決斷與進行解釋㉗。

　　霍布斯這樣把構成國家機器「人造的巨人」的基礎擺在「人」自身的身心特質上面，至少有著兩層的意涵。首先，這意味著，人們再也不需要「上帝」這樣的形而上托體來做為形塑國家機器的後盾。其次，人們彼此之間的關係本身是相當鬆散的，其基礎乃在於人透過天賦的理性特質來經營具社會性（特別是政治意涵）的契約，而非源自先天性的社會連帶（諸如來自血緣或地緣的共同體感）所深具的社會心理性質。因此，讓個體彼此之間訂定契約相互制約，遂成為賦予國家機器「巨人」以生命的根本基礎。顯然的，這樣的思想有著讓個人主義的色彩得以剔透出來的潛在意涵。施米特即提出這樣的評論：「……他（按：指霍布斯）從個體（角度）來區分友敵。在他那個時代的具體環境中，他得出這樣的結論：從教會和先知方面威脅著個人主義的自由的危險，比起人們所擔心的國家世俗當局的一切（所作所為），都更加嚴重」（Schmitt, 2008:158）。如此一來，以「個體人」為本位的思考模式有了具體的社會條件予以支持，也因此有了對「非基督教化」與「非神祇化」推動「世俗化」的歷史動力，讓強調理性之「技術中立化」的國家統治術，更得以有了被高度運用的有利條件（Schmitt, 2008:158-159）。在這樣的認知背景下，推動國家機器的實

㉗易言之，人所具有的種種身心特質本身原本即是內涵在國家機器裡的特定組成部分。

際動力，被認為即是來自「人」本身所具有之共同的經驗性特質。在認知上，嗜慾遂進而成為具定性意義的「體質」基礎，而回到「人」本身之有關國家的討論所衍生出來的關鍵課題，也才會成為是統治技術化（因而，中立化的合理性）的問題㉓。

　　就歷史發展的進程來看，這樣以「人」為本位、並由契約來定義的社會關係最為典型的，莫過於是透過法制的形式來表現。對霍布斯而言，在具備（或追求）法制體系的國家裡，人們因此必須使用法制政治的語言來理解社會關係以及轉化「人」為本位之特有身心特質所內涵的社會意義。誠如施米特提示的，這基本上即涉及到擁有主權之法人的法學問題，更是關涉到具體實踐的哲學問題（Schmitt, 2008: 164）。至於具體實踐哲學，則是建立在「利維坦」制定並執行國家法律所彰顯之正當性的理性力量上面，情形猶如幾何學的推論法背後所具有的力量一樣，是一種至高的理性運作。準此，代表法律的國王的權威即是幾何學家所展現具推理性的至高權威地位（參看 Shapin & Schaffer, 2006:215）。

　　以契約做為基礎來為君王具有至高權威的法制政治體制提供正當性，並進而成就了一種以「人」為本位的和平秩序，乃意味著權能（power）是形塑「社會人」的重要概念。對霍布斯來說，權能涉及的是一個人能否有效地掌握自己之命運的能力，基本上是一個具功效意涵的概念。他就下了這樣的定義：「人的權能（普遍地來說）是一個人獲取某種未來具有明顯益處的現有手段，它或者是原有的，或者

㉓無怪乎，施米特認為霍布斯是現代法學實證主義的精神父親，是十九世紀之功效主義者邊沁與法學家奧斯丁（John Austin）的先行者，同時，也是自由法制國家的開人，並稱呼他為政治科學中的伽利略（Schmitt,2008:155-156,159）。這也說明了，在十九世紀裡，主張實證哲學的孔德，何以會奉霍布斯為新宗教的教父，並用金色字母把他的名字列入科學時代的聖徒曆書之中（引自 Schmitt,2008:170）。

是工具的」（Hobbes,1998:58）。於是，凡是人所可能具有的種種天賦稟性（或能力）（如超人的膂力、儀容、技藝、口才、財富、世襲的盾飾與紋章或高貴的出身等等）或乃至傳統亞里斯多德倫理學中被歸類為德行（virtue）的種種行止（如慷慨大度、明智、聲譽等等），只要可以獲得人們尊敬（honor）的，都可以轉換成為權能。回到霍布斯當時所存在的英國場域與他一向關心的問題，顯然的，他所以重視權能的經營基本上為的是，一個人唯有有了這樣的現實資源，他才可以沒有恐懼，有了保全自己的生存機會❷。倘若人有著為權力❸而追求權力的情形，那是自我保全有了可靠之基礎以後的事了。

　　當我們把權能看作為一種存在於人與人互動之中的社會資源的時候，基本上，它是遠離著自古希臘以來西方哲學傳統企圖透過（特別從道德層面來形塑的）「完人」形象來捕捉「人」與社會圖像的認知基模，而是以具世俗之現實物質性的姿態來為「人」與社會賦予意義，並且回歸到處於自然狀態下之人原有的身心體質特質自身上面來

---

❷ 奧爾福德（C. Fred Alford）認為，霍布斯乃以自戀（narcissistic）的形式來看待權能的概念，以為有權能之人的能力是無限的，而一般人民沒有界範主權者以任何方式、在任何地方與任何時候進行侵犯的能力，以至於使得他者的他性（otherness）被否定掉（Alford,1991:97,99,101）。這也就是說，在奧爾福德的眼中，霍布斯忽視了有權者之權能是有極限的，權能的承受者是感受到權能施放者的權能力道所內涵的他者形象，而且，權能的承受者甚至是有一定之權能的「防衛」能力範圍的。我個人認為，縱然奧爾福德這樣的評論有一定的道理，但是，卻不是霍布斯如此刻劃權能概念的要旨，並不適用來理解霍布斯的權能觀。倘若霍布斯有誇大主權者之權能的意思，那也是因為他的整個思想為著一個基本的宗旨：社會處在長期內戰之中，人們實無法再容忍任何訴諸暴力的強權，唯有捍衛王權（來對抗教權）以做為維持社會秩序的制度性基石，和平才有可能，人民也才會有安穩的生活。無怪乎，皮特斯（Richard Peters）會認為，在霍布斯的思想裡，追求權力的慾望乃與恐懼同時成為人們做任何事的原因（causes），也是接受自然法則的理由（Peters, 1956:143-144,165）。這也說明了何以伯恩斯（Laurence Berns）會認為，霍布斯顯然地是「期待著一個比完全武裝之至高權力更形溫和的政權所可能提示的（形式）」（Berns,1981:389）。

❸ 在此，所以使用「權力」，而不用「權能」一辭，乃因為這樣更加傳神，也更形貼切現代社會之基本社會理路的特質。

加以考查❸。這樣之身心體質特質的最元初表徵即是底下所將提到的嗜慾（或慾望），其滿足與否對人之心理所造成的愉快或痛苦，遂成為判定人之行為的依據，其中，尋求自我保全的本能可以說是為人們帶來愉快（也是避免痛苦）感受最為根本的基礎。準此，權能的表徵乃具有著功能性的意思，為的即是實踐著立基於人原有之身心體質特質的心理享樂主義（psychological hedonism），而這成為定義一個人之所以為「人」的基本實在要件（參看 Peters,1956:143-149）。對後來的西方社會思想的發展來說，奧爾福德即認為，霍布斯這樣訴諸人們相互承認（recognition）的權能觀，乃意味著自我意識（self-consciousness）的存在，也同時宣示著它對人之存在所內涵的不可分割價值，而這成為後來西方社會思想中「自我」（self）此一核心概念的基模（Alford,1991:95）。

第三節　　霍布斯之嗜慾論的簡單回顧

在《利維坦》一書中，霍布斯以「論人類」的一般質性來開題，他首先論述的是，人之所以做為人具有的天生感覺與想像能力❸。以此為基礎，他進而討論人做為生物存有體所具有的種種社會（文化）特質，諸如言語（speech）、推理與科學、以激情為本的主願運動（voluntary motions）、論說（discourse）的目的與化解、具智性的德行、知識的主題、權能（power）、身價（worth）、尊嚴（dignity）、

---

❸ 這樣的認知態度是相當「實在」的，可以與十五至十六世紀的馬基維利（Machiavelli, 1950）的基本認知模式相銜接，可謂是開啟當代具實證科學性格之社會（政治）科學知識典範的先鋒。

❸ 赫恩肖（L. S. Hearnshaw，1964:1）即認為，霍布斯的嗜慾說堪謂為英國心理學的開端，早於一般所認為的英國心理學之父貝恩（Alexander Bain）有兩百年之久。

榮譽、人類和平共處的不同質樣（manners）、宗教、以及幸福
（felicity）與苦難（misery）的自然狀態等等❸（Hobbes, 1998:9-33）。
在對這些特質加以闡述之後，霍布斯立即就「人類天生具有著感覺與
想像能力」做為前提，進行進一步的演繹論述。對此一論述的推演，
馬克弗森指出，霍布斯深受伽利略把運動（motion）當成自然狀態
（即動者恆動，除非有其它東西阻止而使它停止）時所採取之拆零—
構成法（resolutive-compositive method）❹的影響，把此一原則運用
在人的世界裡❺（Macpherson,1968:19,25-26）。尤有進之的，從上述

---

❸ 芬恩認為，霍布斯此一由感覺與想像能力出發而轉至其他種種看來更高階的表象，乃預
期了後來洛克對所謂初級與次級質性（quality）的區分（Finn,2006:110）。

❹ 語出華特金斯（John Watkins, 1955）。普勒門內茲指出，在一六三〇年代逗留巴黎
時，霍布斯深受伽桑狄（Pierre Gassendi）之物質主義的影響，構作了他的機械觀
（Plamenatz,1963:117）。對此，表現最為明確的是在《論公民》一書的〈致讀者的序
言〉中，他就這麼說著：「關於我使用的方法，……我始於公民政府的最根本要素，之
後追溯其生成與形式以及正義的初始，因為，可以讓我們對任何事物獲得最佳瞭解的，
莫過於是從其組成動因下手。情形正如瞭解一具錶或其他小機械一般，除非它被拆散而
從部分來看，否則，齒輪的材質、樣態與運動狀態就無以得知。……」（Hobbes,1983:
32）。區克夏（Michael Oakeshott）進一步評論道，霍布斯採取機械觀把人看成為一
種機制，可以從不同的抽象層次來考量，情形正如我們可以從數學上的數量（指時間的
指示）、力或慣性的機械性名詞、或可看得見的組成部分（如錶殼、晶片等等）等不同
層次來觀看一般。因此，我們必須分辨霍布斯所採取的到底是那一個層次的觀點
（Oakeshott,1975:31, 註48）。簡單說，霍布斯之機械觀的基本立場是，透過想像力的
運用，我們可以把社會力與現象化約成為經由人的神經、肌肉、感官、記憶與推理等等
運作引發嗜慾（慾望）、並進而產生的運動形式來予以理解（Hobbes,1998:8）。無疑
的，這使得霍布斯從基本人性觀來確立人所具有的種種基本身心特質，並進而完成了政
治現象的論述（參看 Macpherson,1962:30-31;1968:27-28）。這一切似乎預期了後來西
方社會學者進行分析社會現象時慣用的「拆零」策略（如結構功能論者透過構作社會體
系「整體」的「部分」所可能扮演的功能角色來理解社會現象）（參看 Toffler,1984）。
在此，特別值得一提的是，霍布斯也受到當時的生理學家哈維（William Harvey）有關
人體構造的影響（Baumer,1988:137）。

❺ 有關霍布斯與他同時代的一些人在思想上的關係的討論，參看羅傑斯（G. A. J. Rogers,
2007）與柏堅（Jon Parkin, 2007）。至於有關霍布斯思想之科學性的形成與爭論，參
看芬恩（Finn, 2006）、史金納（Skinner, 2004:chapter 2）、索雷爾（Tom Sorell,
1986）、史特勞斯（Leo Strauss, 1963:30）、賴克（Miriam Reik, 1977:25-34）、約翰
斯頓（David Johnston, 1986:3-25）、塔克（Richard Tuck, 1989:1-2）與謝平和夏佛原
（Steven Shapin and Simon Schaffer, 2006）等人的作品。在此，值得特別一提的是，
根據史金納的意見，霍布斯所展現的是承繼著文藝復興時期的人文主義（Humanism）

有關霍布斯這樣企圖以人的基本生理特徵做為基礎來演繹有關社會秩序的理論之中，我們嗅聞到幾何學的基本理念❸❻。根據歐幾里德幾何學的基本理念，認識現象的基本特質，必須從組成現象之基本元素（如點與線）的定義開始。定義明確而精準之後，現象的其他性質就可以透過推理與證明的方式予以演繹。說來，這樣的幾何學思維即是霍布斯所以強調「人天生具有的感覺與想像能力，進而，嗜慾或慾望」等等本有的生理特徵做為基本元素的認知依據，或保守地說，至少，兩者之間有著一定的親近關係❸❼（參看 Tuck,2002:51f）。

　　借用區克夏的評論來說，霍布斯這樣之「人之所以做為人在於天生具有著感覺與想像能力」的論點，確立了一個基本命題：「人類首先必得是一個個體，所以是如此，並非單純地因為他具有自我意識，而是因為這可以從具意志的活動之中具體地展現出來」（Oakeshott,1975:64）。這也就是說，人的感覺與想像始終是歸屬於個體的，它由個體本身引出，也同時回歸到個體，才得以完全證成。當然，這樣說並不等於否定所謂社會（互動）的因子對人的行為（或使用霍布斯的語言，即嗜慾導引的感覺與想像）的影響，因為這是屬於另一個關照層次的課題。與人天生具有感覺與想像能力之生理性的自

精神，「人本」為其整個論述的中心軸線，儘管，從他的著作中，我們可以很清楚地看到他受到當時流行之自然科學的認知模式所影響，特別是展現前已多次提到那本在一六四二年問世的《論公民》一書當中。因而，他被冠以「治國之學」（scientia civilis）的標記（Skinner,2004:3-10）。

❸❻ 包默（Franklin L. Baumer）即指出，從十六世紀的哥白尼（1473-1543）歷經伽利略（1564-1642）、笛卡兒（1596-1650）而至牛頓（1642-1727）的整個十七世紀裡，一連串的科學革命使得「自然」在人們的心目中有了新的面貌，而這個新的「自然」面貌，大體來說，基本上即是一種幾何精神（esprit géométrique）的產物（Baumer, 1988:39）。

❸❼ 至於有關霍布斯運用幾何學的概念於政治現象以及兩者之間關係的討論，參考馬克弗森（Mac Pherson, 1968:17-19）與芬恩（Finn, 2006:107-109）。

然狀態的初基特質相比較，社會因子或許僅是次級屬性而已。

　　對應於人類天生具有的感覺與想像能力，霍布斯體認到，任何動物的身體都是運動著的，亦即：人做為生物存有體，有著主願地讓他的身體向外界產生運動的趨勢。對此一人之「行動」所具有的向外運動的特質，霍布斯把其源頭推到人體內部具有的種種基本生理特徵，並以內部運動稱呼這樣的體質特徵。他指出，在此一向外引發的主願運動產生之前，也就是在行走、說話、碰擊或其他可見的行動得以呈現以前，在人的身體內部即先有著微小的運動（諸如血液流動、脈搏跳動、呼吸、消化、與排泄等等）。霍布斯統稱這些內部的運動為「生發力」（endeavor）❸，而當生發力涉及經驗上令人感到愉快的事物時，即是嗜慾或慾望❸，後者可以說是一般的名稱，前者則經常限於意指對飲食（即饑與渴）的慾望。相反的，當生發力是朝向避免某種事物時，則稱之為嫌惡（aversion）（Hobbes,1998:34）。因此，嗜

---

❸ 或稱為 conatus。這是霍布斯的核心概念，他在一六五五年發表的書《身軀》（De Corpore）之 XV. 2 中借用物理學的概念定義「生發力」為「在極小空間與瞬間時間內可以給予而生成的運動：亦即難以使用解說來確定或賦予數字的，或謂是在瞬間之一個單點上的運動」（引自 Hobbes,1998:478）。加斯金（J. C. A. Gaskin）認為，霍布斯此一概念乃是激發萊布尼茲（Gottfried Leibniz）與牛頓發明「微分」概念的原始觀念之一。同時，這又指涉著難以知覺到的瞬間運動，猶如當代生理學所說的神經衝動（Hobbes,1998:478）。布蘭特（Frithiof Brandt）指出，在霍布斯早期的作品《法則的元素》（Elements of Law）一書中，此一詞彙乃指涉動物之運動的內在始力，以俾用來把嗜慾與衝動比擬成為運動（motion）（Brandt,1928:290,313-314）。皮特斯進一步地闡明指出，後來，霍布斯把此一概念擴大運用來指涉由感知的客體到大腦之中介過程中運動的開端。同時，當他批評笛卡兒有關視覺問題時，此一詞彙則用來意指在無支撐力時一個物體往地上掉下的特質（Peters,1956: 85）。因此，生發力乃是被微分之瞬間、且是微點空間下的一種力道，這讓霍布斯可以借用運動物理學的一般理論來描繪人的行為，並視為是人類所具有之最初始本能性的動力。

❸ 在此一第六節的標題中，霍布斯以激情（passions）來統稱嗜慾和慾望。馬克弗森認為，從某個角度來說，慾望一辭確實會比嗜慾此一概念來得適切，因為一般把嗜慾看成是屬於低於人的其他動物的（Macpherson,1968:30）。但是，慾望一辭的意涵毋寧地是較為含混，使用具生理意涵的嗜慾一字或許還是比較合乎霍布斯思想的原意——強調人的生理層面，尤其，比較可以呼應霍布斯使用嫌惡一辭的對反意涵。

慾和嫌惡是動物運動時首先產生之兩個對反著的生發力。

　　以上述人類具有的生理體質特徵做為基礎，人類的種種心理質性於是得以發展，霍布斯對此分別加以刻劃、並總稱之為熟慮過程（in deliberation）。他繼而指出，在人們體現的身心狀態之中，與行動本身相互附著的最後嗜慾（若是行動的刪除，則是嫌惡）即是意志（will），或謂具意志性的行止（但非官能）（the act,〔not the faculty,〕of willing）（Hobbes,1998:40）。這也就是說，保守地來看待，意志得以產生的基礎是嗜慾，或更直接地論斷，它是嗜慾的一種高階（也是最終）的心理展現形式。總之，意志是立基於人類具有的基本生理特徵，只不過在其中加進了具社會性的心理「生發」努力的力道而已。

　　對霍布斯如此一般的「意志」說法，區克夏做了這樣的詮釋：「此一意志是絕對的，因為它不為任何標準、規則或理性所制約或限制，同時，更是既不計劃以此等制約（按指標準、規則或理性）來決定，也非以此等制約做為目的。如此的缺乏約束，霍布斯稱為自然權利（natural right）。這是一種原始且絕對的權利，因為它直接從意志的特質衍生出來，而非來自某些更高的法則或理性緣由」（Oakeshott,1975:60）。既然意志的發揮是一種自然權利，它需要自由做為後盾，才有實踐的客觀條件。準此，對霍布斯來說，所謂的自由簡單說即是，對一個人完成他自己想做之事的權能沒有任何外在的阻礙，因而，他可以根據自己的判斷與理性來貫徹自己的意志（Hobbes,1998:86）。這麼一來，意志做為嗜慾的高階（也是最終）的展現形式，可以說是一種心理學的說法，充其量，只能當成一個人行動時具倫理意涵之主體能動性的基本前提，至於能否「自由」地施放，雖說是自然權利，卻是有賴外在社會結構條件的配合，而這明顯地已經不是個人心理的問題了。不過，如此以人是一種具生機

（vital）特質的生物存有體做為基本前提，透過嗜慾（或慾望）概念的穿針引線，霍布斯最終還是引出了良善（good）與邪惡（evil）的問題，它彰顯的正是源自生理結構之「人性」所內涵的基本困境。

　　首先，他認為，人們既不欲求，也不憎惡的，即稱為輕視（contemn），也就是說，抗拒對某事物採取行動時內心呈現的只是無動於衷或頑抗，此刻，一個人的心思因有著更具效力的事物出現或對該事物缺乏經驗而轉移到他處。準此，霍布斯進一步指出，除了輕視的對象是無足輕重、不足掛齒的之外，人們嗜求或欲求而感到愉悅的對象都是良善的，而其嫌惡或憎恨的則都是邪惡的，美醜也因而可以類推出來。就此，霍布斯列舉三種良善：（一）允諾的良善（good in the promise），是美麗、標緻的（*pulchrum*）❹；（二）效果的良善（good in effect），即就所欲求的目的而言，令人感到愉悅的（*jucundum*, delightful）；（三）手段的良善（good as the means），即具有獲利的功效（*utile*, profitable）。相對的，邪惡也有三種：（一）允諾的邪惡，稱之為醜陋（*turpe*）；（二）效果的邪惡，稱為不愉悅（*molestum*, unpleasant）、令人困擾的（troublesome）；（三）手段的邪惡，則是無功效（*inutile*）、無法獲利（unprofitable）、有害的（hurtful）❹（Hobbes,1998:35）。

　　在霍布斯的眼中，凡此種種的（生理）心理特質乃宣示著，做為

---

❹ 霍布斯在文中對他所使用的兩個拉丁文 pulchrum 與 turpe 加了註解。前者指的是某事物是潔美的（fair），在另外的時候，則是美麗、帥氣、華麗、英勇、高貴、標緻、親切可愛的。至於後者，則意味著污濁、畸型、醜陋、卑鄙、厭惡等等。總之，所有這些詞彙的用法端看場合的適宜性而定奪，不過，一切都是指向良善或邪惡的樣態（Hobbes,1998:35）。

❹ 馬克弗森指出，此處所列舉的霍布斯的觀點，為後來英國經驗主義與自由主義（特別強調持具之個人主義）的哲學觀，尤其是十八至十九世紀之交的邊沁強調「快樂即善、痛苦即惡」的功效主義（Utilitarianism），奠下了思想基礎（Macpherson,1968:24；同時參看 Macpherson,1962:2）。

一個社會的公民，人需要在和平與團結之中生活著。處在這樣的狀態下，人們必須對基本法則有所認識，也需得具備一種理性的預見能力，霍布斯稱呼具備著這樣的品質者，即有著質樣（manners）。一個人具備著質樣，就可以使得他的生命幸福感不會單單停頓在僅是「立即已滿足」的心靈上面，因為這個世界既沒有無逮的目標（*finis ultimus*, utmost aim），也無最大的良善（*summum bonum*, greatest good）。一旦一個人的慾望處於終點，他的感覺與想像就跟著停擺，沒法再活下去。於是，慾望追求的對象不是停留在單一個，也非一時，而是朝向未來一直挺進。這也就是說，幸福乃建立在慾望不斷地進展之中，從一個對象轉到另一個對象，獲得了前者，就轉到後者。如此，當某些人的慾望特別強烈時，就會導引人們陷入追求財富、榮譽、統御、或其他權力的競爭之中，而這連帶地常常導使人們處於鬥爭、敵對、或甚至實際的戰爭中間（Hobbes,1998:65-66）。一旦人們陷入這樣不斷追逐的情況之中時，倘若慾望沒有適當予以控制，或更具體地說，沒有一個共同的權力形式使得人們攝服的話，「人與人之間處於永遠戰爭的狀態」則將難以避免。

從以上對霍布斯之嗜慾說的簡扼描繪，我們可以很清楚地看出，他企圖把社會（特別政治）的現象與問題發生的源頭歸諸於人類天生所具有的基本生理特徵，可以說是他把自己所認識、且接受的自然哲學（特別幾何學）觀點衍生移植到人性的一種具體體現方式。對此，芬恩接受林奇（Lynch, 1991）的批評立場、並從知識社會學的角度進一步地詮釋霍布斯之人性觀的社會學意涵，相當值得參考。

芬恩認為，霍布斯所以採取物質主義的存有論立場，以人具有之感覺與想像能力的基本生理特徵做為討論社會（尤其政治）秩序的進路，乃是意圖避開早已存在之宗教勢力一向過度採取亞里斯多德慣用

的語言❷與前面已論及笛卡兒供奉靈魂的形上學立場所帶來的「污染」。因此，其以人之生理特徵為出發的物質主義存有論的幾何學立場，基本上有著濃厚的政治意涵，可以說是政治理念為其自然哲學觀提供了可接受的現實基礎，讓他當時有了可以與持不同意見的「政敵」對抗的思想子彈，進而帶動出足以適用於即將來臨之新時代（特別指涉科學與資產階級的興起）的世界觀（特別指涉著有關對人與政治社會的觀點）的契機❸（Finn,2006:121）。真正的情形是否如此，乃是有關思想史上的考證與論辯問題。就學術本身而言，這固然是重要，但是，就評價霍布斯的思想對後世的影響與意義的立場來說，這似乎並不是那麼重要，重要的毋寧是，芬恩的說法多少暗含著霍布斯這樣的人性觀背後所可能具有的知識社會學意義，而這確實為後來的西方社會思想奠下了基礎。

誠如普勒門內茲所說的，霍布斯談論之自然狀態下的人性觀，不是人類所具有的潛能與實際體現在社會（或國家）的狀態，也不是選擇人異於其他動物之處來確立人的位置（Plamenatz,1962:9）。格特（Bernard Gert）亦指出，當霍布斯論及自然狀態下的人性時，他是意識到人之行為的多樣性的，因此，他論述的不是實際世界中人的現實狀況，而是人類做為一種類屬存有體（species being）所具有的共同特徵（Gert,2006:166），而且是一種具潛在動能性的特徵。以此為基礎，霍布斯選擇嗜慾與慾望（因而，激情）做為論述的心理❹基礎所

---

❷ 有關對霍布斯與亞里斯多德之政治思想的比較，參看波比歐（Bobbio, 1993:5-12）。

❸ 在一六六○年代和一六七○年代早期，霍布斯與波以耳（Robert Boyle）對實驗在自然哲學中的地位有過一段爭論，謝平與夏佛原對此曾經研究過（Shapin & Schaffer,2006）。在此研究中，作者亦與芬恩一般，論證了霍布斯的自然哲學觀與政治理念（也包含政治現實）之間有著複雜的關係。

❹ 在此，以「心理」取代一直所強調的「生理」來形容霍布斯之嗜慾說的基本屬性，乃因

呈顯的，毋寧地是一種具有生理學意涵的功效主義立場，視嗜慾與慾望為人行動時必然存在之一種源自人的生理天性而形塑的強制條件，乃反映人性的本質。進而，「意志」做為高階且是最終的嗜慾形式，它提供了人們運用理性心智的基礎，形塑了明智箴言（maxims of prudence）或理性指令（dictates of reason）。它不只道出了人們如何實際行為，也指引著人們應當如何行為 ❹（Plamenatz,1962:9,12-13;17）。

行文至此，我們可以使用簡扼的語言來總括地霍布斯的嗜慾說。基本上，霍布斯企圖以嗜慾（與慾望）來架設自然狀態下的「人性」，雖說在認知上有著可資參考與佐證的經驗依據，且甚至自認為在人類的歷史進程中取得證據（如美國印地安人）❹，但是，這並不是重點，重點毋寧地是在於它是一種邏輯性的假設，即「邏輯上先於一個完全（如具完整至高主權性的）公民社會建立之前的條件」（參看 Becker & Barnes,1961:441;Macpherson,1962:21-22）。因而，這一觀點是否有著具體經驗證據可資依靠的科學意義，基本上並不是重要的議題，其所彰顯的意義重要的，應當是在於此一具邏輯性的哲學人類學存有預設命題，到底為後來的社會思想開展出怎樣的特殊想像空間與問題意識。底下所將提到的平等原則與自我保全原則，可以說即是霍布斯為後人所提供之具如此一般意義的重要貢獻。

考察霍布斯的敘述時，我們可以發現，其論述所使用的概念語言甚多為後來西方（特別英國經驗主義主導的）心理學家所採用的緣故。準此，「生理」與「心理」相當程度地有著具深厚歷史意義的同義指涉。

❹ 普勒門內茲（Plamenatz, 1962:42-43）認為，霍布斯把自然法則當成「明智箴言」有所不足，因為他並未能適當地處理道德約束（moral obligation）的問題。有關對霍布斯此一論及自然法則的諸多相關問題，特別是涉及服從上帝之意旨與否的問題，可同時參看普勒門內茲（Plamenatz, 1963:122-132, 特別 122-127）。由於這並非本文關心的議題，在此，存而不論。

❹ 參看《利維坦》一書的第十三章（Hobbes,1998:85）。

第四節　　兩項基本的自然原則

在過去西方學術界對霍布斯思想的研究當中，對於他提出的諸多概念，諸如意志、同意（consent）、契約（covenant）、允諾（promise）等等到底具有著怎樣的倫理意涵（或謂，其倫理基礎何在），一直是爭論的重要議題，並且有著不同的意見❼。不過，就道德原則的生成做為議題而言，對霍布斯來說，有一個基本論點是可以肯定的：他乃以人追求平等與自我保全（self-preservation）的社會邏輯來推衍、並保證道德原則的生成，而不是把道德的律令奠基在超乎現實世界的一些先驗預設上面（Riley, 1982:24）。更進一步地來看，霍布斯以這樣的方式來形塑道德約束（obligation）命題基本上即是，在預設人是追求自利與自我保全的前題下，肯定人有著近乎相等的能力透過理性的「明智」意識作用來形塑道德約束，亦即：依附在上述之人具備有形塑明智箴言或理性指令之能力的前提下，人把道德約束予以「明智」化，不必再像過去一般，無條件地接受「道德來自神祇或其他預設的先驗道德律令」這樣的命題。如此一來，所謂明智約束與道德約束的界線分隔變得模糊，再也沒有嚴格予以區分的必要了❽（Macpherson, 1962:72-74,87）。

在此，我無意就概念內涵來對明智約束與道德約束的區分進行細緻的討論，事實上，以我個人的學術素養，也沒有這個能耐。不過，不管怎麼樣，「把道德約束予以明智化」這樣的說法無疑地乃意味著，在形塑道德的過程中，人本身的認知如何運作才是重要的關鍵，

---

❼ 在此僅列里利（Riley, 1982）的研究做為例證。

❽ 對馬克弗森此一說法，柏林（Isaiah Berlin）持不同的意見，認為「道德上的正確」（moral right）不能化約為單純的「有益與否」（beneficial）（Berlin,1992:66-67）。

「人」本身在對社會現象進行解析上面的地位因此被提昇了。對霍布斯而言，他所以強調從人的嗜慾（或慾望）本能出發來思考政治（因而，道德倫理）的問題，基本上即是在這樣的認知模式底下提出來的，只是他把界定人本身的最基本結構元素還原到人類的生理性「體質」構造上面，同時，也透過此一構造來確立人人具有自然權利之核心心理基礎的基本著力點。無疑的，讓我再次強調一遍：這樣以人具有的基本心理（甚至是生理）要素做為確立政治正當性的基礎，乃把倫理道德的形塑推到以功效做為最終考量判準之理性設計的路子上去❹。如此一來，「人」本身的自主性被確立了，而這可以說正是整個霍布斯思想為十八世紀啟蒙時期之「人」本位的理性思想立下先河的核心命題。

　　根據上面的論述，我們看得出來，在霍布斯的眼裡，自然法則事實上即道德法則，也是神性法則，乃上帝賜予人類「理性」以規約其行動的基本法則（Hobbes, 1983:76）。準此，當我們回到霍布斯之「人與人之間處於永遠戰爭的狀態」這個有名的命題時，到底彰顯了怎樣的政治（也是道德倫理）意涵？或，更具體地說，它到底開展出（或必須立基於）怎樣的哲學人類學的存有預設命題？依我個人的意見，霍布斯對人的存在所設定的兩項基本自然原則──平等原則與自我保全原則──意圖闡述、並展現濃厚的人文期待正在於此。在此，需要特別強調的是，關於這兩項原則，整個問題的關鍵並不在於這樣

---

❹ 包默指出，十七世紀的歐洲是醞釀革命，也是革命日益浮現的時代。一方面，社會愈來愈商業化，都市日益形成，人們重視工作（work），實用的態度隨之日漸浮現。另一方面，在諸多革命中，最徹底的莫過於是體現在知識的生產上面，帶出了具典型「現代」意涵的概念。其中最為顯著的是，「把冥想主義者的目標，換成功利主義者與行動主義者的目標，以之作為求知的目標」（Baumer, 1988:39-40）。霍布斯的思想無疑地即反映著這樣的時代氛圍。

之特定的哲學人類學存有預設命題是否正確、是對或是錯、或可信與否，也不在於其內涵的人文性期待是否可以接受，而是這些說法對理解當代人與社會現象「到底帶來怎樣之具歷史意義的啟發作用」。

　　關於第一項的平等原則，簡單說，霍布斯的基本立論點是：自然使得人的嗜慾指向相同的事物，但是，在面對著種種社會資源的使用時，卻常常使得人們既不會共享（enjoy in common），也不懂得撥份使用（divide it），導致必須使用刀劍來決定誰是最強者（Hobbes,1983:46）。於是乎，人們經常是處於相互傷害的情況之中。其中，特別值得注意的是，霍布斯認為，當人們處在此一狀況之中時，就身心官能（特別指涉意志、慾望，乃至能力等等）的表現而言，他們經常表現出十分「平等」的情形。譬如，有些人的身體較為強壯，有些人的心智則較為敏捷，這些總加起來，人與人之間的差異變得並不會那麼明顯，以至足以導使某個人能夠要求獲得其他人不能像他一樣地能夠要求得到的任何利益。霍布斯提出的理由是，就身體的強弱而言，即使體力最弱的人都有力量殺死體力最強的人，因為他們可以運用密謀或與其他同處危險情況的其他人聯合起來對付強者。至於在心智方面，霍布斯則認為，除了運用文字或科學技術與原理等等之外，人類更是分享有一種能力，可以使得人們有著更加平等的機會，這個能力即是明智（prudence）。明智是一種經驗，相等的時間可以使得人們在同樣從事的事務中獲得相等的份量，而這正是人類具有的一種天賦能力，問題只在於是否能夠適當地被開發出來而已。總之，儘管人們的聰明才智與能力確實有著不同，但是，對霍布斯來說，情形卻是「人類平等地分配著任何事物」，最重要的證據莫過於是「人都滿足於他自己分得到的一份」，而這樣表現在能力與機會上面的平等帶引來的，則是在達致目的時所展現之對希望的平等

（equality of hope）（Hobbes,1998:82-83）。

　　或許，霍布斯這樣的設想與推論有著進一步商榷的空間，這當然是社會思想史上一項重要的課題，但是，並不是在此所以引述他之論點的關懷焦點。我們在意的毋寧是，針對「社會秩序」之圖像的想像，他這樣的論點到底具有著怎樣的特殊歷史意涵，特別是對其後的社會思想有著怎樣的啟發意義❺⓪？

　　根據馬克弗森的意見，在霍布斯的心目中，平等原則涉及的是來自實際觀察之諸多經驗事實得來的權利上的平等。簡單說，當他論及能力總量的平等時，其所依據的是，人們透過種種具道德性的社會設計（特別是透過國家機器施以具法律性的規範）來確保每個人有著平等的機會。至於希望的平等涉及的則是，需要的滿足乃立基於能力平等做為必要條件所衍生出來的命題（Macpherson,1962:74-75）。這也就是說，既然，加加減減地總括下來，人可能具有的潛能與機會是幾近相等，那麼，倘若一個社會懂得予以適當安排的話，人們自然可以依著個別的需要尋求「各自」的滿足，而不至於有了太多相互扞格與傾軋的情形發生。這樣的命題無疑地蘊涵著一項極具歷史意義的思想

---

❺⓪細探霍布斯有關人追逐權力（特別就人們追逐權力之慾望的大小）的諸多論述，這樣的平等原則在現實世界裡能否成立，特別表現在競爭性極高的社會形態裡（如後來的資本主義社會），是有進一步討論的空間。相類似觀點的討論，可參看馬克弗森類似的提問與批評（Macpherson, 1962:85,93）。至於霍布斯對此看似矛盾、且把「應然」權利當成「實然」事實之論說的一些分析與論證，可以參看馬克弗森（Macpherson, 1962:35-45,74-78）。其實，處於十九至二十世紀間的涂爾幹（Durkheim, 1964）稱「社會事實」即「道德事實」的說法，似乎正呼應著霍布斯的此一論點。總之，借用馬克弗森的說法來評論，這樣的命題是否有效，乃端看我們企圖指涉的社會模式為何而定。同時，一旦應然的權利構成為社會裡的一種實際社會力的時候，我們實有正當性來接受霍布斯如此一般的論證方式的。馬克弗森即認為，這正是早在十七世紀的霍布斯所採取的一種激進的新立場，與當時之伽利略在自然科學中提出運動第一定律一般激進（Macpherson, 1962:76-77）。總之，在此所以還是提出平等原則來為霍布斯的思想定位，基本上即因為把此一命題運用於後來興起的資本主義社會（特別指涉到自由主義之政治思想傳統），有著具深刻歷史意義的親近性的緣故。因此，整個論述的提引基本上無涉於霍布斯本人的說法是否前後一貫之有關文獻求真與考證的問題。

啟迪效果，即：肯確一個社會有可能提供一般人們追求個人安全與公平競爭的機會 ❺ 。這樣的命題更是意味著，一個社會若能適當地建構機會機制，人們所可能發展的潛能雖是不同，但是，總結來說，其可能發揮的效果，對個人而言，卻可以是「平等」的。很明顯的，這樣的認知期待為後來以資產階級為歷史主體所推動之強調個人本位的自由主義，在對人性的預設上面，預先注射下一針必要的「意識形態」強心劑，並賦予了深刻的思想傳承意義。

　　至於對第二項的自我保全原則做為自然法則，基本上，霍布斯乃接受上面提及過之「人與人之間總是會有著爭執與鬥爭」做為有關人之天性（與社會的本質）的命題來予以衍生論述。在此前提下，前面提及霍布斯認定人性中隱藏著產生爭執的基本原因—競爭、猜疑與榮耀等三項，到底分別具有著怎樣的特殊歷史意涵，成為不能不關心的課題。根據霍布斯的意見，第一種是為了求利，第二種為的是安全，而第三種為的則是聲譽。求利使用的是暴力，企圖使自己成為他人及其妻兒和牲畜的主人。謀求安全為的是捍衛自己，而第三種基本上則是為了芝麻豆大的瑣事，如一言一笑、不同意見、或直接針對本人或反射在對其親友、國家、職業或名稱上有著具貶抑性的指陳等等（Hobbes,1998:83-84）。

　　總地來說，在這三種原因當中，霍布斯看重的，毋寧是第二種的爭執所內涵的社會（尤其歷史）意義。在他所身處的那個時代裡，這可以說是人們謀求透過某種形式的權力共同體來化解爭執時所觸及最重要的課題，而這正是支撐霍布斯提出一向為大家熟悉之有關國家形成的至高權（「利維坦」即為其代表）背後的基本命題。它的重點在

---

❺對霍布斯而言，即是他所勾勒的國家「利維坦」了。

於，臣服者（也是主體〔subject〕）所以把部分權利交出而屈從於至高的主權者（sovereign），乃在於尋求保護自我生命的安全。只不過，一旦臣服者自身的安全受到威脅，他則有著反抗的權利。至於臣服者意指對對象為何？根據以上有關平等原則與自我保全原則的簡單描述，臣服者無疑地乃指向任何一個做為具生機性之運動存有體（當然，也是社會成員）的個體人❷。倘若擺回西方是借的歷史發展進程來看、並以其後之自由主義慣用的詞彙來說，顯然的，具有這樣之政治權利屬性的個體臣服者，即是屬於芸芸眾生的人民（people），而其中所謂的資產者則逐漸成為代表著人民的歷史主體❸。

第五節　　強調自我保全做為人性特質對資產社會的意涵

對霍布斯來說，既然，落實在人類的基本嗜慾以及由是衍生的種種情操，為的是支持與證成自我保全做為自然法則這樣之命題的正當性，那麼，自我保全的自然原則指向的，推到極端來看，無疑地是人做為個體的自身，而其內涵之自然權利的首要基石，則是在於每個人竭力地保護自己的生命和其歸屬（或認定）之社群（如家庭）的成員。因而，利益乃人們衡量權利的根本依據，而且，人人有著按照自己願意的方式運用自己的力量來保全自己的天性，也有此自由。這個自由即是人們有依著自身的意志、並運用自己的（理性）判斷，選擇最適合的手段做任何事情的自由；亦即：人有使用所有手段與採取所有行動的權利。於是，「自由」此一語詞，按照其確切的意義來說，

---

❷ 參看霍布斯（Hobbes, 1998:222），同時參看馬克弗森（Macpherson, 1962:2）。

❸ 當然，到了十九世紀中葉以後，對馬克思主義者而言，他們則認為，無產階級取代了資產階級，成為代表人民來主導文明發展的歷史主體。

就是人們有著外界障礙不存在的狀態（Hobbes,1983:46-47;1998:
86）。當我們問「一個行動是否自由」時，對霍布斯來說，此一問題
要有意思，乃意味著必須透過嗜慾（或慾望）來促成，而且是涉及意
志行止的問題，因為，誠如前面提過的，意志被視為是嗜慾之具終極
性的高階體現形式。因此，如何透過「理性」的制度化形式讓人們有
著「外界障礙不存在」的自由條件，乃是有關意志形塑的問題，而這
聯帶地成為霍布斯（也是後來之許許多多西方社會思想家）思考的重
要課題。

　　承接著上面已經提過的諸多相關論述做為依據，顯然的，對霍布
斯來說，所謂理性判斷實際帶出來的，是一種以相互契約為基軸的理
性指令。以此為基礎，霍布斯轉而論及諸種以契約為本的自然法則
（Hobbes,1983:51-76;1998:86-106），在《利維坦》一書中，他也由此開
展第二、三與四部份有關（特別指涉基督教體系下的）國家的理論❺❹。

　　總結霍布斯對自然法則的闡述，大約包含了十八條之多，在此僅
選擇最前面的三個法則做為基本核心概念來表呈。他提出的第一自然
法則梗概地說即是：利用一切可能辦法保衛自己，乃人所擁有的自然
權利（Hobbes,1998:87）。但是，對生活在社會裡的人類來說，一旦
人人求自保，勢必為相互之間帶來衝突、甚至戰爭，因而，為了力求
和平，有了第二自然法則：在他人也如此做的前提下，為了往前走，
為了和平和防衛其認為是必需的，一個人乃願意放棄這種對所有事物

---

❺❹ 在《利維坦》一書中，霍布斯運用幾近一半的篇幅來討論基督教體系的國家。一言以蔽
　之，在引經據典的論證中，其基本論點是，來自基督所賦予的權威，沒有經過至高權
　者的確認，是不充分的。於是，至高主權者是權力的最後決定者。顯然的，他所以花費
　巨大篇幅從事這樣的書寫，乃與當時之基督宗教在許多人的心目中尚有著一定的崇高權
　威地位有關。對霍布斯來說，這正是需要予以顛覆的殘存歷史勢力，因為唯有如此，期
　待以國王為中心的至高主權共同體來經營和平的想法，才有實現的可能。

的權利，在相對考慮其他人的情況下，甘心接受一定的自由，正如他會允許他人也相對於他自己而擁有一定的自由一般。否則的話，只要每個人都企圖保有這一切的權利去做他喜歡做的事，所有的人們就會一直處於戰爭的狀態的（Hobbes,1998:87）。接著，根據人們有義務將那些保留起來就會妨礙人類和平的權利轉讓給其他人的自然法則，產生了第三自然法則，即所定之信約必須履行（Hobbes,1998:95）。

　　前面曾經提過，對霍布斯而言，恐懼乃被視為是人類所具有之最根本的心理狀態（Hobbes,1998:95）。就現實的角度來說，這當然與霍布斯所身處的英國社會長期處於內戰的狀態有關，但是，以恐懼做為衍生社會（倫理道德）律則的基本心理狀態，更是有著一定的理論意涵，特別是對後來之社會與政治思想的發展來說。顯然的，一旦我們接受霍布斯所假定「人與人之間可能處於永遠戰爭的衝突狀態」是人類存在的基本前提的話，特別強調人們的恐懼心理，其實是順理成章的認知模式。聯帶的，在文明社會裡，為了化解恐懼心理，人們透過理性的制度運作，要求成員彼此之間訂定契約，更是一項可以理解、也可以接受的安排。在此情況下，一旦人們擔心自己的利益或乃至身心本身可能受損而要求彼此之間信守約定，人們談的，首要的即是有關正義（justice）與否的問題。所以，首先確立正義的概念，繼而透過理性的制度化方式予以保證乃是政治活動的基本要務。就此，審視當時英國社會的實際情況，霍布斯認為，正義所涉及的基本上有兩種：一種是有關交換的（commutative）；另一種則是涉及分配（distributive）的。霍布斯是這麼說的：

　　　……交換的正義在於立約的東西價值相等，而分配的正義則在於對條件相等的人分配相等的利益。……交換的正義是立約者

的正義，也就是在買賣、雇用、借貸、交換、物物交易以及其他
契約行為中履行契約。分配的正義則是公斷人正義，也就是確定
「甚麼是合乎正義」的行為。在這種事情中，一個人受到人們推
為公斷人的信託後，如果履行著他的信託事項，就謂之將個人的
本分額分配給了每個人（Hobbes,1998:99-100）。

　　準此，霍布斯進一步指出，以往有人把法律當成為 *Nòuos*，其意
即為分配，而對正義所下的定義則是把每一個人自己的東西分配給每
一個人（Hobbes,1998:164-165）。在這樣之思想的支撐下，分配（聯
帶的，生產）一概念所衍生的問題，遂成考量社會正義時的重要根本
課題，而這些的命題相當明顯地乃與資本主義興起後之歐洲社會所帶
來的現象（與問題）密切契合著。我們更是可以很清楚地在所謂之自
由主義者與馬克思主義者的身上同時看到霍布斯之這些論述的影子，
只不過，他們在某些地方有著不同（甚至對反）的認知態度與價值取
捨而已。

　　為了說明霍布斯思想對後來之西方社會思想發展可能具有的意
義，讓我在此引述義大利思想家波比歐的論題，先把討論的議題略微
撐大一些。波比歐從政治思想發展史的角度為霍布斯的自然法則設定
位。首先，他回到一直主導著西方政治思想發展之風向的亞里斯多德
的政治思想，認為亞里斯多德的分析乃是以家庭做為人類初始的自然
組合來開題，進而才討論人類社群組合如何經由領土擴張、人口增
加、安全要求與生計需要等等的自然（natural）而必要（necessary）
的理由（非經由人運用自由意志而產生的權宜方式，如契約性的同
意）過渡到最終極、且是完美的國家（特別是當時之城邦式的公民國
家〔civil state〕）這樣的政治社會（political society）狀態。易言之，

家庭到國家之間是連續的，都是一種「社會」的形式，只是由家內社會（domestic society）過渡到政治社會而已（Bobbio,1993:1-15; 同時參看 Aristotle,1988）。相對於亞里斯多德把家庭做為其《政治學》一書之第一章的主題，霍布斯的《利維坦》一書則是以自然狀態來開題。其所以如此，顯然乃與他所處的十七世紀歐洲社會（尤其英國）的歷史場景有關。波比歐即指出，到了霍布斯所身處的十七世紀英國社會，家庭在定義上已被視為是一種前於政治（prepolitical）的社會形式，霍布斯以「自然狀態」的概念取代「家內社會」來刻劃人類初始的可能狀態，因而是可以理解的。在波比歐的眼中，霍布斯所以會是如此，乃因為「自然狀態」具有社會演進的「進步」意涵，反映的是一項重要的歷史屬性，即：整個社會的基本表徵乃呈現在「基本的經濟關係網絡發展著」（the network of elemental economic relations develops）這樣的社會狀態上面。這也就是說，此時，西歐社會已逐漸走出封建體制，邁向資本社會的形式發展著，社會的經濟面向與政治面向漸趨分化，而且，市場經濟也可預見地日漸取代了家戶管理的經濟制度。易言之，家戶做為經濟企業（特別生產）體制之基本單元的歷史場景處在逐漸瓦解的狀態當中（Bobbio,1993:14）。

　　總而言之，英國社會發展到十七世紀時，「自然狀態」已無法經由父親與子女或主人與僕人之間那種具備著有機連帶的「家庭」形式來捕捉，而必須透過具獨立、自由和平等等特質、且講究分工合作之「經濟人」的形式予以回溯體現❺❺（Bobbio,1993:18-19）。這樣的歷史場景於是乎相當程度地可以正當化了霍布斯所採擷的論述理路：由

---

❺❺ 波比歐即指出，到了洛克（1632-1704）所身處的十七世紀末葉，這樣的歷史特質更明顯地呈現出來。於是乎，這樣的論述基調自然是更加具體地呈現在論述之中（Bobbio, 1993:18-20）。

「人具有幾近相同（平等）的身心狀態（能力）」的自然稟性轉進至「人人具有平等權利」的自然法則，並以之與具不等意涵的自傲（pride）法則相對反。如此，霍布斯可以在「實然」與「應然」兩個層面同時完成了「人人乃生而相等」（*That every man be accounted by nature equal to another*）之哲學人類的基本存有預設命題❺❻。

或許，誠如波比歐提示的，霍布斯所開展之強調原子化個體的自然法則論，後來為黑格爾的國家有機整體論所挑戰，甚至與前面提到之亞里斯多德的論述傳統產生某種程度的「合流」❺❼（Bobbio, 1993:23-25）。但是，以個體持具（individual possession）做為基本特性的自由主義傳統，現實上還是主導整個歐洲文明發展的主調。易言之，在十七世紀裡，歐洲人已有了「個體人」的意識，在知性與物質的雙重層面上，追求著以個人為主的成就，並且，看重個人自我有著決定自己之命運的機會（參看 Oakeshott,1975:83）。正是在這樣之歷史背景的支撐下，我們似乎更有理由嚴肅地看視馬克弗森對霍布斯的詮釋。

馬克弗森認為，霍布斯所刻劃與分析的現象適用於資產者（bourgeois men）身上。因而，他建構的社會圖像基本上是資產社會的模式，分析的則是資產者的權力展現與尋求和平的方式，儘管，我們不敢確定，霍布斯對於自己的論述所具如此一般的歷史性意涵，是

---

❺❻ 即霍布斯在《論公民》第三章中提到之第八條的自然法則，或《利維坦》第十五章中提到之第九條的自然法則（參看 Hobbes,1983:68;1998:102）。

❺❼ 最具代表性的論述典範，即是黑格爾企圖以市民社會來架接家庭與國家，形成三個相互銜接的層面，並讓亞里斯多德以家庭做為初始社會體的傳統觀點再度復活，儘管其辯證法所提供的思維使得家庭與市民社會的理論地位不同於亞里斯多德的原意（Hegel, 1991）。

否已有了體認❸（Macpherson,1968:12; 同時參看 Schmitt,2008:156）。
根據馬克弗森的意見，在霍布斯所處的時代裡，持具市場社會已逐漸
成型，這不但導使勞動自由化現象更形明確，也使得資產階級更有力
量對抗統治者（特別是涉及稅則）。於是，「新興」的資產階級明智
地挾持著依附市場邏輯的道德觀來對抗支持傳統價值的人們（特別是
教會與貴族階層），並且有著相當的實力（尤其以金錢）支持軍隊的

❸ 根據馬克弗森的說法，霍布斯是厭惡著資產階級的德性的，認為他們虛偽、詐欺、善
謊、做作等等，但卻以「市場人」（或謂資產者為本的市場社會）做為構思社會結構的
基本架構（Macpherson, 1968:51-60）。霍布斯所以如此，一個可能的理由是，在內戰
當中資產者扮演一定的角色，分析他們的社會特質，將可為象徵著和平之新政治秩序的
共同體形式，提供更為有效的實質基礎，而這正是霍布斯一再強調公平與公正之分配正
義的關鍵所在。不過，柏林與加斯金對馬克弗森這樣的論點保持質疑。柏林認為，馬克
弗森採取了馬克思主義者的立場，把霍布斯看成是資產者的代言人，這樣的熱忱
（zeal）似乎推演得太過度了，儘管他同意馬克弗森的看法，肯定市場社會對霍布斯心
目中之社會權力的意涵有所影響。同時，依照柏林的意見，與其推崇霍布斯做為資產者
的代言人，倒不如說格勞秀斯（Hugo Grotius）是更為恰當的（Berlin,1992:56-57,61,
62）。他繼而指出，任何不像馬克弗森這樣有著先入為主之看法的人閱讀了霍布斯的這
本書，應當不會認為馬克弗森的說法是合理的（Berlin,1992:67）。加斯金則認為，在
十七世紀的英國，我們實在難以相信已有著資產市場社會的經濟形態（特別是馬克思所
確認的那種）明顯地呈現著。不過，他卻承認霍布斯這樣的概念鋪陳可能較容易浮現在
某種社會條件（譬如羅馬的元老院或現代跨國公司）（Gaskin,1998:xxx-xxxi）。易言
之，霍布斯所刻劃的場景與概念的運用與某些歷史情境確實有著一定的親近性。塔克即
認為，霍布斯所處理的基本上是一個有別於典型之絕對王權的另類國家形式
（Tuck,2004）。馬克弗森更以具發展演進意義的三種不同社會模式來比對霍布斯的一個
基本命題（即存在於所有之不同社會階層的每個個體，都意圖追逐著更多的權力，以保
護其所希望擁有的東西）。他指出，霍布斯的論述比較適用在他所謂之持具市場社會
（possessive market society）這樣的現代市場社會型態，而不適用於存在於其前的地位
社會（status society）與簡單市場社會（simple market society）（Macpherson,1962:
46-70）。其實，馬克弗森自己相當清楚地指出，儘管有著相當充分的事證來支持「十
七世紀的英國社會已相當接近持具市場社會」這樣的命題，但是，我們還是不能從上述
的社會模式推論出，霍布斯本人已經有著明確而清晰之市場社會的概念（Macpherson,
1962:61）。富瓦諾（Luc Foisneau）在討論霍布斯於《利維坦》一書中的正義理論時
也明白地指出，「《利維坦》的獨特性在於成功地把正義的意義予以轉型，使之適用於
永遠被『市場』主導著的世界」（Foisneau,2004:122）。總之，不管怎麼說，馬克弗森
這樣的論證畢竟具有著一定的社會學意義，儘管情形或許是如柏林認為的，這誇張
（甚至是扭曲）了霍布斯提出此一論述時的時代底蘊。波比歐亦認為，霍布斯有生之年
所處的英國社會頂多只具備了「持具市場社會」的雛型而已，因此，若說其論點反映這
種社會形態的特質，似乎有點牽強。但是，無疑的，霍布斯的論點是預期了「持具市場
社會」的來臨，與之有著一定的磨合作用（Bobbio,1993:10-12）。就此而言，霍布斯
是一位思想上的先知。

組成，以對抗（不仁的）統治者，而這正是當時英國社會所以有了內戰的基本因素（Macpherson,1962:67,86）。

在此，馬克弗森有一個意見特別值得一提。他認為，霍布斯所以強調「安全」與他看重幾何學做為一種科學性的認知模式有關，因為幾何學強調的是定性而定型的原理，而這正是「安全」內涵的基本意義。進而，他指出，這種幾何學的特質與當時之資產者（甚至，應當包含做為「臣屬」於至高王權的廣大人民大眾「主體」）的處境，在意涵上有著一定的親近關係[59]（Macpherson,1968:18）。馬克弗森甚至提出更為激進的意見而宣稱，霍布斯以嗜慾（慾望）的概念做為基架來為社會圖像搭構的心靈模式（the mental model of society），只能與資產市場社會相呼應，因為只有這樣的社會才可能有機會讓人們彼此（以和平的方式）相互競爭地經營著權力，並企圖把別人的權力轉移成為自己的，也因此編織了人的安全網絡（Macpherson,1968:38-39）。其實，霍布斯自己即宣稱，這樣才能要求具有至高權力者對社會裡各種等級的人平等地施法管理，並依賴每個人因受到保護而對國家所負欠的債務（而不是根據財富本身的平等）平等地予以課稅。尤有進之的，稅收的平等與其說是取決於消費者的財富均等，不如說是取決於人們對貨品的消費程度（Hobbes,1998:228,229）。

顯而易見的，霍布斯所表現之凡此種種（特別是有關稅收）的論點，基本上反映著資本主義的基本正義精神，乃以尊重與保護一般百姓的個人權益（特別是財產）做為出發點[60]。借用馬克弗森的說法、

---

[59] 發生在一六八〇年代之輝格黨革命（Whig revolution），尤其，在一六八九年完成的資產階級革命可以說是一個極具啟示性的例證。

[60] 有關霍布斯確立私有財產具正當性的經濟思想，參看霍布斯（Hobbes, 1998:chapter 24）。

並套用霍布斯的概念，正是資產者的自利「生發力」做為歷史動力，撐出了強調至高權（不管指涉的是國王或議會）的國家形式（Macpherson,1968:63）。或者，換個較為保守的角度來說，「市場人」特別容易學習到霍布斯的學說（Macpherson,1962:105）。準此立論，在思想上，霍布斯對資本主義社會的「政治」構作，是遠遠超乎與他處於同個時代之人們（特別資產階級以及與他對話的「知識人」）所能認識到的，同時，也甚至超乎他自己所可能體認的。或者，借用施米特的說法來表示，情形則是：儘管，在霍布斯活著的時代裡，出現在十九世紀的法律實證主義尚未成形，但是，霍布斯的國家學說「成為資產階級法治—憲制國家的精神先驅，這類國家於十九世紀在歐洲大陸贏得了統治地位」（Schmitt,2008: 106）。

第六節　「嗜慾說」對現代性之啟與闔的歷史意義——代結語

就人做為具實踐能力的行動主體的立場而言，自從中古世紀奧古斯丁以後之基督教的實踐信條，即強調人具有的意志與選擇的稟性（尤其是其所內涵的道德面向）（Riley,1982:8）。十七世紀以後出現的現代契約論重視出自於人們之自由意志的「同意」，可以說即是此一有關統治者與人民之古典契約論衍生的一種變形論述❻。只是，根據里利的看法，從十七世紀至十九世紀初期，包含霍布斯、洛克、盧梭、康德與黑格爾等重要政治思想家當中，至少有四個人對「同意」

---

❻ 區克夏即指出，在西方長遠以來主張「理性—自然」的傳統支撐下，霍布斯的哲學體系有兩個主調：意志與人工物（Oakeshott,1975:60）。

做為形塑權威與義務（obligation）之來源的解說是相當曖昧的，主要的原因乃在於「意志」此一概念同時具有著倫理與心理意義，以至於使得概念的指涉意涵極不清楚（Riley,1982:9-10,15）。譬如，如前面引述的，霍布斯即使用具經驗意涵之生理心理學的詞彙來界定意志，把它當成是一個人訴諸行動之前「經過熟慮後的最終嗜慾」（the last appetite in deliberation），這明顯地是缺乏來自主願行動所明確內涵的倫理意涵（Riley,1982:37）。然而，不管怎麼說，正是對「意志」賦予這樣之經驗性的心理學意涵，霍布斯把社會思想的論述從傳統具濃厚哲學先驗預設的論證形式中帶出，也跨越了倫理道德的應然性訴求，讓具有經驗性之人的實際體質特徵成為形構社會（或行為）理論的概念基礎，開啟了有關社會的「科學」論述。當然，在此我們並不在意到底霍布斯建構的理論是否合理，或有否任何缺失的問題，我們正視的毋寧是，他提出的概念在後來的西方社會思想發展中到底扮演著怎樣的角色？具有怎樣的特殊歷史地位？

　　強調意志與選擇做為人的基本稟性，擺在以少數尊貴份子（如貴族）為主體的社會形式與以多數平凡人民（或更狹義地說，資產階級）為本的社會形式，有著不同的指涉意涵。就西方的歷史發展進程來看，從古代以至十八世紀法國大革命❷產生之前，基本上是以少數貴族為主體的社會形式（不管是封建或絕對王權）來做為構作與理解「社會」的基架。尤其在基督教教義的籠罩下，人們強調以諸如勇氣、名譽、自我犧牲等等具道德性的氣魄（*thymos*）來成就正義感，重視的是「要求別人承認自己的優越」（如承認自己所屬的旗幟、家

---

❷ 至少，就社會體制的形式而言，情形是如此的，儘管，誠如文中一再提示的，在十七世紀的西歐世界裡，代表多數人民的資產者已經浮現，並展現一定的社會力。因此，此處這樣的說法可以說是一種持意保守的說法。

族與宗主、乃至宗教信仰等等）的優越願望（*megalo thymia*），並形塑了承認慾望❻。然而，當以多數平凡人民（或更狹義地說，資產階級）為本的社會形式浮現、且漸漸成為形塑社會結構的基調時，情形則改變了。

　　前面提及霍布斯認定人性中隱藏著產生爭執的基本原因——競爭、猜疑與榮耀等三項時，除了正面肯定第二種原因所為的安全具有特殊的時代意義之外，他特別以語帶輕蔑的口吻對第三種原因（即榮耀或聲譽）表示著意見，認為人們基於第三種原因而引起爭執，基本上都是為了芝麻豆大的瑣事而戰（Hobbes,1998:83-84）。換言之，人們為了象徵符號而戰，至少，以此為戰爭正名，儘管背後可能隱藏有利益考量的成份。

　　在描繪自然狀態時，霍布斯認定涉及戰爭的原因出於為了人之基本生存的自我保全意識（或慾望）者，具有著特殊的時代意義，而這正是他論述的重點，也是在前面我們對他的理論反覆討論的焦點。然而，回顧他所處的時代與國度，霍布斯看到的卻是不同的場景：人們為了「瑣事」（如勳章、旗幟、教義等等），也就是為了特定認知模式而戰的次數卻是更多❻。因此，最先和最快把人驅進所有人對所有人之戰的激情，並不是單純對佔有物質的貪婪慾望，當然，更不是為了滿足人們最低程度的生存要件，而是意圖遂行少數野心者基於驕傲和虛榮心理的優越願望而產生的承認慾望，這才是自然狀態中一切暴力慘境的根源。

　　顯然的，當霍布斯以嗜慾說為個體人自我保全的存在要求做為在

---

❻底下的討論，主要參考福山（Frank Fukuyama, 1993），特別是第十三至十七章，因此，若無特別需要，就不再引註，讀者可以自行參閱該書。

❻如貴族（或君王）為了家族榮譽或教廷以榮耀上帝為名發動戰爭。

論述理路上具正當性的樁角，並進而以此確立契約同意做為營造「利
維坦」國家共同體的現實基礎的時候，他有著一個相當值得注意的人
文性意圖，即：呼籲人們放棄在聲名之戰中冒著生命危險要求別人承
認自己優越的努力，轉而以人類處於自然狀態時所具有的最低共同情
感（即自我保全）的名義來約束野心者，而這種情感是不僅是人與
人，也是人與「較低等」動物相通的共同因素（Fukuyama,1993:196-
199）。這乃意味著，社會理路的焦點遠離了基於少數人（如貴族）
之優越願望而生的承認慾望，轉而，在同時強調慾望與理性的前提
下，以多數人為本之對等願望（*iso thymia*）所撐出之基於人做為生
物有機體的自我保全本能而激發之最低程度的生存慾望做為營造社會
結構、也是理解社會的認知理路基礎。無疑的，霍布斯思想所內涵如
此一般地翻轉基本社會理路，單就西方社會思想發展史的角度來說，
具有著劃時代之多層面的歷史意義。

　　首先要闡述的是，霍布斯的嗜慾說所彰顯的，是一種具本質意涵
之體質論的基本認知立場，而這樣的認知模式基本上與其後（尤其，
十九世紀以降）之社會思想的基調相當親近，在論述上提供了一種具
有著歷史連貫意義的支持。到了十九世紀的中葉，顯微鏡的發明為生
物科學帶來諸多重大發現，諸如所有的有機體的細胞有著相同的組構
元素；原形質被看成是生命的物質基礎，乃所有生機活動的所在。繼
而，諸如達爾文、拉馬克（Jean Baptiste Lamarck）與華萊士（Alfred
Wallace）等人提出生物演進的說法，更是刺激了社會學者採取有機
體比擬的立論方式來進行有關社會結構的討論。這一切無形之中使得
霍布斯的嗜慾說所內涵的「體質」論述立場，得到了一定的迴響作

用，而這在孔德與史賓塞的論述中極明顯地看到⑥（參看 Becker & Barnes,1961:679-684）。總之，這樣的知識發展所帶來的，不只是人們以有機體的圖像來與「社會」比擬，而且，具體地回到人之基本本能性的身心體質來尋找理解與解釋人之社會行為的基礎。譬如，自從達爾文的《物種原始》（*The Origin of Species*）一書在一八五九年出版之後，西方人即相信人天生具侵略傾向，衝突乃人類處境的一部分。於是乎，人想要生存就必須經歷最野蠻的鬥爭，遂成為西方人的信念，儘管，當時實際歷史的進程所呈現之人與人鬥爭現象，已經明顯地由血淋淋的剛性軍事戰爭轉為細膩地鉤心鬥角的柔性商業競爭了。無疑的，在這樣的知識發展過程中，霍布斯的「自我保全」概念更加呈現出重要的歷史意義。

　　回顧前面的論述，我們可以發現，霍布斯以人之嗜慾本能為基礎的心理享樂主義的動機立場來開展自我保全的自然法則，對後來的社會思想的發展，有著一個重要的理論性意涵。這個意涵簡單地說即是，回歸到人所具之動物性的自然特質的臨界點（即自我保全做為一種本能體現）來界定人文性（文化）的現象（與問題），而這也正是人類如何由赤裸裸的血腥鬥爭演進為具妥協性的溫和競爭（或甚至是相互合作）的問題；亦即：人類如何由動物性「過渡」到人文性的問題⑥。在此，人文性的問題指涉的是，體現在諸如以基本人權與財產權為本之契約同意論的論述，或啟蒙運動以後西方人重視以「文化」

---

⑥ 根據尼茲貝特（Robert Nisbet）的意見，史賓塞的社會演進說與達爾文的生物演進說，有著本質上的差異，不能輕易地推定前者的演進說是來自後者（Nisbet,1969）。由於這並非在此我們關心的議題，所以，存而不論，而僅引貝克爾與巴奈斯的說法，籠統地做為一種可資思考的歷史性提示。

⑥ 這也正可以用來說明何以皮特斯會認為霍布斯的動機理論可以看成是由其物理學（可以說包含了生理心理學）過渡到政治學（也可以說包含道德）的一種分水嶺（Peters,1956:150）。

❻❼ 來成就人之主體性的種種努力上面。換言之，霍布斯的自我保全說觸及了後來西方社會思想中有關人類如何從自然狀態「跳躍」到具有文化樣態的轉折問題（如洛克、休謨、尤其是二十世紀的李維史陀），也就是愛里亞斯（Norbert Elias）所說的文明化進程。

　　總之，在此讓我特別再強調一次。如此強調人做為生物有機體的體質特徵、並以之做為人之存在價值的基礎，正是自啟蒙時期以來之西方社會思想家們思考人與社會現象時的基本軸線。因而，人如何由動物性「跳躍」（或謂「過渡」）到人文性，遂成為核心的課題，至少直至一九七〇年代布希亞提出象徵交換說為止，情形是如此的。就霍布斯對嗜慾說的論述鋪陳而言，當然，他並沒有明確地對這樣之「跳躍」轉折所立基的人的體質基礎有著交代。然而，這卻以另外的姿態或明或暗地體現在後來之社會思想家的論述裡，馬克思和佛洛依德只不過是其中兩位有著明顯而具體之影響作用的社會思想家而已❻❽。情形何以可能是如此，我個人認為，啟蒙時期以後，西方人明確地以「人」為本的思想與認知模式做為理解社會現象與人的行為自身的依據，可以說是最重要的歷史促因，而人所具有的身心體質特徵正是用來確立人之所為「人」的最基本「自然」素質。

　　就概念的實質歷史內涵而言，強調以慾望與理性來支撐最低程度的自我保全與對等願望原則，基本上是一種人本、且又是人道的人文考量。然而，就認識論的立場來說，當我們以人做為生物有機體所具之身心潛能與最低程度的基本生理需求等等的普遍特質做為基礎來確立論述政治（社會）現象的認知模式的時候，事實上，我們面臨一個

---

❻❼ 有關的討論，參看葉啟政（2006:202-209）。

❻❽ 簡單地說，對馬克思來說，此一體質基礎是人做為類屬存有所具有的基本生理需求（即吃、喝、穿、住等等）。對佛洛依德而言，這即是原慾（libido）的本能、潛意識等等。

有關立場的基本課題，即：以某個概念層面來解釋另一個概念層面的可行性和正當性。在此，我不準備就哲學的層次來討論此一有關認識論的問題，而僅就如此的認知模式所可能衍生的實際歷史意涵提出簡單的說明。首先，這意涵著一個根本的課題，那是：強調「人做為生物有機體的身心潛能與最低程度的基本生理需求」的基本社會學意義是甚麼？依我個人的見解，其意義有三：（一）此一人們所具有的基本生理性特徵是普遍的，乃是人之為「人」所應有之不可剝奪、也不容化約的底線條件；（二）確立了具代表絕大多數人（尤其，被統治者）之「人民」做為社會主體的歷史意涵；（三）就「人民」（尤其資產者）做為代表絕大多數之人類存有體的歷史形式，由他們所共同期待的對等願望直接衍生（或謂扣聯）的關鍵社會現象，基本上即是經濟社會❽。

　　由於在前面一路發展下來的論述已相當明顯地對於（一）與（二）有了回應，所以，底下的討論主要的是針對（三）而來。不過，首先，我還是必須以最簡扼的語言對（一）與（二）做一點交代。我的總結性闡述是：既然這樣的考量必然是需要以多數人為對象，那麼，「新興」資產階級做為反映具多數意涵的「人民」而成為被指涉的歷史主體，自然是極為順理成章的。這正是所以在前文中透過馬克弗森與波比歐的論述，對霍布斯的思想與資產社會之間的關係所可能具有之歷史親近性進行討論的基本理由。誠如前文中一再提示的，我個人不願（事實上，也無能力）論斷霍布斯本人已充分意識到資產階級的歷史主導地位，而主張其論述乃直接以持具市場社會為論

---

❽ 這無疑地啟示我們，何以馬克思主義者會特別重視經濟「下層結構」對瞭解本主義社會具有著決定性之意義的關鍵所在。

述場域。但是，毫無疑問的，不管從正面（即資本主義）或反面（馬克思主義）的立場來看，霍布斯強調慾望與理性、自我保全與對等願望等等的概念，可以說都是刻劃與理解後來以資產者為主體之持具市場社會的基本認知模式。

其次，我將針對（三）與由此而衍生的問題提出一些進一步的闡述。在上面所提到之認知架構的導引下，過去的西方歷史告訴們，霍布斯之有關人性的命題催化了所謂政治經濟學成為人們特別關心的知識客體，並有著以「去政治化」的方式讓展現對等願望的「經濟」抬頭的意思。或者，保守地說，無論是就社會實作或理論建構的面向來看，讓「經濟」成為導引「政治」的社會力（與主導概念）是基本的操作原則。霍布斯企圖透過具契約同意的權利概念來形塑「利維坦」國家，其實即有著透過「經濟化」政治事務來實踐人民的對等願望的潛在意義。無疑的，這聯帶地改變了政治理念的基本價值，人們不只揚棄了以氣魄為傳統來維護和經營的優越願望與承認鬥爭，改而強調以理性來經營多數人之慾望的自我保存問題，更重要的是，若說氣魄並沒有完全喪失，那麼，它的歷史內涵也是明顯地被改變了。

根據福山的意見，在柏拉圖的《共和國》（*The Republic*）一書中，蘇格拉底把有氣魄的人比喻為有著大勇與怒氣，內心充滿著承認慾望，乃是一隻不惜為保衛自己的地盤與外敵作戰的「高貴之犬」，而這與樂於冒生命危險的氣勢、也與自己生氣憤慨的情感有關（間接引自 Fukuyama,1993:208）。福山更採取了黑格爾的立場，並再次援引柏拉圖在《共和國》中的說法，認為氣魄構成了人天生的正義感，同時也是無私、理想主義、道德性、自我犧牲、勇氣與名譽等等高貴情操的心理基礎。因此，氣魄可以把人從私利與私慾的生活中拉出而形塑了公共之善，情形正如蘇格拉底認為的，它是所有政治共同體得

以存在之不可或缺的美❼（Fukuyama,1993:218,235）。

論述至此，讓我們看看今天人類文明所經歷的「現代化」場景吧！誠如福山指出的，當代人們所說的「現代化」其實可以解釋為，人類靈魂中「慾望」部分在理性的導引下逐漸戰勝靈魂中的「氣魄」部分的一種演進過程。表現這樣之態度的歷史進程最為典型的，莫過於體現在美國的憲法中宣揚追求幸福（其實即是獲得財產）之權利的主張（Fukuyama,1993:238）。正是在這樣的歷史背景之下，我們甚至可以更進一步地說，霍布斯強調自我保全慾望的說法，已經使得古典希臘特別重視以氣魄做為不可或缺的美德以及因之而形塑的優越願望，不再受到尊重，甚至成為被攻擊的目標，以至於喪失殆盡（Fukuyama,1993:237）。此時，取而代之的是：一、如上面指陳的，靈魂中的慾望部分驅使人們把生活本身徹底地予以經濟化（如大學教育為的是提供一個好的就業機會）；二、以具強烈滲透力的對等願望期待讓自己能夠與別人對等地獲得承認。儘管在追求對等願望當中，我們還是可以嗅聞到氣魄的古典氣息，但是，今天我們所要求的，已不是諸如勇氣、名譽、自我犧牲等等具道德性的要求，而是要求具有著諸如自尊、自負、肯定、獨立自主、或自我實現等等意涵著「期許」之辭彙所意圖表達的價值觀或生命態度（記住，這並不是倫理道德性的要求）❼。

---

❼ 福山進一步地指出，十九世紀的尼采（Nietzsche）即是重視此一源自古希臘文明之情操的思想家，他著名的權能意志（will to power）概念，基本上即是致力於闡明這麼一個基本命題：相對於慾望與理性，氣魄是具有著優越性，我們可以藉此來治療近代自由主義對人之傲慢與過分抬高自我主張之能力所造成的傷害（Fukuyama,1993:242-243）。

❼ 只不過，到了今天這樣一個以消費為導向的後現代場景裡，這種出於自利、且以權利（義務）相互讓渡的契約觀來奏收人與人之間互相制約之效的思想，實需要重新予以評估的。倘若我們改以愛、慈悲、施捨、或關懷的立場出發，無疑的，則將開啟另一種具啟發性的思維模式。此時，人們重視的，毋寧地是強調靈性超越的渡化分享觀，而這恰

　　在此，讓我再次透過福山對自由主義的詮釋（尤其是對一九八九年以來蘇聯、波蘭與東歐共產集團解體後的整個世界局勢）所提出的說法，進一步地為霍布斯思想確立歷史地位。福山認為，自由主義信念的理路已經推動到使得「人獲得絕對自我意識」的邏輯終點，因而，「歷史終結於自由主義」（Fukuyama, 1993: 79）。情形若是如此的話，前面所討論之霍布斯的嗜慾說既是「啟動」了自由主義為典範的「現代化」，如今，倘若歷史真的要「闔閉」（即福山所說的「終結」）在自由主義的「現代化」之中，以俾讓自由主義成為永恆的信條，我們是否也得先把歷史也一同地「闔閉」在霍布斯的這個命題上面呢？然而，情形看來似乎沒有那麼簡單，因為，假若霍布斯的思想（尤其，嗜慾說）可以看成是啟蒙時期以後之西方社會思想的重要轉折點，顯然的，這正是布希亞嚴厲批判馬克思的價值說與佛洛依德的需求說、並予以完全否定的基本思想源頭（Baudrillard, 1975, 1981）。準此，不只歷史是否會終結於自由主義，霍布斯的嗜慾說是否尚有用來解釋當代文明場景的正當性，著實是值得細思的。

　　再者，福山引述科耶夫（Alexandre Kojève）對黑格爾的詮釋，以為黑格爾給了我們一個瞭解歷史過程的不同機制，認為重建社會必須建基在所謂的承認鬥爭（struggle for recognition）的機制上面。如此，依附在對等願望下的氣魄才得以恢復一點古典氣息，而這正是身處這個時代的人類迫切需要的基本情操（Fukuyama, 1993: 181, 244-245）。顯然的，假若福山對人類文明的前途所提出之這樣的期許是可以接受的話，霍布斯思想對氣魄的營造所帶來之翻轉性的毀滅，豈不是莫大的罪過，而這可能予以恢復或重造嗎？若是，條件為何？

恰是當今正在醞釀的一種新政治哲學（參看葉啟政, 2008）。

　　就概念的涵意而言，優越願望與承認鬥爭指涉的，本質上是一種有關象徵交換的社會過程，人們互動的重點在於象徵符號的互惠交換。誠如前面提示過的，自從啟蒙時期以來，西方人即以人之身心體質所衍生的基本要求，做為確立人們之社會「互惠」交換的基礎，而其中最具有重要意義的歷史條件莫過於是建立在（特別是基本生理性的）需求與（具應付基本需求之使用性的）價值上面。就思想史的角度來說，馬克思和佛洛依德的理論正是分別碰觸到這兩個面向。因此，在今天這樣一個象徵交換現象日益突顯的時代裡，假如情形是如布希亞所說的，象徵符號的意指是易變、飄盪而中空，那麼，無疑的，如此缺乏明確指涉對象的象徵交換，是不再需要借助實質化之需求與價值的概念來加持的，於是，需求與價值概念的歷史意義可以被懸擱起來了。顯然的，在這樣的歷史場景裡，人們還是和過去的人一樣，不斷地進行著象徵交換，但是，他們是不再需要古典的優越願望與承認慾望來為日常的象徵交換行為撐腰。再者，事實上，連從事福山所強調之承認鬥爭的氣魄經營也都會有困難的。

　　那麼，在這樣的歷史場景裡，人們進行著怎樣的象徵交換呢？這當然是一個值得探索的問題，在此，我不準備回答，而只提出另一個具前置意義的問題，以來接續上述對福山命題（即歷史是否會終結於自由主義）所衍生出來之另一命題（即歷史也跟著終結於霍布斯的嗜慾說）的質疑。此一問題的要旨是：當歷史走到這樣的地步，難道，我們只有宣告霍布斯的嗜慾說也跟著終結在他的理論所內涵的自由主義信念之中嗎？最後，隨著立基於慾望概念之需求與價值的嚴肅社會意涵的消失，自由主義也將跟著消失了嗎？再說，面對著後現代場景，霍布斯的嗜慾說既是「啟動」現代性的思想要素，自然也就是「闔閉」現代性的重要要素，因此，擺在整個歷史過程當中來看，馬

克思和佛洛依德原只不過是兩位（有意或無意地）為霍布斯思想留下一點痕跡的點綴「過客」而已。這麼一來，從十七世紀以來即影響西方社會思想甚鉅的霍布斯，尤其，他的嗜慾說，如今是不是將被「斬首」？易言之，歷史是否「終於」終結了霍布斯的思想，而不是如馬克思和佛洛依德的理論（以及其後的許多社會思想，如批判理論、乃至結構主義）所意涵的，「終於」終結於霍布斯的思想之中？這樣的說法可以接受嗎？這些都是有待我們回答。（原文刊登於《社會理論論叢》，第 6 輯，頁 67-115，2012。北京：中國大百科全書出版社）

參 考 文 獻

葉啟政

    2006 《進出「結構─行動」的困境──與當代西方社會學理論論述對話》。（修訂二版）台北：三民書局。

    2008 《邁向修養社會學》。台北：三民書局。

Alford, C. Fred

    1991 *The Self in Social Theory: A Psychoanalytic Account of Its Construction in Plato, Hobbes, Locke, Rawls and Rousseau.* New Heaven, Conn.: Yale University Press.

Aristotle

    1988 *The Politics.* Edited by Stephen Everson. Cambridge: Cambridge University Press.

Baudrillard, Jean

    1975 *The Mirror of Production.* Translated by Mark Poster. St. Louis, Mo.: Telos Press.

    1981 *For a Critique of the Political Economy of the Sign.* Translated by Charles Levin. St. Louis, Mo.: Telos Press.

    1990a *Seduction.* Translated by Brian Singer New York: St. Martin's Press.

    1990b *Fatal Strategies.* Translated by Phillip Beitchman & W. G. J. Niesluchowski, edited by Jim Fleming. New York: Semiotext（e）.

Baumer, Franklin L.

    1988 《西方近代思想史》（*Modern European Thought: Continuity and Change in Ideas,1600-1950*）。（李日章譯）台北；聯經。

Becker, Howard & Harry E. Barnes

    1961 *Social thought From Lore To Science.*（Three volumes）（with the assistance of Émile Benoît-Smullyan and others）（3rd Edition）. Washington D. C: Harren Press.

Berlin, Isaiah

    1992 "Hobbes, Locke and Professor Macpherson," in Presteon King （ed.）*Thomas Hobbes: Critical Assessments*. London: Routledge, 55-76.

Berns, Laurence
　　1981　"Thomas Hobbes," in Strauss, Leo & Josephy Cropsey（eds.）*History of Political Philosophy*.（2nd edition）Chicago, Ill.: The University of Chicago Press,370-394.

Bobbio, Norberto
　　1993　*Thomas Hobbes and the Natural Law Tradition*. Translated by Daniela Gobetti. Chicago: University of Chicago Press.

Brandt, Frithiof
　　1928　*Thomas Hobbes' Mechanical Conception of Nature*. London: Librairie Hachette.

Durkheim, Emile
　　1964　*The Division of Labor in Society*. New York: Free Press.
　　1995　*The Elementary Forms of the Religious Life*. New York: Free Press.

Finn, Stephen J.
　　2006　*Thomas Hobbes and the Politics of Natural Philosophy*. London: Continuum.

Foisneau, Luc
　　2004　"*Leviathan's* Theory of Justice," in Tom Sorell & Luc Foisneau（eds.）*Leviathan After 350 Years*. Oxford: Oxford University Press, 105-123.

Fukuyama, Frank
　　1993　《歷史的終結與最後一人》（*The End of History and the Last Man*）。（李永熾譯）台北：時報出版公司。

Gaskin, J. C. A.
　　1998　"Introduction," in Thomas Hobbes *Leviathan* edited with an introduction and notes by J. C. A. Gaskin. Oxford, England: Oxford University Press, xi-XLiii.

Germino, Dante
　　1972　*Machiavelli to Marx: Modern Western Political Thought*. Chicago, Ill.:The University of Chicago Press.

Gert, Bernard
　　2006　"Hobbes's psychology," in Tom Sorell（ed.）*The Cambridge Companion to Hobbes*. Cambridge: Cambridge University Press, 157-174.

Hearnshaw, L. S.
　　1964　*A Short History of British Psychology, 1840-1940*. London:Methuen.

Hegel, Georg W. F.
　　1991　*Elements of the Philosophy of Right.*（ed. by Allen W. Wood）
　　Cambridge: Cambridge University Press.
Hirschman, Albert O.
　　1977　*The Passions and the Interests: Political Arguments for Capitalism Before Its Triumph.* Princeton, New Jersey: Princeton University Press.
Hobbes, Thomas
　　1983　*De Cive: Philosophical Rudiments Concerning Government and Society.*（English Version）ed. by Howard Warrender. Oxford: Oxford University Press.
　　1998　*Leviathan.* edited with an introduction and notes by J. C. A. Gaskin. Oxford, England: Oxford University Press.
Hoekstra, kinch
　　2007　"Hobbes on the natural condition of mankind," in Patricia Springborg（ed.）*The Cambridge Companion to Hobbes's Leviathan.* Cambridge: Cambridge University Press, 109-127.
Johnston, David.
　　1986　*The Rhetoric of Leviathan: Thomas Hobbes and the Politics of Cultural Transformation. Princeton,* N. J.: Princeton University Press.
Kavka, Gregory
　　1986　*Hobbesian Political and Moral Theory.* Princeton, N. J.: Princeton University Press.
Lynch, W. T.
　　1991　"Politics in Hobbes's mechanics: the social as enabling," *Studies in the History of the Philosophy of Science* 22（2）:295-320.
Lyotard, Jean-Francois
　　1984　*The Postmodern Condition: A Report on Knowledge.* translated by Geoff Bennington and Brian Massumi. Minneapolis, Minn.: University of Minnesota Press.
Machiavelli, Niccolo
　　1950　*The Prince and the Discourses.* New York: Random House.
Macpherson, Crawford B.
　　1962　*The Political Theory of Possessive Individualism.* Oxford, England: Oxford University Press.
　　1968　"Introduction," in Thomas Hobbes *Leviathan.* edited with an introduction by Crawford B. Macpherson. London: Penguin, 9-63.
Martinich, A.P.
　　2005　*Hobbes.* London: Routledge.

Newey, Glen
　　2008　*Hobbes and Leviathan*. New York: Routledge.
Nisbet, Robert
　　1969　*Social Change and History: Aspects of the Western Theory of Development*. New York: Oxford University Press.
Oakeshott, Michael
　　1975　*Hobbes on Civil Association*. Indianapolis, Indiana: Liberty Fund.
Parkin, Jon
　　2007　"The reception of Hobbes's Leviathan," in Patricia Springborg（ed.）*The Cambridge Companion to Hobbes's Leviathan*. Cambridge: Cambridge University Press, 441-459.
Parsons, Talcott
　　1937　*The Structure of Social Action, Volume I*. New York: McGraw-Hill Book Co..
Pasquino, Paolo
　　2001　"Hobbes, religion, and rational choice: Hobbes's two Leviathans and the fool," *Pacific Philosophical Quarterly* 82:406-19.
Peters, Richard
　　1956　*Hobbes*. London: Pelican Books.
Plamenatz, John
　　1962　"Introduction," in Thomas Hobbes *Leviathan*. edited with an introduction by John Plamenatz. London: The Fontana Library, 3-55.
　　1963　*Man and Society. Volume One*. Essex, England: Longman.
Reik, M.
　　1977　*The Golden Lands of Thomas Hobbes*. Detroit, Mi.: Wayne State University Press.
Riley, Patrick
　　1982　*Will and Political Legitimacy: A Critical Exposition of Social Contract Theory in Hobbes, Locke, Rousseau, Kant and Hegel*. Cambridge, Mass.: Harvard University Press.
Rogers, G. A. J.
　　2007　"Hobbes and his contemporaries," in Patricia Springborg（ed.）*The Cambridge Companion to Hobbes's Leviathan*. Cambridge: Cambridge University Press, 413-440 .
Schmitt, Carl
　　2008　《霍布斯國家學說中的利維坦》（*Der Leviathan in der Staatslehre des Thomas Hobbes*）。（應星‧朱雁冰譯）上海：華東師範大學出版社。

Schneider, Louis

1967　*The Scottish Moralists on Human Nature and Society.* Chicago, Ill.: The University of Chicago Press.

Shapin, Steven & Simon Schaffer

2006　《利維坦與空氣泵浦：霍布斯、波以耳與實驗生活》（*Leviathan and the Air-Pump: Hobbes, Boyle and the Experimental Life*）。（蔡佩君譯）台北：行人。

Skinner, Quentin

2004　*Visions of Politics, Volume 3: Hobbes and Civil Science.* Cambridge: Cambridge University Press.

Sorell, T.

1986　*Hobbes*. London: Routledge and Kegan Paul.

Strauss, Leo

1963　*The Political Philosophy of Hobbes: Its Basis and Its Genesis.* translated by Elsa M. Sinclair. Chicago: University of Chicago Press.

Toffler, lvin

1984　"Foreword: science and change," in Prigogine, Ilya and Isabelle Stengers *Order out of Chaos: Man's New Dialogue with Nature*. New York: Bantam Book, xi-xxvii.

Tuck, Richard

1989　*Hobbes*. Oxford: Oxford University Press.

2002　*Hobbes: A Very Short Introduction*. Oxford: Oxford University Press.

2004　"The utopianism of Leviathan,' in Tom Sorell & Luc Foisneau（eds.）*Leviathan After 350 Years*. Oxford: Oxford University Press, 125-138.

Watkins, J. W. N.

1955　"Philosophy and politics in Hobbes," *Philosophical Quarterly* 5（19）:125-146

Zarka, Yves C.

2006　"First philosophy and the foundation of knowledge," in Tom Sorell（ed.）*The Cambridge Companion to Hobbes*. Cambridge: Cambridge University Press, 62-85.

第 **2** 章
解讀佛洛依德的原慾說

第一節　議題的提問焦點

　　除了是精神分析學的創始祖之外，在二十世紀以來的西方社會思想界當中，佛洛依德更可以說是具有著難以動搖、也無以否定的絕對重要地位。對這樣一位重量級之理論家的思想，論者已多如牛毛，實在沒有任何理由需要讓我重述，再說，我確實也並無此功力。然而，在此，我所以還是選擇佛洛依德做為主角來討論，理由其實很單純，主要是為了回應布希亞因面對著後現代社會裡象徵符號飄盪而缺乏固定意指的歷史場景，而斬釘截鐵地宣告了「『需求』（need）或『慾望』（desire）概念用來做為理解和解釋當代人之行為的『本質』基礎已經失效」這樣的論斷（Baudrillard,1975,1981）。在我的認知裡，需求與慾望恰恰是整個佛洛依德之原慾說（theory of libido）的核心基軸，尤其，立基於下面針對佛洛依德之影響的簡扼描繪，我個人認為，做這樣的選擇著實是有必要的，關鍵只是在於採取怎樣的進路來逼進，才可能讓人們感覺得到有著較為貼切、且又具啟發性的省思契機。

　　回顧二十世紀以來之西方社會思想的發展，佛洛依德的學說影響

了法蘭克福學派（最為典型的如賴希（Wilhelm Reich）），特別是成就了馬庫色（Hebert Marcuse, 1955）企圖透過原慾理性（libidinal rationality）的概念結合著馬克思主義的思想，以來完成人類文明的解放。更特別的是，回溯至一九三〇年代的法國，布荷東（André Breton）即深受佛洛依德之潛意識說的影響，一樣的，糅合了馬克思主義的基本信念，帶出了超現實主義（Surrealism）的潮流。自此，凡此種種思想風氣披靡所及，佛洛依德與馬克思的理論巧妙地被結合在一齊，成為顯學，引動日後諸如拉岡（Lacan）、德勒茲與瓜達里（Deleuze & Guattari）、李歐塔（Lyotard）、克麗絲特娃（Julia Kristeva）、伊瑞葛來（Luce Irigaray）以及齊澤克（Slavoj Žižek）等人的論述出現❶。

　　針對著上述來自德法思想家企圖轉化佛洛依德的論述、並與馬克思的理論進行融會衍生的努力，倘若特別選擇呂格爾（Paul Ricoeur）從現象詮釋學的角度來解讀佛洛依德的進路做為楔子來為本文的旨意開題，似乎有著一定的歷史性意涵，可以提供我們更多深刻而可貴的啟發與想像空間。

　　呼應著馬庫色（Marcuse, 1955）、瑞夫（Philip Rieff, 1979）與佛魯格爾（J. C. Flugel, 1945）等人的說法，呂格爾曾經提出一個論斷：佛洛依德的精神分析所從事的其實是一種文化解釋（Ricoeur,1970:xii）。從知識論的立場，呂格爾更指出，佛洛依德的

❶ 由於，在當代西方社會思想裡頭，這幾乎已是基本知識，且又非本文討論的課題，所以，不擬多加討論，況且，有關的討論甚多，作者更是沒有資格加入的。可供參考的文獻，隨手而及的，諸如傑伊（Martin Jay, 1984,1993）、帕克（Ian Parker, 1997）、艾里亞特（Anthony Elliott, 1992,2002）與克拉克（Simon Clarke, 2003）等人的著作。有關作者個人對佛洛依德影響布荷東之超現實主義與其以降之歐洲人文社會思想的簡拙描述，參看葉啟政（2008: 第 8 章）。

理論既非完全實證的心理科學，也非單純的現象學論述，而是一種具反思（reflection）性質之獨特且不可化約的實踐形式。尤其，審諸精神病患與分析醫師之間的治療關係，甚至精神病患本身對病症的意識化過程，它們與佛洛依德的理論本身一樣，更是一種充滿著「探險」意味的反思過程（Ricoeur,1970:418,439）。因此，它不同於傳統的現象學與詮釋學，有著自己的特殊性格。或許，正是因為佛洛依德與馬克思同樣地充滿著透過「當事人」（精神病患或無產階級）與「智者」（精神分析師、知識分子或革命先鋒引導者）的相互詮釋而進行在世實踐的意涵（或主張），才使得上述之法蘭克福學派與理念相當程度地依附左派思想的法國思想家與藝文從業者得以把兩人拉在一齊、並嘗試予以融會，成為推動對人本身與社會進行改造的理論基礎。

對呂格爾來說，佛洛依德的精神分析更是一種有關象徵解釋的專業。呂格爾於是從詮釋學的立場來解讀佛洛依德的象徵與需求本能之間的關係，認為象徵的多元與多變並沒有完全否定對需求本能所預設的初基性，兩者只是分屬於不同的概念層次而已❷。易言之，以需求本能為基本哲學人類學的存有預設前提，是允許明勢（manifest）與潛勢（latent）之雙重象徵意義存在於經驗世界的說法的。沒錯，整個佛洛依德的精神分析工作就是進行詮釋，而且是帶著懷疑（suspicion）、且經常是充滿「錯誤意識」的詮釋。尤有進之的，佛洛依德對人的行為（特別是夢境）與文明所從事的論述工作以及對精神病患的治療，特別是指向「神聖體」（以父親做為源起的代理人）

---

❷ 我個人認為，從「原慾」之生理本質角度的切入策略來理解佛洛依德，基本上並沒有與呂格爾之慾望的語意學（the semantics of desire）的探討策略完全牴觸，兩者的最主要差別乃在於選擇切入問題的起點。

如圖騰、社會、摩西、乃至上帝而至宗教整體本身的解釋，都可以看成是一種對意義進行著解讀的「科學」工作（Ricoeur,1970:32-34）。因此，我們若要合理而貼切地思考著人類的行為與社會自身，借用呂格爾的術語來說，透過語言的意義詮釋可以說是朝向反思的通道（the passage to reflection），姑且不管呂格爾怎樣定義「反思」、認為有了怎樣的危機、並做了怎樣的期待（Ricoeur,1970:37-56）。

準此基礎，呂格爾更進一步地指出，佛洛依德的理論基本上是對著人做為主體的一種反思功夫，而且是對主體（特別是其潛意識）進行追根溯源的考古學反思，因此是一種主體考古學（Ricoeur,1970: 419-458）。當他從現象學與詮釋學的角度架出主體時，具體來說，呂格爾檢討的是佛洛依德的「潛意識」與「意識化」概念，聯帶的是一些相關的核心概念，如本能、原慾、本我、自我、超我、自戀主義等等。因此，在呂格爾的心目中，整個精神分析努力以致的，無非即是對潛意識進行具主題性的考古工作，以謀求使之有著意識化的契機，儘管其可能內涵的目的論並未明確地以某種特定主題的姿態被呈顯出來（Ricoeur,1970:461）。換個角度來說，佛洛依德思考的顯然「不是高度理性的未來而是黑暗的過去」，他「痴迷於古老、原始、詭異、因而難以理解的事物」（Edmundson,2012:36）。因此，對佛洛依德來說，不論就個體自身或整體文明進程而言，人們所面對的，基本上是諸多深藏在心理底層之被壓抑、凌亂無序的潛在心理情緒，而唯有使之「意識化」，才有化解的可能。

當然，擺在西方啟蒙運動以來的主體意識哲學傳統來加以審視，對人類而言，反思功夫是必要的，至少是被期待著，肯定是具有著一定的意義的。這也就是說，呂格爾企圖以語言為基模對佛洛依德的理論進行詮釋學的解讀，至少從西方社會思想發展史的角度來看，確實

是有著深具文化意涵的正當性。倘若特別配合著他所身處之當時法國思想界的主導思想潮流（特別意指來自德語系的符號學、現象學與詮釋學傳統）來予以審視，他對佛洛依德的詮釋，毋庸置疑的，更是深具有著意義。在此，我不擬進一步地與呂格爾對話，而把自己陷入呂格爾經營起來之細膩而嚴肅的哲學論辯當中，況且，我自認無此能耐。

　　我要特別強調的是，誠如呂格爾已經認識到的，佛洛依德的理論呈現的，有著實在論（realistic）與自然主義（naturalistic）的面向❸（Ricoeur,1970:419）。在接受佛洛依德的論述同時是一種具主體考古學的取向的前提下，我們更是有著堅實的理由必須正視這樣之面向所可能彰顯的意涵。就我個人的意見，立基於對當代社會所體現之象徵交換場景的深刻體認，布希亞所以會認為需求與慾望的概念必須被架空，甚至被宣告「死亡」，佛洛依德以實在論與自然主義的立場架出「原慾說」做為基本認知模式、並因此開展了具本質性之心靈機置（psychical apparatus）的方析策略，是不能不特別予以關照的。有鑑於此，我個人覺得有必要以霍布斯的嗜慾（appetite）本質論的立場做為重要的歷史背景，重新來探討佛洛依德之論述的基本社會學內涵、孕生的時代背景以及其所可能衍生的社會意義，因為唯有從如此

---

❸ 呂格爾並非以單純的態度承認佛洛依德這樣的認識觀，至少，他企圖以現象詮釋學的角度重新確立佛洛依德的實在論立場，特別是對人之立即意識（與潛意識）的意義解釋（如解夢）。至於自然主義的部分，呂格爾則認為是以「物」（或謂力與機制）來架出的面向，可以說是基礎穩固的（well grounded）（Ricoeur,1970:432-434）。再說，儘管呂格爾以具有反思詮釋能量的「意識」來披露被本能駕取之「潛意識」的語言意涵，但是，他還是承認潛意識所意涵的圖像是絕對非主願的圖像（figure of the absolute involuntary），因而，一個人的自由是一種「只是人類的自由」（a "mere human freedom"）而已。易言之，它是一種被驅動、具體化、隨制（contingent）的自由（Ricoeur,1970:458）。只是，呂格爾為了維持一貫的詮釋學立場，不願輕易地讓自己陷入具本質性的實在論的窠臼罷了！

的角度來考察需求與慾望的概念，我們才可能有著更穩固的歷史基礎以獲取更恰適且具啟發性的體會。

　　總之，當我們意圖透過以慾望（需求）做為生命本質的命題把佛洛依德與霍布斯掛聯在一齊時，我們所關心的，窄化地說，其實是佛洛依德與霍布斯思想之間的可能親近性與此一親近性在西方思想史所展衍的歷史─文化意義，但是，廣闊地說，則是由心理機置開展出來之本能本質觀所可能具有的社會學意義。

第二節　　佛洛依德之論述的思想背景

　　艾倫伯格（Henri F. Ellenberger）指出，達爾文從演進的觀點來考察動物界中有關諸如攻擊性與愛慾本能現象的研究取徑深深地影響著佛洛依德。譬如，佛洛依德即把達爾文在演進論中所說的逆反（reversion）運用於心理現象上面，稱之為退歸（regression）。更罔論在《圖騰與禁忌》（*Totem and Taboo*）一書中處處可見到達爾文透過生物學理論來考察道德（即社會）起源的影子（Ellenberger, 2004:217）。此外，透過其授業老師布呂克（Ernst Wilhelm von Brücke），佛洛依德更是明顯地受到十九世紀中葉赫姆霍茲（Helmholtz）學派以牛頓物理學原理為基礎而建立起來之物理生理學（physical physiology）的影響。簡單說，此派的生理學接受了物理學的元素論，認為一個複雜的現象可以（也必須）化約為組成的元素來理解。譬如，一個物體的運動即是可計算的基本分子依循著慣性定律所產生之一種涉及能量保存的運動改變情形。相較之下，對佛洛依德而言，他所從事的科學工作，即是把心靈的規則轉換為運動的規則來理解（Gay,2002a:80）。他借用了諸如慣性與能量保存等等概念來形

塑其有關人之心理活動狀態的概念，諸如前面提到的心靈機置或所謂的能量灌聚（energy cathexis）❹ 即是。使用楊克洛維奇（Daniel Yankelovich）與拜瑞特（William Barrett）的用語，佛洛依德的論述架構基本上是分享著深受笛卡兒的認識論與牛頓物理學影響之科學物質主義（scientific materialism）的基本信念（參看 Yankelovich & Barrett,1970: 第 12 章）。準此，倘若我們可以說佛洛依德的本能論是一種以人做為生物有機體為前提的心理學學說，那麼，其學說的基本思想來源毋寧地是來自物理學，而非生物學本身。然而，不管其思想來源是來自十九世紀以來的物理學或生物學，佛洛依德的理論具有著以「自然」為根本之本質論的色彩，應當是可以接受的一種論斷吧！

　　除卻其所接受訓練與孕育的思想背景本身之外，我們更是不能忽視佛洛依德所生長之時代的歐洲社會背景。博蘭尼（Karl Polanyi, 1944）曾宣稱十九世紀的歐洲面臨的是大轉型的時代，而由十九世紀邁進二十世紀之交，西方文明所呈現的樣態，更可以說是這樣一個轉型格局的總體展現。特別是兩次大戰與之間（且延續至之後）極權主義的恐怖統治等等的發生，更是使得西方人對啟蒙時期以來所肯定的「理性」有了懷疑，繼而對「人性」的本質予以關心，而這正是佛洛

---

❹ 這原本是十九世紀末有關蒸氣機之動力學使用的一個概念，乃用來形容蒸汽機的動能狀態，佛洛依德借用來形容一個人之精神能量的集中凝聚樣態。但是，根據艾倫伯格的說法，佛洛依德此一概念乃源自布倫塔諾（Franz Brentano）的意向性的存在（intentional existence）說法（Ellenberger,2004:218）。佛洛依德即根據布倫塔諾的意思發展其早期的「自我」概念，認為意識始終是意指或指向某些東西，人的自我即是企圖掌握意義、並完成其意向性的行動。因此，企圖掌握一些東西，成為人們關心的課題，佛洛依德於是使用「灌聚」一概念來刻劃意向性之行動的能量動力來源。《佛洛依德之完整心理學作品標準版本》編者史崔奇（James Strachey）即指出，灌聚的希臘文原意是「我佔有的」，當佛洛依德把它轉成德文的 Besetzung 一辭後，遂成為精神分析學最重要的概念之一。簡單說，它可以使用充電來比擬，乃意指透過某一管道所累積或集中的心理能量。因此，當我們說某人對某客體有著原慾灌聚（或簡單地說，一個客體灌聚〔object-cathexis〕）時，我們乃意指，這原慾能量朝向或灌入外在世界中之某物的觀念（Vorstellung）（如愛或恨）當中（Freud,1920:48, 註 1）。

依德生長的時代背景。艾瑞克森（Erik Erikson）即評論道，佛洛依德是生在絕對理性接近尾聲的時代（引自 Yankelovich & Barrett, 1970:18）。無怪乎，艾倫伯格會論斷，佛洛依德的思想中有著叔本華與尼采之浪漫主義的影子，而且認為尼采甚至影響了佛洛依德的行文風格❺（Ellenberger,2004: 219）。

　　圍繞在習慣於採取兩元互斥對立而對彰之思維模式的文化氛圍當中，一旦人們對以「理性」做為確立人之典範的特質有所質疑之後，轉向人性中的「非理性」（或謂感性）面向靠攏，無疑地會是一項相當順理成章的作為。因此，除了受到前述醫學訓練之特殊學術背景的影響之外，佛洛依德所以特別強調原慾本能，如此一般的時代氛圍似乎是起了相當的作用。單就此一對原慾本能的強調而言，我們發現，佛洛依德之思想的整體框架與十七世紀英國的霍布斯之間，汨汨地透出一定的親近關係。當然，兩人相隔了兩百六、七十年，若要確立他們之間在思想承繼上有著一定的關係，那絕非一項簡單的論證工程，需得耗費一番功夫來探究的。顯然的，這不是一時做得到的，況且，更是超乎我個人的能力。因此，在此，我無法對他們兩人均把「慾望」當成人存在的本質性特質、並以之做為基礎來考察人本身或社會與文明的問題這樣的關照立場，從事經驗實徵的串聯評比。我所能做的毋寧地只是闡述著，兩人在思想基點上所呈現這樣的親近性，到底可能啟發了怎樣的社會學意義。尤其，針對著布希亞對慾望與需求所

---

❺ 薩弗蘭斯基亦指出，佛洛依德早已知道尼采為他做了許多的準備工作，只是，為了讓心理分析得到科學（甚至自然科學）的封號，他一直有意地避開尼采的著作，儘管尼采的預感與洞見常常以著相當驚人的程度與精神分析的結論相符合著（Safranski,2007:380-381）。埃德蒙森（Mark Edmundson）則更進一步說道，「……佛洛依德曾經說過，自己並沒有讀過多少尼采的書，雖然他的書自己基本上都有，因為他害怕在書中讀到太多尼采對於精神分析的預見」（Edmundson,2007:155）。

提出的死亡宣告，我們更有理由從社會思想史的角度來反省霍布斯與
佛洛依德的理論親近性所可能彰顯的時代意義，如此而已。

第三節　自然原則支配下以原慾本能為基礎的心靈結構——從霍布斯到佛洛依德

布魯姆（Allan Bloom）在其著《美國心靈的終結》（*The Closing of the American Mind*）一書中曾經這麼說過：

> 佛洛依德不知情地跟隨了霍布斯的思路，他（指霍布斯）說
> 每個人應該照料他的感覺——感覺（feels），而非思想（thinks）；
> 他自身，非他人。自我多的是感情而非論理，相對於他人，這是
> 首先必須被定義的。「做你自己」。令人驚訝的，霍布斯竟然是
> 第一個替波西米亞宣傳的人，也是宣揚誠懇與真誠的人。……
> 「感覺！」霍布斯這麼說著（Bloom,1987:174）。

瑞夫更具體地指出，佛洛依德與霍布斯兩人所關心的，不是「人
本質是善良的，但社會使之腐敗」的命題，而是「人是無秩序的，社
會限制了他」這樣的現實狀況（Rieff,1979:221）。往前來推論，他們
兩人均可以說是視人的本質是孤獨的，有著非社會性的「自然」本能
的一面。追求自利、以自我為中心、以及具有攻擊性，是其中最為明
顯的特徵。就此命題而言，當然，與霍布斯相比較，佛洛依德的論述
是有著更細緻而豐富的內容的❻。然而，不管怎麼說，佛洛依德是分

---

❻ 譬如，處理正負情愫交融（ambivalence）現象時，佛洛依德顯然是比霍布斯細緻多

享著霍布斯的基本思維模式，他的理論可以說是建立在以「自然人」
（*homo natura*）的立場來確立對「人」的理解上面，而以人具有的本
能（instinct）做為能量動源則是整個理論的立基點❼。佛洛依德即曾
自稱，精神分析乃是針對著人類與外在環境接觸時的立即感受
（immediate feeling）從事源起發生學的解釋（genetic explanation）
（Freud,1961:12）。

　　首先我要強調的是，佛洛依德視人所具有的本能是一種來自於有
機體內部之生理機能產生作用的刺激，以別於來自人體之外的刺激
（如光線），其最為典型的即是追求滿足（satisfaction）的種種需求了
（Freud,1915a:118）。當然，就過去學術界對佛洛依德之理論的理
解，其中最為顯目的莫過於是「性」（sex）引起的原慾問題。若此一
本能的內涵做為參考的基軸，佛洛依德即把本能區分為愛慾或性慾本
能（*Eros* or sexual instinct）與死亡本能（*Thanatos* or death instinct）❽

了，儘管其論述自身容或尚多有不及之處。另外，誠如瑞夫指出的，霍布斯視「社會契
約」為構作社會的原始正當基礎，而非歷史源起。對佛洛依德而言，社會契約毋寧地
是，在人們弒父後因對父親有著「正負情愫交融」現象而引伸的一種「推翻父權政府後
的反革命反應」，可以說是人類非理性地渴望權威復原的一種表現，對反著被壓抑之兒
子的反叛衝動，更是對父親之意志的再肯定。因此，「社會契約」的形成並非反映多數
人的勝利，而是他們首次、且具典範性的失敗（Rieff,1979:222-223）。

❼ 在一九二七年間一次與賓斯旺格（Ludwig Binswanger）對談時，佛洛依德即表示:「人
類常認為自己是一種具靈性的存有體，但是，它卻提醒著我去向他展示，他亦是具有著
本能性的」（引自 Yankelovich & Barrett, 1970:88）。

❽ 在一九〇〇年的《夢的解析》中，我們發現，「本能」一概念還是很少見到。到了一九
〇五年的《性慾特質理論的三篇論文》（*Three Essays on the Theory of Sexuality*）則
見到了性本能（sexual instinct）一辭，但是，沒有明確的定義，只是使用原慾
（libido）一辭做為性本能的表現（Freud,1905:125）。直到一九〇七年的〈強迫行動和
宗教實作〉（*Obsessive actions and religious practices*）一文，本能衝動（instinctual
impulses）才成為最普通的詞彙（Freud,1907）。同時，在一九二〇年的〈跨越快樂原
則〉（*Beyond the pleasure principle*）一文中，佛洛依德宣稱，本能是心理研究中最重
要、但卻是曖昧的元素（Freud,1920:34;1923b:113-116;1926:112,113）。總之，不
同時期的佛洛依德對同一個概念或現象常有不同的解釋與見解。譬如，在一九一五年發
表的〈本能與其變化〉（*Instincts and their vicissitudes*）中，他把本能區分成為自我保
全（或自我）本能和性慾本能來對彰，但是，到了此處所引用的一九二三年發表的〈自

。基本上，前者是一種「自我保全」的本能，而後者則是使得人由有機體回歸無機體（或謂由具生機性轉化成為無生機性）的狀態（Freud,1920:39）。然而，此二者卻可能同時交錯並存著，即產生了如愛恨交織的正負情愫交融現象（Freud,1923a:40- 43）。

　　總之，不管人們追求滿足的慾望需求是甚麼，我們可以很清楚地看到，佛洛依德分享著邊沁（Bentham）主張趨樂避苦的功效主義（Utilitarianism）的思想，碰觸的是需求的經濟理法（economy），而非其所可能彰顯的文化意義。然而，佛洛依德卻不是一個持樂觀理想態度的享樂功效主義者，在他的思想裡，牢牢實實地有著現實考量的一面。在考慮到現實面向的情形下，尤其是指向愛與恨交加的正負情愫交融感情，佛洛依德以三組極對（polarities）的概念做為分析的基礎：主體（自我）／客體（外在世界）、快樂／痛苦、積極／消極。簡單地說，主體（自我）／客體（外在世界）涉及的是實在（real）；快樂／痛苦具有著經濟理法的意義；積極／消極指涉的則是屬於生物性（biological）層面的反應模式（Freud,1923a:134,139）。

　　準此，基本上，佛洛依德可以說是分享著霍布斯的基本命題。他認為，在現實環境裡，代表主體的自我有著要求霍布斯一向所特別強調的自我保全本能，因此，有著現實法則左右著，讓人們不可能一昧放開地追求著快樂，而必須忍受痛苦以保存能量，並且，把對慾望滿足的追求適當地予以延宕，儘管此一現實法則只是以極小部份的方式

我與本我〉（*The ego and the id*），他則把性慾本能視為一種自我保全（或自我）本能，以與死亡本能相對應（Freud, 1915a:124）。總結來說，綜合佛洛依德不同階段的本能說，大體上有三類「兩分對張」的說法：性（原慾）本能／自我本能（sexual〔or libido〕instincts/ego-instincts）、客體原慾／自我原慾（object-libido/ego-libido）以及活生本能／死亡本能（life instincts/death instincts）。

取代了快樂法則❾（Freud,1920:9-10,27）。顯然的，這樣的現實法則基本上乃在人的理性可及的範圍裡運作著，它經常是使得人們不只是在本能的驅動下朝向改變（或發展），而且，更是朝著「保存」的相反方向走著。當然，一旦行之過當，人們則極可能產生了退歸的心理現象（Freud,1920:37-38）。

論述至此，我們可以總結地說，不管現實法則與快樂法則之間做怎樣的妥協或有著怎樣的衝突，就概念的內涵而言，現實法則代表的，可以說是來自「社會」本身的種種實質壓力，人們需得以某種「理性」的方式來對付，而快樂法則反映的則是具感性的「灌聚」能量，基本上乃來自人之本能所孕發的慾望趨力，並因此在形成為需求的情況下尋求最可能的適大滿足。於是，相當程度的，現實法則是屬於社會，而快樂法則則是屬於個體的❿。

顯然的，不管以積極或消極的方式，當人們必須同時面對著現實與理想時，體現在具有智慧的人類身上的，經常是以一種具層級性的分化（differentiation）形式來處理。對此，佛洛依德採取具本質意涵之「準」實體觀的立場⓫，以本我（id）、自我（ego）與超我（superego）做為組構人之精神（psyche）（或謂心靈〔mind〕）的三個具「分析性之實在」（analytically real）⓬意涵的基本結構元素，並且

---

❾ 佛洛依德認為，痛苦時，人之能量的灌聚性提高，而快樂時，灌聚的能量則較低（Freud,1923a:23）。所以，趨樂避苦有著保存能量的作用。

❿ 呂格爾即認為，就各自的理論而言，現實法則對佛洛依德之論述的地位，就有如「相同的永恆輪回」（eternal recurrence of the same）在尼采的論述，或「必要」（necessity）之與馬克思的理論一樣地重要（Ricoeur,1970:35）。

⓫ 所以稱之為「準」實體觀，乃因，做為心靈機置，不管本我、自我或超我都無法實際地在人的身體內找到切確的地方來對應，頂多，僅能假設是以黑盒子的方式存在於人之心靈中的某個地方，或甚至只是以具分析性的「實在」的姿態曖昧地假設著它是存在著的。

⓬ 帕森斯（Parsons, 1937）即運用此一概念做為解說（並正當化）他對人之社會行動從

把本我當成是最元初、且充滿混沌激盪狀態的基素（Freud, 1933:73; Ricoeur, 1970:444）。易言之，就能量源生的立場來說，自我乃外在世界透過「知覺—意識」（perception-conscious）❸過程對本我直接影響而產生修飾的部分。因此，就某個意思而言，自我涉及的是本我所展現之表層—分化（surface-differentiation）的一種延伸，可以說是由人所具之「動物性」（即由本我來體現）引生的一種「人觀」。「尤有進之的，自我有著把來自外在世界的影響帶進以支撐本我與其種種趨勢（tendencies）的任務，並竭力以現實原則取代在本我中居絕對優勢的快樂原則。在自我中，知覺即扮演著在本我中移歸給本能的部分。自我乃代表著我們宣稱的理性與神智健全，以相對於本我包含的激情」（Freud, 1923a: 25）。至於所謂的超我（或謂理想自我〔ego-ideal〕），佛洛依德則視其為自我的一種與意識最少關聯的分化部分。由它出發來回顧自我時，可以說是一種具人文性（也是社會性）的「人觀」。準此，假若自我基本上是本我對外在實在世界的表徵的話，相反的，超我則是本我對內在世界的表徵（Freud, 1923a:28,36）。然而，歸根到柢地來看，自我的驅動能量是來自本我的，因為本我是一種先天稟賦的能量來源，也是動機的基礎，且以體現在性慾與攻擊性上面最為明顯。

　　從上面的陳述，我們可以看出來，在佛洛依德的心目中，具動物本能性的本我是人之一切行為所以產生之背後的源生基礎，對決定人的行為有著特殊的優位性，儘管透過超我來形塑的自我可以反過頭來

事理解的基本認識論。

❸ 在佛洛依德的認知裡，當一個人接受到外界的刺激時，他會透過天生具有的知覺體系把與殘存記憶（memory-residues）接鄰的前意識（preconscious）轉換成為意識，而這正是自我產生作用的最大特色。但是，自我本身卻也是潛意識的（Freud, 1923a:23）。總之，自我受到知覺影響，正如本能對本我的作用一樣（Freud, 1923a:40）。

「壓抑」本我，而此一具社會—文化性的壓抑正是整個問題的關鍵。顯然的，這是一種從動物性出發的現實人本觀，乃假定著任何人都有著源自於動物所具之生理結構性的極限，是任何人為努力無法超越的。因此，我們無法期待人可以無限地克制自我，而是需要仰賴一個「合理」的社會制度來保障這樣的極限不會越域，以至於崩潰。

第四節　文化象徵的體現——「無意識」與其「意識化」過程

　　佛洛依德在一九○○年❶出版《夢的解析》（ *The Interpretation of Dream* ）可以說是確立了精神分析研究「潛意識」現象對人類行為之重要性的旅程碑。他即以強調的口吻說道：「《夢的解析》是通往心理活動中潛意識之知識的康莊大道」（Freud,1900: 608）。繼而，在一九○一年出版的《日常生活的精神病理學》（ *The Psychopathology of Everyday Life* ），佛洛依德則企圖透過日常生活中非明顯意識的部分，如夢境、口誤、筆誤與生活中的小錯誤等等潛意識行為來理解人之行為的深層結構（參看 Freud,1960）。瑞夫即肯定地下了一個結論：潛意識在佛洛依德的理論中是一個神祇詞彙（god-term），乃是他所使用之概念的終極（即第一因），因為它既是經驗無法觸及，但卻又是構成經驗最為基礎的成分❶（Rieff,1979:34）。

---

❶ 出版商印成的出版年份是一九○○年，但是，實際上，是在一八九九年十一月四日開始發行的。

❶ 瑞夫認為，此一「神祇詞彙」乃與當時德國觀念論的創造性斷裂與隨之而來的壓抑等等的概念有著親近關係，是提供浪漫主義第一因與最後依靠之太初渾沌觀念的另類版本（Rieff,1979:34）。基本上，這可以說是懷著某種特定信念以「如是」（ *ad hoc,* to this）的方式來證成自己的存在的一種說法。誠如民間所常說的「信則靈，不信則不靈」，這個概念可以說是「信則有，不信則沒有」。

　　於是乎，誠如在第一節中引用呂格爾的意見時所指出的，佛洛依德的精神分析所從事的，是以供奉著本能需求為前提基礎來對象徵進行解釋，而潛意識則是人類原始本能（特指原慾本我）所體現之一種無法推翻、也難以否定的心理狀態。它或許是落實於人類身體內的某個部分，但卻是無法予以定位，甚至根本就不需要加以定位的。重要的毋寧是，它對人類的行為產生著絕對優勢的解釋力，而這基本上可以依靠人的種種具體外顯行為表徵以回溯的方式來予以證成。佛洛依德自己即這麼說過：「潛意識是真正的心靈實在；當成外在世界實在，在其最深層的本性當中，對我們有著許多的未知，它由意識材料所呈現的總是不完全，情形有如經由我們的感官溝通所呈現的外在世界一般」（Freud,1900:613）。或者，借用呂格爾的說法，潛意識即是、且僅是本我，而此一實在不是絕對實在，乃相對於賦予它意義的操作機制而被定義與被理解著（Ricoeur,1970:436,438）。

　　就精神分析的立場來說，使得「病患」的潛意識浮現出來—即意識化，可以說是整個治療過程中不可或缺的最核心部分。瓊斯（Ernest Jones）即曾指出，就佛洛依德的觀點，只有被壓抑的，才會予以象徵化，也唯有被壓抑的，才需要予以象徵化，而這可以說正是精神分析之象徵理論的基石（間接引自 Ricoeur,1970:503,504* 註），儘管呂格爾認為精神分析學無法證明被壓抑的衝動才是足以稱之為象徵化的唯一來源（Ricoeur,1970: 50* 註）。無疑的，這樣的意識化過程基本上是一種社會過程，首先涉及的即是呂格爾所強調的象徵詮釋問題。但是，就文化發展史的角度來看，佛洛依德所予處理之這樣的心理課題，基本上，則是觸及了霍布斯所關心的一個問題：由動物性過渡到人文性的問題（參看 Gay, 2002b:324）。易言之，它涉及的是，一個人如何由具動物性之本能所支配的潛勢狀態，轉化過渡到具

有人文性之文化象徵意義的明勢狀態。

　　佛洛依德表現出這樣的企圖，最為明顯的莫過於是中晚期的作品。底下，僅透過一篇文章與五本書籍的內容做為材料來加以討論。這篇文章是一九〇八年發表的〈「文明的」性道德與當代精神疾病〉（'Civilized' sexual morality and modern nervous illusion）：五本書則分別是一九一三年出版的《圖騰與禁忌》、一九二二的《群體心理學與自我的分析》（*Group psychology and the Analysis of the Ego*）、一九二七年的《一個幻覺的未來》（*The Future of An Illusion*）、一九三〇年的《文明及其不滿》（*Civilization and Its Discontents*）與一九三九年的《摩西與一神教》（*Moses and Monotheism*）。

　　首先，在〈「文明的」性道德與當代精神疾病〉一文中，佛洛依德談的基本上是他所處那個時代的歐洲社會場景。他認為，文明社會所採取的一夫一妻的婚姻制度，是對人們之性行為予以禁限的最主要因素，且對女性的限制遠比對男性的為多，這是因為男與女在自然的性特徵上有所不同的緣故。通常，對男性的性行為禁限比較不那麼嚴格，以至有著雙重的道德標準，既無法貫徹對真理、誠實與人文性的真愛，又必須掩遮事實、欺騙他人或自我欺騙❶。回到前面的討論，這就是充滿著原慾本能的本我與代表社會的超我相互鬥爭和衝突的一種體現，無疑的，超我對本我的壓抑，導使受到挫折的原慾本能潛藏而滯留在潛意識之中不得發洩，精神疾病即在其中產生（Freud,1908:182,186）。如他一向所主張的，特別是在文明社會裡，人們追求性慾的滿足並不是為了生育下一代而是享受交媾時的愉悅，

---

❶ 這可以說是底下將提到之所謂維多利亞精神（Victorianism）的基本特徵，將在下文中再予以討論。

佛洛依德於是把這種被文明壓抑的性慾當成是現代人所面對的首要問題。整個問題的關鍵顯然地是在於，擁有原慾本能的本我，如何在意圖貫徹權威意象之超我的不斷壓抑下，在心理上取得到一個適當的平衡點。對佛洛依德而言，這就牽涉到形塑本我與超我的文明所可能依存的哲學人類學起源問題，而這必須回到更具初基性的社會形態與人生發展階段來予以審視，才得以可能有所成就。《圖騰與禁忌》一書所要告訴我們的，正是如此的一段故事。

　　就佛洛依德的學術生涯來說，《圖騰與禁忌》是深具戰鬥動機、且帶著戲劇性的一本著作❶。在這本書中，佛洛依德宣示著，初民與精神官能症患者的思考方式基本上是相當一致❶（Freud,1950:26）。在初民社會裡看到的圖騰與正負情愫交融的兩難情結，其實乃與在精神官能症患者身上看到的強迫思維和行為以及壓抑現象相一致著，而這更可以從兒童身上看得到的知性自戀主義（intellectual narcissism）與思想萬能（the omnipotence of thoughts）的信念來予以比擬❶（Freud,1950:89-90）。

　　佛洛依德相信，在初民部落社會裡，面對著近乎全能、壟斷女人、且權力無邊的「父親」，所有的兄弟有著集體的奧底帕斯道德情

---

❶ 原著出版於一九一三年。此一評論性的說法乃引自蓋伊（Peter Gay,2002b:304-322）。蓋伊認為，書中所包含的第四章（戰鬥意味最濃的一篇）是寫於與榮格決裂之後，佛洛依德出版此書可以說是用來對付榮格的背叛，猶如是父親對兒子的一種反擊（Gay,2002b:306）。

❶ 洛依德已經注意到這樣的比擬恐有疑義。譬如，精神官能症者是壓抑其行為，因而思想完全取代行動，而初民則是不壓抑的，思想直接表諸於行為上面，行動取代了思想（Freud,1950:161）。

❶ 這意思是說，兒童的思想是隨著自己一時的想法而開放、飛揚著，譬如，認為聖誕老人存在著，會送禮物給他，或相信精靈在身邊等等。佛洛依德認為，初民的心靈即是如此，譬如，他們拒絕承認死亡是事實，有著泛靈論（animism）的心態。在成人的文明世界裡，這種現象則只存在於藝術的領域（Freud, 1950:90）。

結（Oedipal moral complex）。在挫折與恨怒的雙重情緒激盪下，他們有著殺死、並饜食父親的潛在慾望。但是，由於有著正負情愫交融的基本情結與隨之而來的罪行感，這些兄弟們對弒父有著良心苛責的壓力。就在這樣的心理狀態之下，結果是，圖騰被「設計」出來，做為化解鬱積的集體心理感受，解除社會裡潛在的危機。

簡扼地來說，在佛洛依德的認知裡，圖騰乃與「一群兄弟殺死原始父親的罪行感代代相傳」[20]的想像事件有關。兄弟們來自本我之本能動力的潛意識憎恨，導引著他們把已過逝的父親當成圖騰動物看待，認為是不能輕易殺死的。於是乎，圖騰即是父親代理人（father-surrogate）的首要形式，而神祇則是後來才形塑出來的父親代理人（Freud,1950:141,144-145,148）。就在如此的情況下，正負情愫交融的心理情結，進而驅使著人們針對性慾的表現發明了種種制度來予以限制。或者，更具體地說，不殺圖騰動物與不和同屬一個圖騰的女性有性關係，乃是為了避免重蹈如奧底帕斯所犯殺父、並與親母結婚的罪行（Freud,1950:132）。因此，在普遍面對父親（或類似的人物）之角色的權威壓力的情形下，禁忌是圖騰形成的根源，更是化解對父親所具之正負情愫交融心理情結的制度性作為，而這具體地體現在採取外婚制來避免近親亂倫的作為上面。至於所謂圖騰節慶，則是企圖透過此一特殊場合來滿足「勝過父親」的補償心理使然的（Freud,1950:145）。總地來說，透過這樣的情境所形成的禁忌既是神聖，也是不潔，有著正負情愫交融的特徵，轉而成為良知（conscience）的基本來源，而這恰恰即意味著文明乃起源於罪行感

---

[20] 在《夢的解析》中，佛洛依德只描繪人們弒父的願望，但是在《圖騰與禁忌》中說的卻是實際的弒父行徑。

的產生（Freud,1950:66-67）。

　　必須特別強調，此處所將討論的重點，並不是在於佛洛依德的論證是否合理（如視圖騰歸根到底就是一種禁忌）的問題，也不是如蓋伊所說的，把初民社會的圖騰與禁忌現象拿來與患有精神官能症之兒童的動物恐懼症一起談，只不過是一種充滿豐富想像力、且根據不可靠的假說（按：指達爾文與亞當‧斯密的假說）而已（Gay, 2002b: 310-312）。我關心的毋寧是，他的立論基礎在社會思想史上所彰顯的特殊意義到底是甚麼的問題。其中，最為關鍵的或許是如蓋伊所指出的，佛洛依德的要旨乃於企圖「揭示原始的思考方式乃是對所有的思考方式（包括『正常』的思考方式）以至於對歷史，都可以有所闡明」（Gay, 2002b:311）。這樣的見解可以從底下所將引述之佛洛依德其他的著作中獲得到進一步的闡明。

　　在《一個幻覺的未來》一書中，佛洛依德秉承著上述的一貫立場來論證宗教現象。他認為，人類對宗教所以有著需求，概如前述的，乃來自於幼兒時期的經驗，其重點在於：神祉的地位就有如父親在兒女心目中的地位一般。於是乎，整個情形即像一個幼兒面對雙親（尤其是父親）時的無助狀態一般，他既害怕雙親（特別是父親），但又信任他們，更是從他們那兒獲得到保護。這樣的正負情愫交融的矛盾狀態，轉至成人的世界，即化成為人對大自然所懷有之既危險又充滿希望的夢般的生命感受上面，而這樣的感受導至的結果是人有了極端無助的感覺（Freud,1961: 21,28）。特別是當人是無知或心智衰弱時，人類經營共同生活所必然需要的本能性自制，只能靠純粹的感性力量來完成，這遂促成了人們採取了宗教這樣的形式充當自我防衛機制，甚至普遍地顯現出具強迫精神官能症狀的人文性，情形即恰如面對著父親的「威脅」而讓幼兒因奧底帕斯情結作祟，引出強迫精神官

能症一般❹（Freud, 1961:55）。因而，假若強迫精神官能症是私人的宗教，宗教本身即是一種集體的強迫精神官能症的表現。易言之，宗教的實作現象與強迫精神官能症之間似乎有著一定的「異形同構」關係（同時參看 Freud,2004），而其共同的基礎即是具源起意義的本能遭受到壓抑所帶來的恐懼與慾望交錯的挫折。因而，譬如，基督聖餐（Christian Eucharist）基本上即重複著圖騰餐；基督的死亡則是重複著先知摩西的死亡；摩西的死亡又是重複著原始的弒父場景（同時參看 Freud,2004）。

特別有趣的是，在佛洛依德的心目中，不只宗教的實作現象與強迫精神官能症的體現之間有著一定的「異形同構」關係，這樣的關係更是可以推演至一般的群體現象。首先，我要特別提示的是，佛洛依德對於群體現象的討論，可以說是針對著與他同時代之社會心理學家，特別是法國勒龐（Gustave LeBon）與英國麥克道格爾（William McDougall）的論述，以性愛為本之原慾體質說的立場來予以反應。他認為，因為人幾乎都是生活在人群之中，所以，個體心理學與群體心理學之間有著交集地帶。準此，他分享著勒龐（LeBon, 1969〔1920〕）與麥克道格爾（McDougall, 2005〔1920〕）有關群心（group mind）這樣的社會本能（social instinct）的說法，進而促發了他關心集體心理學的問題，特別是來自麥克道格爾有關群眾之情緒亢奮與強

---

❹ 佛洛依德自己提到，在《圖騰與禁忌》一書中，他只是針對圖騰主義的起源提出解釋，並沒有論及宗教的起源問題。只不過，兩者之間有著一定的親近關係，亦即：圖騰動物變成神祉的神聖動物，且最早、也是最基本的道德限制（即禁止謀殺與近親禁忌）即源自圖騰。此一神祉的神聖動物後來為人形形象所替代，而這在《圖騰與禁忌》一書中是從沒有提到過的（Freud,1961:28-29）。於是，佛洛依德把古希臘時代即有之「人類以自己的形象造神」的觀念予以修改，衍生為「人類以自己之父親的形象來造神」這樣的說法（Gay,2002c:305）。

化（而智性降低）現象的論點❷（Freud,1922:27; 同時參看 Rieff,1979: 230）。他更是引用勒龐的說法，主張人們享有（以平均值的概念來理解）共同的潛意識基礎，因此，可以形成群眾（crowd）現象（Freud,1922:9）。更重要的是，當人們的共同潛意識產生作祟的時候，情形也與做夢或被催眠時一般，人們喪失了現實感，有的是受希望力量主導的感性能量灌聚。此時，此一共同的潛意識狀態做為心理實在，基本上是充滿著未完成希望的奇思（fantasy）與幻覺（illusion），情形乃與前述的宗教現象一般，其所呈顯的，有如精神官能症者身上常看到的症狀一般（Freud, 1922:20）。

　　佛洛依德支持勒龐與麥克道格爾所強調的暗示（suggestion）和傳染（contagion）的概念，認為這是高等有機體具生物性之多分子特質的一種衍續現象，但是，不同於勒龐與麥克道格爾（以及塔爾德〔Gabriel Tarde〕）之重視模倣〔imitation〕，佛洛依德維持他一貫的主張，以原慾本能（特指與性愛情慾有關的能量）做為基礎來解釋群體的形成，並進而以具高度組織性質的社群（如教會與軍隊）做為討論的對象（Freud,1922:33-34）。對此，他秉持著一貫的立場，特別強調領導者與被領導著之間以「客體」呈現的情緒性灌聚關係。基本上，社群中的被領導者具有著「兄弟」關係，而領導者（譬如基督或總司令）則扮演著製造正負情愫交融情結的父親角色，乃以父親的權威角色來營造理想自我（ego ideal）。於是，領導者如何透過暗示的作用，得以讓自己成為成員形塑自我的認同（identification）標竿，可以說是最為關鍵的問題。尤其，當這樣的情結落實在人類做為動物存有體共有的群聚本能（herd instinct）上面時，自從人類經營原始群

❷ 對佛洛依德來說，在初民社會中，這種現象卻是看得到的「常態」（Freud,1922:33）。

聚開始，即有了罪行與責任意識❷（Freud,1922:83-84）。如此一來，
在人的實際自我與理想自我之間呈現出不同分化等級的現象。一旦涉
及以客體（如圖騰物）取代理想自我之現象的時候，自我與客體的關
係轉而成為問題的核心（Freud,1922: 125）。這一切因而意味著，在
人類文明進程之中，「客體化」的潛意識現象如何形塑與運轉，成為
我們必須予以關心的重要議題了。

　　儘管，或許誠如蓋伊所指陳的，佛洛依德在《文明及其不滿》一
書中所提出的觀點，與他過去的論說對比❷，並沒有任何的創新，甚
至是他自己認為最沒有把握的一本書（Gay, 2002c:324），但是，我
個人認為，這份作品卻可以用來檢證佛洛依德從原慾的人性立場對文
化現象進行分析的基本觀點。倘若需要與霍布斯的思想進行排比的
話，這更是最適當的著力點。

　　佛洛依德明確地告訴著我們，當人們開始對敵人投以綽號、而非
使用長矛（也就是人類放棄使用絕對暴力）的時候，文明即來臨了，
它的重要指標即是受到規約之人際關係的形成，更具體地說，即是共
同體的權能取代個體的權能，讓所謂正義得以產生。這一切乃意味
著，文明起於人喪失了自由，必須學習忍受。進而，倘若文化的創造

---

❷ 洛依德此一觀點乃源自特羅特（Wilfred Trotter），但是，不同於特羅特認為在「群
聚」之中人們均等，沒有（也不一定需要）領袖，佛洛依德則主張，人類所創造的群聚
乃由一個領袖來領導著（Freud,1922:89）。同時，他認為，除了群聚本能之外，尚有
自我保全、滋育與性本能，而前者經常是與後三者對反著。說來，這正是使得人所以有
了罪行與責任意識的重要分水嶺（Freud,1922:84）。尼采亦使用此一概念，但是，他
意圖指涉的是對輿論、時尚等等公眾意見盲從的一般世俗人，因此，其用意是不同於佛
洛依德的（參看 Nietzsche,1968）。

❷ 其實，在一九三〇年《文明及其不滿》出版之前，佛洛依德已在〈「文明的」性道德與
現代精神疾病〉一文與《一個幻覺的未來》一書（尤其前者）中，對《文明及其不滿》
中的論點提出了簡短的大意陳述了。根據蓋伊的說法，佛洛依德在《一個幻覺的未來》
一書中對宗教的批判，可謂是《文明及其不滿》中對文明之批判的序曲，「似乎有意強
調文化的精神分析乃是從宗教的精神分析承緒而來」的意圖（Gay, 2002c:325）。

可以看成是人們所具之衝突動力的大幅度反射、且人類的慾望是依循著快樂原則的話，那麼，顯然的，人接受了文明後必須學習的忍受，首要的即是文明對本能慾望（特別是有關性愛的情慾與攻擊性）進行的約束與壓制，將為人們帶來諸多的挫折，讓人們在心理上產生不滿，並在潛意識中不斷惡化，以至於最後必須尋求爆發的出路㉕（Freud,1961:42,48-51,59）。只不過，透過文明秩序的建立，人類卻可以犧牲部分的快樂以換取部分的安全（Freud,1961:62）。在這兒，我們可以看到，霍布斯所看重人的自我保全本能慾望被佛洛依德用上了。在為了自我保全之驅力的推動下，人類開始放棄暴力相向，學習以「契約」方式來相互對待，文明秩序也才得以建立起來㉖。總地來說，佛洛依德這樣的說法有著兩層的意思：一方面，人的原慾本能與社會規範處於永恆「戰爭」的狀態，永無休止；另一方面，文化乃是個人面對著這樣之永恆鬥爭狀態的巨幅集體反映。顯然的，相較於霍布斯側重人際互動（特別政治）的面向，佛洛依德論述的重點則被安頓在於人面對著這種「永恆戰爭」狀態時的個人心理面向。

　　談論至此，我們需要進一步提到的是有關文明與愛慾權能（power of Eros）現象的關係。對此，佛洛依德始終維持其一貫以「原慾」來解釋一切現象的基本立場，一樣的，以它來為愛慾權能的顯現背書，以與死亡本能的能量有所區分。在這樣之基本命題的導引下，文明乃被視為是一種經營愛慾的過程，以使得單一個體可以與不

㉕ 準此，佛洛依德指出，人類文明體現在科技的成就與征服自然的努力，並不是使人感到快樂的先決條件（Freud,1961:35）。

㉖ 在《圖騰與禁忌》一書中，佛洛依德指出，在初民社會裡，當兄弟們弒父之後，「契約」的形式因應而生。顯然的，與霍布斯強調人出於自願放棄部分自然權利以與他人「訂約」來確保個人的安全的說法相互比較，佛洛依德這樣的說法有著更多的想像力，較少霍布斯的說法中所顯現的「政治理性」成分。

同層級的社群（組織）（如家庭、社區、種族、國家等等）相結合，儘管人與人之間始終有著相互攻擊與仇恨等等的死亡本能伴隨著。在這樣的狀況下，問題的重點首先轉移到超我與自我之間的鬥爭問題。此時，超我以良知（conscience）（譬如罪行感）的形式壓抑來自潛藏於自我之中的攻擊性本能❷。與過去一貫的主張一樣，佛洛依德的詮釋沒有改變，對此，簡單說，他以為，這樣之超我以良知的形式來壓抑人的本能衝動的情形，自從一個人出生問世以來即發生了，而對人影響最大的乃來自嬰幼時期，其指向的是代表權威的父親，因而，人的罪行感基本上來自奧底帕斯情結（Freud,1961:68-80）。

以此為基礎，佛洛依德宣稱，人類文明發展的最重要問題，也是文明推進所必須付出的代價，乃在於使得人們的罪行感不斷提昇，以至於喪失了快樂的機會（Freud, 1961:81）。對於這樣來自於嬰幼期的焦慮而引起罪行感的良知意識，佛洛依德對基督教文明提出了一個他在《一個幻覺的未來》書中所沒有注意到的看法。他認為，在基督教的教義裡，人們透過耶穌基督的自我犧牲來讓自己從此一罪行感（即被宣稱為罪〔sin〕）中獲得贖罪，其實乃意味著，一個人承擔了每個人都有的罪行，而我們可以從中推論出甚麼是促使此一初始罪行形成（也是文明之開始）的第一時機（Freud,1961:83）。顯而易見的，一如他在《圖騰與禁忌》一書中一再強調的，這個第一時機指向的很自然地即是，從嬰幼時期開始，子女（特別是兒子）對代表權威的父親就有著正負情愫交融的感受，於是，有了弒父的念頭，以至於引來了焦慮與恐懼心理。這呼應著前面提到的說法，即人的罪行感（當然包

---

❷ 根據佛洛依德自己的意思，更切確的說法應當是，人先有焦慮，焦慮再引生出良知（Freud,1961: 75）。

含宗教上的罪感）基本上乃來自奧底帕斯情結。如此一來，文明進程所呈現的，莫過於就是一種在人類原慾本能（特別指向攻擊性與性慾）一路被壓抑的一般情況下社會超我的良知意識形成與產生作用的社會過程。在其間，面對著權威（尤指父親的角色）的不斷威脅，人們的潛意識始終存有著弒父的念頭，這樣的潛在罪行感於焉成為文明社會中的人們必須學習面對的課題，也是問題的根本癥結。

　　接著，依我個人的見解，佛洛依德晚年流亡英國時才出版的《摩西與一神教》，對其一生的思想，尤其對西方文明的自我期許，有著相當深沈的文化意涵，特別針對整個西方的基督教文明而言，尤其如是，值得特別予以注意。表面看來，佛洛依德透過這本著作，企圖傳遞給我們一個顯然是極端「褻瀆」著猶太教與（特別是）基督教之神聖地位的訊息❷。簡單地說，這個訊息是：基督宗教文化可以被當成是代表西方文明的神聖歷史典範，但是，經由摩西創立一神教的故

---

❷　蓋伊認為，《摩西與一神教》一書的臆測性比《圖騰與禁忌》尤有過之，內容比《禁制、症狀與焦慮》還要駁雜，對宗教的冒犯比《一個幻覺的未來》還要強烈。同時，在佛洛依德抵英後撰寫該書的第三部分〈摩西、他的人民與一神教〉的這段時間裡，對他表示焦慮的懇求、鄙夷的否定與憤怒的指責紛至沓來，但是，他都不為所動（同時參看Edmundson,2012:190-191）。當然，書出版後，引來甚多負面的批評，這些批評不但來自猶太人，也來自基督徒，甚至引來著名神學家馬丁布伯（Martin Buber）的撻伐（Gay,2002c:428-429,470,489-490）。佛洛依德在一九三四年夏天即進行《摩西與一神教》的寫作工作，但相當保密，只告訴艾丁格（Max Eitingon）與茨威格（Arnold Zweig）。他的女兒安娜（Anna Freud）在是年年底告訴莎樂美（Lou A. Salomé），父親正埋首撰寫一部「特別的作品」，卻不肯透露內容。當佛洛依德得悉女兒洩了密，即主動告訴莎樂美，自己正在與一個問題角力，這個問題是「是甚麼創造了猶太人的性格」（引自 Gay,2002c:430）。其實，佛洛依德自己在書中即自我告白地指出，他一直不敢發表已寫好的論文，因為不願意得罪當時奧國的天主教會，以免為自己帶來困擾。再說，身為猶太人，佛洛依德企圖指出摩西是埃及貴族，而非猶太人，就已經是「大逆不道」了，足以得罪猶太人。因此，到了一九三八年六月，他被德國納粹驅逐到英國之後，才讓他自認的障礙因素消失，得以積極尋求出版（Freud,2004:117-122,186;Gay,2002c: 492）。該書之德文版於一九三九年二月在荷蘭阿姆斯特丹發行，到了六月就已銷售一千八百冊（Edmundson,2012:195）。至於英文版，最後並不是在英國，而是在美國由克諾普夫（Knopf）出版公司出版。有關此一段出版前後所發生的折騰經歷，參看蓋伊（2002c:476-478）。

事，我們看到的卻始終是同樣的一個場景——弒父的罪行感與奧底帕斯情結的糾葛。換句話說，基督宗教做為一種文化體現形式，最後還是奠基於人類共有的基本原慾本能上面，其體現與精神官能症者並無二致。因此，即使是在西方文明中一向被奉為最為神聖的基督文化，還是與初民社會的「野蠻」文明以及精神官能症者一樣，分享著相當遠始的共同哲學人類學源起狀態，沒有例外㉙。

首先，佛洛依德論證先知摩西原是埃及貴族，然而，他卻創立了猶太一神教，選擇猶太人當成上帝的「選民」，並帶他們出走埃及。可以理解的，無論對猶太人或後來的基督徒來說，這樣的說法絕對是危言聳聽，但是，這卻正是佛洛依德得以把基督宗教與精神官能症拉在一起而成為「同構異形」體最富想像力的精彩理由，整個故事也才由此開始。

與過去的論述主調一樣，佛洛依德採取了文化創傷的概念來詮釋猶太人（與猶太教）的「精神官能症」特徵。在此，讓我引述佛洛依德的一段話供做引動論述的起點：

> 我們所熟知的猶太歷史具有二重性：兩個民族融合成為一個
> 民族，這個民族又分裂為兩個王國，在《聖經》的文字資料中有

㉙ 埃德蒙森引經據典地指出，雖然面對著許多人的勸阻壓力、乃至惡意怒罵，佛洛依德在晚年所以仍然堅持出版此一極具爭議、且褻瀆基督教的作品，並非單純地如佛洛依德自己所宣稱的，是基於堅守科學的立場，而有著另外來自佛洛依德自身之自我的深沈動力。這本書的出版，讓佛洛依德「充滿著期待，就像衝突能讓他注入能量一樣」，也「將他帶回到了心理鬥爭的早期，並由此而產生了別的效果」。他自己就這麼說：「以這種方式謝幕，值了」（Edmundson,2012:190,195）。假若我們拿佛洛依德這本著作與尼采嚴屬批判基督教的作品（如《道德系譜學》、《超越善惡的彼岸》、《反基督》等等）相對照，或許，我們可以說，佛洛依德的「原慾說」透過這本著作，以負面的「病徵」表徵方式，進一步地為尼采的「反基督」論述（特別是有關酒神戴奧尼修斯精神作為文明所以源起的心理基礎）背了書（參看 Nietzsche,1994,2002,2005）。

兩個神的名字（按：即摩西神阿頓與耶和華神）。現在我們要在
這種二重性上加入兩項新的二重性：建立了兩種宗教——第一種
（按：即摩西神）被第二種（按：即耶和華神）所壓抑，但以後
又浮現出來，並佔了上風、取得了勝利；還有兩位宗教創立者，
他們的名字相同，都被稱摩西，但兩者的人格卻必須相互區別開
來。後來的這些二重性都是第一種二重性的必然結果；事實上，
該民族的一部分經歷了創傷性的經驗，而另一部分則倖免於難
（Freud,2004:105）。

　　佛洛依德論證著，跟著摩西出走的那些「猶太」人的子孫後代仍
自認是埃及人，並擁有埃及人的性格，但是，他們也有著足夠的動機
來壓抑對他們的領袖（也是立法者）所遭遇之命運的記憶（摩西被殺
的事件）。至於猶太人的另一部分則嘗試美化、榮耀這個新神祇，否
認祂的外來性。易言之，這兩部分人均否認他們早期擁有過自己的宗
教，並否認這種宗教內容的本質（Freud,2004:137）。不例外的，根
據佛洛依德一貫的論述模式，他指陳著，時間一久，這樣潛藏在潛意
識底層的歷史創傷記憶，特別是摩西這位傑出父親般的人物被殺的歷
史創傷記憶，成為其後猶如兒子般之猶太人的罪行。在此，特別值得
強調的是，摩西創立的是崇拜單一神祇的宗教，在相當程度上，摩西
自己即是神祇本身的化身，情形就猶如後來之耶穌即是上帝的化身一
般。尤其，經過了耶穌被害的歷史，使得摩西被殺的事件受到重視，
而能夠與耶穌被害的史蹟一齊，成為重大的集體創傷經驗
（Freud,2004:183）。對佛洛依德來說，正是諸如此類帶著壓抑性質之
集體記憶的累積，使得猶太一神教與創傷性的精神官能症（尤其是妄
想症）可以類比（Freud,2004:136,217-218）。

　　更加重要的是，摩西的戒律中有一條是禁止製作上帝的肖像。佛洛依德認為，這即意味著強制人們崇拜一尊看不見的神祇，乃代表著把「感官知覺讓位給某種抽象理念，而且退居次位。這是精神對感覺的勝利，或者更確切地說，是一種伴隨著其心理學上的必然結果的對本能慾望的克制」（Freud,2004:136）。佛洛依德認為，如此一般地在宗教信仰上予以精神象徵化，乃使得猶太人保有一份寶貴的集體財產——重視精神生活（如文學），而且要求節制性慾，以發揮高度的道德意識（Freud,2004:202,206,228）。於是，佛洛依德認定，原罪和以犧牲做為贖罪的表現，成為後來保羅（Paul）建立新（基督）宗教的基礎，它的目的是與上帝父親重新取得協調，以補贖因反對祂而犯下的罪行。如此，相對摩西的猶太一神教，保羅的基督教乃是以自身來贖罪的兒子自己成了父親身旁的一個神，但是，實際上卻又取代了父親。於是，起源於一種父親宗教的基督教變成為一種兒子宗教，但是，它卻始終沒有逃脫不得不廢黜父親的命運❸⓿（Freud, 2004:231）。

　　針對晚年的佛洛依德不顧許多人的反對與辱罵還執意出版《摩西與一神教》一書，埃德蒙森提出了評論，相當有啟發性，值得在此一提。他說：「《摩西與一神教》描述出了一個文化系譜，從最初的異教

---

❸⓿ 很巧合的，尼采也選擇了一個異教徒（波斯之拜火教教主）查拉圖斯特拉（Zarathustra）當啟示世人得以成就「超克人」（overman）的「先知」（參看Nietzsche,2009）。對尼采而言，這樣特意抬出異教教主的安排，很明顯地是衝著基督教而來，批判的意思本就相當明確。埃德蒙森即指出，佛洛依德撰寫此書的本意即意圖嚴屬地批判基督宗教，尤其是被人格化的一神崇拜。他所以選擇摩西，乃因為他的肉體「象徵著人類精神的昇華」，而這恰可符合佛洛依德的兩項期待要件：其一、對抽象化之上帝存在的肯定（使用涂爾幹的說法，即是「社會」的化身）；其二、做為一個異教徒，摩西帶領著猶太人，並且供奉著無形的上帝，注定要承擔著「本我」屈從於「自我」與「超我」的交互煎熬之中，有著正負情愫交融的心理感受，而這個感受乃是使得人之身心靈得以融合的必要折磨，也如此才得讓摩西有成為先知（或英雄）的條件（Edmundson,2010:221-223）。從這兒，我們看到尼采與佛洛依德的思想有著某種程度的巧妙磨合，只不過，在此，我們很難斷定佛洛依德是否受到尼采的影響。

信仰到以摩西為例的猶太信仰再到精神分析學這種世俗的信仰。在這個系譜中，佛洛依德成了第二個摩西，帶領一小群追隨者走入荒野，雖然困頓不堪，但是卻深信西方世界終究會接受精神分析的要義，正如當初該世界逐漸接受一個看不見的上帝一樣」（Edmundson, 2012: 226）。在這兒，佛洛依德似乎帶著一種期待的心情有著重新開顯父親之權威角色的時代意涵的意圖。最為顯著的莫過於是，在異教徒摩西身上，佛洛依德發現了一些經常看不到之不同的大家長特質——一種精神上得到昇華的英雄特質。埃德蒙森有一段描述或許值得在此引述。他是這麼說著的：

> ……與其他領袖不同的是，摩西是一個精神上得到昇華的英雄：這個心靈分裂的人不是因為自己的任性和慾望才獲得權威，而是通過把自己的本能衝動投入其他方面，並教會其他人也這麼做。他拒絕承認異教徒的神靈，並頒佈了禁律。佛洛依德在其早期研究這位預言家的文章中指出，當猶太人反叛時，摩西控制住自己對他們的憤怒。與原型的領袖不同的是，佛洛依德筆下的摩西要忍受內心的衝突與焦慮，而他這樣做也是為了文明的利益。摩西給佛洛依德帶來的啟示——同時也是給我們帶來的啟示是：一個人或許不必做一名傳統意義上的家長就可以成為權威，施加一種影響（Edmundson, 2012:227）。

這一段話有著一項重要的意涵，它意圖告訴我們，嶄新的權威（英雄）不再像過去一樣，只會對人們任性肆意地施暴要求屈從，而是在追求更高理想或事物時懂得克制自己的慾念。「他知道如何忍受由衝突的慾望或沒有得到滿足的慾望所造成的焦慮，並把這種焦慮看

做人生的一種必要前提，而不是為了消除這種焦慮而採取一種個人或文化上的解決辦法」（Edmundson, 2012:227）。這麼一來，佛洛依德既是廢除家長制，但卻同時也建構了另一種家長制。在他的心目中，嶄新的（家長）權威必須懂得如何重新調配自己的本能衝動，透過（藝術或學術的）修養來經營其權威地位。就精神分析的角度來說，分析者事實上即扮演著家長權威的角色，他必須懂得運用愛心來對待病患，就像摩西一般❸（參看 Edmundson, 2012:201）。

第五節　　資產階級的興起與原慾壓抑的歷史親近關係

首先，我要特別聲明，在此所進行的闡述，只是企圖剔透佛洛依德的論述本身在整個西方社會思想的發展歷史進程中可能彰顯的社會學意涵，因此，佛洛依德對初民社會本身、圖騰與禁忌、摩西本人、猶太教與基督教等等的描繪「是否合乎歷史事實抑或人類學的發現」，並從事前面提到之呂格爾所說的主體考古學工作，自然就不是關心的課題，也沒有予以臧否的必要了。

針對著從〈「文明的」性道德與當代精神疾病〉經《圖騰與禁忌》、《群體心理學與自我的分析》、《一個幻覺的未來》與《文明及其不滿》而至《摩西與一神教》等一系列的著作，我們或許可以這麼提個結論地說：佛洛依德所談論的，其實即是霍布斯所討論之人類由「野蠻」部落社會演變到具高度制度化之國家「利維坦」機器的歷史場景，只是，他把霍布斯形構社會秩序之至高性所賦予的絕對倫理性

---

❸ 佛洛依德這樣對權威的解構，似乎是有意或無意地針對著讓他承受著無比折磨與迫害的納粹法西斯主義，也為何以西方世界已邁進自由的境界後還會出現集權的威權主義，提供一些思想上的線索，當然，更是預告了法蘭克福學派所關心之有關權威人格的課題。

予以翻轉，改以一種立基於人之動物性的本能體質特質的說法，把集體心靈等同於個體心靈來加以考量。佛洛依德的基本觀點即是：「我更為清楚地認識到人類歷史事件、人類天性的互動、文化發展，以及關於太初經驗（primeval experience）的參與（宗教可以是最佳代表）等等，都只是自我、本我與超我之間動態衝突的反映。……」（引自 Gay, 2002c:329）。於是乎，當佛洛依德以「本我與超我架出自我」的基架來討論文明（與宗教）的推進，其實乃內涵著人做為一種有機生存體，始終留有一點自主的選擇空間，而這正是悲劇會發生的要件，因為，假若一切完全只由本我或超我來決定，自我將沒有自由選擇與否的問題，有的只是機械性的複製，以至於最終的崩裂，如此而已。轉個角度來看，倘若人們對文化所塑造的理想模式感到滿足的話，那麼，基本上其所呈現的則是一種由自我延展的自戀現象而已（參看 Freud,1961:16;1922:2）。然而，人類文明的推進卻一直是處於種種正負情愫交融的（矛盾）狀態之中，諸如愛與恨交加、亦友亦敵、既敬又畏等等。對佛洛依德而言，這無疑地促使了本我、超我與自我三者產生了複雜的交互關係，引來了對具自戀本質的存在狀態以及因之所產生的罪行感的壓抑。準此立場，文化做為一種集體現象，基本上可以說是體現在個人內心之種種本能性衝動相互衝突的個體現象的巨幅反映。

　　行文至此，我不能不特別提醒，縱然我們接受文化做為一種集體表徵確實是反映著個人內心種種本能性衝動相互衝突的個體現象，但是，就知識社會學的立場來看，我們勢必還是會牽涉到歷史條件的問題的。這也就是說，佛洛依德所論述的以及其所持有的基本論點，其實，正如他一向所強調的，只是反映著當時歐洲人（至少具資產的知識階層）可能共有的集體潛意識。就他所選擇來討論的文明進程與宗

教形塑現象而言，情形尤其是明顯，也更加重要。說來，這是在此所以不惜使用那麼多的篇幅來討論他對文明進程與宗教形塑現象的理由，因此，更是不能不再借用一些篇幅來闡述佛洛依德所處時代之歐洲資產階級的處境。

　　首先，我打算引用羅洛梅（Rollo May）的說法。他剖析佛洛依德之精神分析的基本思想內涵，得到一個看起相當弔詭的結論，即佛洛依德的理論乃融合了性解放主義（sexual libertarianism）與清教主義（Puritanism）的成分（May,1969:48）。事實上，佛洛依德本人即是一個自制意志甚強、人格堅韌、且有著工作狂的人（May, 1969:48-52; Rieff, 1979; Gay, 2002a,b,c）。埃德蒙森甚至指出，「佛洛依德喜歡傳統的成功模式，喜歡金錢，喜歡出名，喜歡獲得一世英名，喜歡維持一個完美無暇的資產階級家庭」（Edmundson, 2012:13）。尤其，他情感豐富，常因愛而妒火焚燒，更是好勝心強，「……追逐各種獎項和榮譽，儘管有時聲稱自己對它們不感興趣，但是一旦授予他獎項和榮譽他總是欣然接受」，而且，「……遇到對手時總是能把工作做得最為出色」。因此，反叛動力和追求邏輯和名望的動力，是推動佛洛依德成功的兩股力量（Edmundson, 2012:13,16,22）。瑞夫在評論佛洛依德的清教徒人格時更是指出，在世俗的猶太知識分子之中，有著類似善鬥的清教徒精神，並不是不尋常，而這表示著一些偏好的性格類型，堅守著獨立與經過大腦判定的正確性（按：即知識分子的正直），而非特定的信仰或教條（Rieff, 1979:259）。擔任一九三六──一九三七年之美國精神醫學會會長的坎貝爾（C. Macfie Campbell）醫生在討論精神分析的哲學樣相時也曾這麼說過：「精神分析是穿著百慕達短褲的喀爾文主義（Psychoanalysis is Calvinism in Bermuda shorts）」，而田立克（Paul Tillich）也提到，佛洛依德一向強調以昇

華（sublimation）來轉化被壓抑的性慾，可以說即是其理論中最具清教主義色彩的一種信仰（引自 May, 1969: 49,50）。

假若我們接受韋伯（Weber, 1958）所提出之「新教倫理與資本主義精神之間有著具歷史—文化意涵的親近性」這樣的論點的話，那麼，到了十九世紀末的歐洲，重理性的自我控制、且講求具工具意涵之功效的清教主義被教條化了，形成為深具道德意識、且主張對真理與完整人格絕對奉獻的維多利亞精神（Victorianism）❸❷。但是，在此一精神的推動下，人們（特別資產階級）卻同時強調個人自主、獨立與解放的思想流行（尤其性解放的思想）。就實際的社會發展狀況而言，一八七〇至一九一四年之間的歐洲可以說是物質主義鼎盛的時代❸❸。在這段時間之西歐世界的本土裡，沒有戰爭，技術與工業發展迅速，中產階級快速繁榮，識字率提昇，民主化與自由的幅度加大，社會裡充滿著啟蒙時期的理念，處處看到了所謂的「進步」。英國經濟學家凱因斯即把第一世界大戰以前的歐洲描繪成為一個舒服得讓人昏昏沉沉的時代。他說，當時大部分的人「都必須辛勤工作，過著低標準的舒適生活。不過，從各方面來看，人們都通情達理地滿足於自己的命運。然而，任何有中上才智的人，想要逃離這種命運，想要晉升

---

❸❷ 英國之維多利亞女王加冕於一八三七年，逝世於一九〇一年，因而，一八四〇—一九〇〇年這段時間一向即被稱呼為維多利亞時期。簡單地說，維多利亞精神指的是十九世紀中後期，特別指涉英國與英語系社會裡之人們所持有的基本態度與體現的文化樣態（特別是藝術）。同時，它也特別指向當時人所強調的清教倫理與社會秩序觀。對此，一方面，人們刻意經營外在表現性的自制與自我尊嚴，但是，另一方面，卻又接受享樂主義，沉溺於即時享樂之中，特別男性。就社會的實況而言，維多利亞精神則涵蓋著工業社會的興起、新興都會中產階級的誕生、鐵路與電報網的快速成長、貿易的擴展、與金本位之金融制度的建立等等有關商業與製造業之經濟領域的發展。於是，維多利亞精神經常是拿來與因貿易、工業化和都市化帶來的社會變遷現象等同看待。於此同時，它又指涉接受著肯定享樂做為意識形態之分層社會與政治秩序的安排。

❸❸ 這段時間同時也是歐美帝國主義發展鼎盛的時期。

為中產階級或更高的階級，也並非不可能。對這些高一等的階級而言，生活是愜意的，因為他們可以以最低的花費和最少的麻煩，獲得比其他時代最有錢財的富人和最有權勢的君主所無法獲得的便利、舒適與生活設施」（引自 Gay, 2002b:336）。蓋伊即認為，或許凱因斯這番話高估了當時窮人所可能享受的物質生活和社會流動性，但是，至少對為數不少的中產階級而言，這段描述卻是相當精確的（Gay, 2002b:336）。

處在這樣之轉型時期的西方人（特別資產階級）經歷的是，同時要求自制與自由（特指性慾），也逼促著人必須在個體與集體（或謂社會、文明）意識之間尋求適當的妥準點。同時，都會資產階級所營造的工業文明，的確也為人們的心靈機制帶來過多負載，引來更多特有的緊張與矛盾，而且日趨嚴重（Gay, 2002a:124;2002b: 339）。於是，個人（尤其中產的知識階層）經驗著種種挫折，甚至精神心智出現了問題。看到了這樣的歷史場景，佛洛依德即深感其中涉及到有關心理衛生之種種潛藏著「危險」的精神障礙問題（特別是精神官能症），而把其病源歸咎於布爾喬亞社會之文化因子加諸於人們身上的種種緊張壓力，並推至人的本能需求被壓抑的基本問題（特別是性慾）上面（Freud,1908:185-186）。在這樣的社會狀況之下，尋找精神分析這樣的新治療方法因應而生，似乎也就相當可以理解了。

面對著這樣的歷史場景，無怪乎，羅洛梅會稱呼維多利亞精神對意志權能（will power）的強調是一種自我欺騙、且是無益的。倒反是佛洛依德發現了被原慾本能驅動的潛意識，似乎比較可以合理地把維多利亞主義對此一意志權能之拙劣效果的盲點點了出來（May,1969:182）。正是基於如此種種的理據，我們似乎有理由說，佛洛依德的理論是反映著（也可以說是呼應著）強調個體自由與自主

之工商資本主義社會中資產階級（特別是所謂的中產階級）的社會處境，而這正是我們理解與詮釋佛洛依德的歷史地位之不可或缺的重要基準點。

第六節　動物性與人文性的交接介面——回應霍布斯的基本問題

　　承接著上面有關維多利亞精神的討論，我們可以得到一個結論，那就是：從十九世紀以來，歐洲人對「個體」的宣揚是大過於對「共同體」的肯確。人做為一個獨立而自由的個體，追求自主自立遂成為確立一個人生存之意義的重要課題，表現在資產階級身上的尤其明顯❸❹。顯然的，佛洛依德所論述的即是以資本主義結合著自由主義信念（特別是「人可以理性地予以教育」的信念做為基本成分）的社會狀況做為考察的對象。只是，他從在既定社會秩序下一個人被壓抑「擊敗」現象（即患了精神疾病）的角度來審視，而父親所代表之權威角色的衰弱化，則成為理解與解釋的根本因素。

　　毋庸置疑的，一旦「人的原慾本能有著必然決定的優位性」與「原慾本能本質上是具潛意識的釋放性質」被認為是不可否認的無上律令時，原慾本能的存在與滿足則成為界定人之所以存在的基本要件，而且是一股難以阻遏的力量。準此，文化的社會本質被認定是具有著壓抑性，乃意味著問題的關鍵在於文化壓抑的合理程度，或反過來說，乃在於一個人之原慾本能之忍受承擔能力的極限上面，而絕非

---

❸❹當然，對基本生存條件一直還是受到威脅或處於被壓迫的無產階級，問題的核心自然就有所不同了，而這正是馬克思從經濟面向來考察的焦點。

是對原慾（或謂慾望）的本初性予以絕然否定，或乃至只是存有著些許的懷疑。再者，假若允許我們說當今的文化是朝向著「解放」的方向發展，而且現實上社會的結構形態也提供了更多有利的解放機會的話，那麼，當虛幻飄盪的象徵交換成為社會的基本結構特徵時，如何在文化的「壓抑」本質與「解放」的現實性中找到平衡點，自然成為重要的課題。說來，這正是當前西方文明所面對的基本場景，但是，顯然的，這是佛洛依德在他那個時代未能充分體認到的。有鑑於此，底下，姑且先讓我們僅就佛洛依德對他所處之時代的反應來予以討論。

佛洛依德持有著這樣的認知立場，無疑地乃在於肯定人與其他動物所共同享有的「動物性」，是理解、也是證成人之存在意義的首要前提。不過，再怎麼說，人類是不同於其他動物的，其中最重要且明顯的特色即在於，人類有著由「動物性」提升到「人文性」的機會，而且，也命定必須是如此的。因此，對佛洛依德而言，整個人類文明發展的基本課題即在於：（一）如何在「人文性」是不可否認的存在條件之下，確立「動物性」的地位，以及（二）「動物性」與「人文性」相互保證的交接介面何在。顯然的，佛洛依德走出了只是單純地論述著精神官能症的精神醫生角色，把後半輩子投入有關人類文明與宗教現象的源起狀態的探討，可以說即是企圖回應這樣的提問，而這正是確立佛洛依德之整體理論的歷史意涵的根本重點所在❸❺。

以上述的論點做為基礎，佛洛依德重視人類早期的經驗——快樂原則的源起與初級過程的特質，特別是自發性（spontaneity）的發

---

❸❺ 從這個角度來看，誠如瑞夫所指出的，佛洛依德使得心理學一向與自然科學的緊密聯繫斷裂掉，而體現出社會學科的素質（參看 Rieff,1979:18）。

展，以及關心初民社會的圖騰與禁忌、初級社群的形成、和宗教經驗等等，其實即是追問以「動物性」為基礎來追求和確立「人文性」的文明展現過程，尤其是以源自動物本質性的體質特徵（講白了，即是原慾本能）做為推動人類行為之源起狀態的演進過程。在進一步追問此一課題之前，讓我先對佛洛依德以幾乎後半輩子的生涯致力於從事以個體的心理成長來與整個文明發展（特別包含宗教）㊱進行相對比擬的論述功夫有所說明。

　　我個人認為，當佛洛依德以整個文明的發展與個體的心理成長來相對比的時候，他所從事的並不只是單純地具隱喻性質的比擬功夫，而有著更深層之哲學人類學上的實質意義㊲。他自己在《文明及其不滿》一書的結尾對個體發展與文明進程的相似性即提出了說明。他明白地肯定著，個體的發展與文明進程是相互關聯著，而且，一般而言，它們同時披露著有機生命體的秘密，分享著人類生命最具通則性的特性（Freud,1961:86）。在此，我不準備對佛洛依德這樣之認識論的本身有所討論，而只對這樣之認知模式的社會學意涵略加闡明。

　　佛洛依德這樣的比擬說基本上乃是認定，文明的發展與個體的心理成長二者是一種「同構異形」體，有著相同的存在本質，而此一本質乃深植於人類古老、原始、且詭異的集體潛意識之中，它既是文明的源起狀態，也是個體存在與發展的文化體質性基礎（參看Edmundson,2012:36-37）。更具體地說，此一共同存在本質更是源自人類之生理體質上的共同源起基礎，即：上文中一直提到的原慾本

㊱底下，當我提到「整體文明」時，乃包含宗教現象在內。

㊲佛洛依德即認為，人類種屬的歷史與發生在個體生命中的事件有著相似性。這意味著，人類做為整體來看，也與個體一般，歷經著其性慾與攻擊之雙種特質的衝突。雖然這留下了痕跡，但是，卻為人們遺忘或擋開了（Freud,2004:126）。

能。譬如，假若我們接受初民比文明人更受原慾本能支配而「言行顯得一致」的話，那麼，在這樣的對比照應下，個體的心理發展顯然也是如此，亦即：在嬰幼期的人類更受「原慾本能」的支配，而「言行顯得一致」。反之，推及文明社會與成年人，一般情形則是：較不受「原慾本能」支配而「言行顯得比較不一致」了。

　　就在這樣之認知模式的導引下，佛洛依德確立了原慾本能的概念，在實質上對理解個體人的行為本身與其文明發展，乃同時具有著不可否認的優位性。對個體而言，精神官能症所以發生，乃因這樣的原慾本能被社會規範與其權威代理人（父親是其原型）壓抑受阻使然的。推及於整個社會、宗教形式、或乃至整個文明的發展，情形亦復如是，精神官能症的特徵於焉是任何社會必然內涵的本質。固然，我們或許可以如為個體人判定其精神狀態一般，立刻斷定社會、宗教、或文明是「生病」了，但是，畢竟，針對個體，他有著「社會」同時做為壓力來源與順從參照體，正常或偏差與否，有著規範性的參準點，然而，對一個社會、文明、乃至宗教，這個參準點卻是不存在，或至少不明確。再說，對一個社會、文明、乃至宗教從事這樣的「病症」斷定，可能也是沒有意義的，因為，既然精神官能症的特徵是任何社會、宗教、或文明形式的結構「常規」表徵，所謂「正常／異常」的兩元分殊自然是不存在的。當然，這樣的說法並不等於意味著，在未來的時代裡，精神官能症的特徵還是一直與個體的成長和文明的演進如影隨形地「共存共榮」著。社會結構性的改變，是有可能導致這樣的特徵改變，至少削弱，只是，這樣的改變並沒有發生在佛洛依德那個時代。然而，依佛洛依德的看法，情形正是相反著，他那個時代的西方世界毋寧地乃處於個人與社會整體的精神官能症特徵更形加劇的歷史處境當中。

　　回顧前面已經提到之諸多有關佛洛依德的論述，我們發現，佛洛依德的原慾、本能與潛意識等等概念把啟蒙時期以來西方人對「理性」的期待與信仰迷思幾乎完全摧毀掉，儘管他還是認為人們無法脫離文明（與社會）而生存，而且，任何社會都必然有一套制約人們的基本規範，因而，他尚一直強調，透過道德倫理的文化形式經營著自我控制的理性，是現代人必須具備的基本素養。然而，很明顯的，當佛洛依德把決定人類行為的最根本源頭歸諸於具生理性質的體質因素（尤其視「性」的原慾本能因素最為根本）時，他強調的是原慾本能所衍展的情緒感受，而非單純的認知知覺，自然更不是理性的成分。如此對人之本性的預設，除了反映其所接受過之精神醫學的自然科學背景之外，乃分享著叔本華與尼采的哲學思維養分，只不過予以心理學化而已❸。於是乎，原慾本能成為「動物性」與「人文性」得以有所交接之具生物基礎性的「體質」介面。

　　顯而易見的，這樣之強調具情緒性的原慾本能以及具生理性質的體質論，使得佛洛依德無論是在處理個人的精神問題或整體文明與宗教現象上面，顯得必須無時無刻地關心著原慾本能與社會規範之間的衝突特徵以及如何獲致「理性」磨合以圓滿個體人和集體文明（社會）之和諧關係的問題。對此，大體來說，佛洛依德並沒有給我們令人滿意的答案。他對理論建構所付出的努力，特別是後半輩子所呈現的，無疑地是在於證成原慾本能被壓抑而潛意識化所可能具有的文化人類學意涵，而這也正是人類如何由「動物性」過渡到「人文性」，以及兩者之間相互保證的交接介面何在的問題。對此，或許，瑞夫在

---

❸ 其實，尼采的論述已經是相當具有著心理學的色彩，有關尼采與佛洛依德之論說的比較，參看亞舜（Paul-Laurent Assoun ,2000）與埃德蒙森（Edmundson, 2012:155）。

其著《佛洛依德：道德者的心靈》（*Freud: The Mind of the Moralist*）一書的第二版序言裡所說的一段話，可以用來做為註腳。他是這麼說的：精神分析是專為精神官能症，而且是極端有智慧之精神官能症而孕生的專業，為的是學習成功地壓抑他們的宗教衝動，亦即對生命的價值與意義有所疑問的人，或謂，教導人們如何在神聖力量已被耗用的世界裡生活著（Rieff,1979:xix,xxiii）。對佛洛依德而言，無疑的，如何運用原慾本能的體質說，並且以精神官能症做為原型，同時在個體人與文明的發展現象中以同樣的機制發酵著，於是乎成為不能不予以注意的課題。

回顧前面對佛洛依德不同時期之論述的簡單評介，我們可以簡單地做出這樣的結論：由初民社會之具歷史性的源起回過頭來證成個體發展的體質性源起，其關鍵在於「記憶」現象的存在，尤其是對被壓抑的原初場景（primal scene）而使之潛藏於潛意識的記憶予以奇思化（fantasy）的現象，可以說是最為關鍵（參看 Freud,1900: 第 7 章）。就佛洛依德的理論來說，這正是個人（或透過人群）創造象徵意義的開始，也正是「人文性」與「動物性」正式交接，且讓前者開始接管後者的起點。借用李維史陀（Lévi-Strauss, 1989）的說法來比擬，即是自然（nature）與文化（culture）交接的地方，也是在人的文明發展過程中文化向自然宣告：「你可以停住，以後的事你不用管了」的邊界。

單就文明發展的歷史現象來看，誠如前文中提到佛洛依德在不同時期的論述中一再重複論證的，任何社會必然是有著一套特定的道德規範來導引，權威的存在是必然的。人類的文明展示的，其實即是一連串來自權威壓抑的自制表現，首先是受制於父親的權威，並形成了

以兄弟關係為主調的「同胞」感，而有著「契約」的說法出現**❸**。佛洛依德觀察到，這種來自社會權威體的壓抑，形塑了由超我主導所架出的人格，然而，原慾本能卻不斷地逼迫，人遂有了罪行感。準此，社會權威體（之壓抑）的存在，可以說是促使「動物性」與「人文性」得以有所交接之具條件制約性（conditioning）的社會機制介面。顯然的，佛洛依德這樣的論述實即意味著，特別是透過生理學與人類學（民族學）的「科學」基礎，可以為如此一般的人類初始存在狀態賦予正當性，人類的罪行也由此可以獲得到一個解脫的出口。

　　把這樣的源起場景的說法運用在十八世紀以後的西歐社會，我們可以說，整個啟蒙運動所強調之以自由平等為主軸的個人主義信念乃意涵著，人們透過明顯意識化的論說做為基礎，擺明地以具「攻擊性」**❹**的具體行動（如法國大革命）正式反抗（具父親形象之）權威，以爭取具有著自我解放意涵的自由、自主與平等。這不只成為普遍的社會需求，也因而成為個人心理問題的關鍵所在，特別是體現在資產階級身上。這也就是說，佛洛依德把問題的癥結回歸到原慾本能的命題，而以資產階級為主角的原慾本能解放又是特別地體現在「性」上面**❹**，是相當可以理解的，而這也順理成章地成為前面提到之「動物性」與「人文性」交接的體質介面的特定歷史表徵**❹**。同

---

❸ 參看註**㉖**的說明。

❹ 擺回佛洛依德的理論架構來看，至少對文明社會來說，人所具的攻擊性本能是社會權威所急迫予以壓抑的。但是，弔詭的是，人類卻經常以此方式（如法國大革命與蘇聯或中國的共產革命）來尋求被壓抑之自我的解放。

❹ 難怪瑞夫會認為佛洛依德從未處理「社會心理」現象，他關心的一直是個體與其本能的問題，並宣稱佛洛依德的精神指導是企圖把人的「自我」（I）從共同的「我們」（We）中解放出來（參看 Rieff,1979: 252,330）。

❹ 當然，佛洛依德若還在世的話，未必會同意這樣的說法，因為，對他而言，「性」（另一個是攻擊性）是人類最根本的慾望，乃任何社會與任何時代的共同普遍問題。但是，我則認為，固然「性」是人類普遍具有的慾望，它並不至於一成不變地呈顯出相同程度

時，這更是為當時已經明顯浮現之強調現世功利享樂的持具個人主義信念帶來的問題與具有的時代性，奠下了論述的基石。無疑的，這樣把整個歷史—文化（因而，政治—道德）的問題濃縮地回歸到人的心理（尤其本能慾望）層次來關照，是佛洛依德的論述最具特色、也是最具影響力的貢獻。套用瑞夫（Rieff, 1979）的用語，佛洛依德的理論成就了「心理人」做為理解與形塑當代人和社會的基本概念。

　　基本上，潛藏於潛意識之記憶中被壓抑的原初場景，經常是被人們（有意或無意地）遺忘著，只不過，潛意識是一種源於具生理意涵的能量「暗流」，於是，經常被用來當成解釋人之行為表現的一種具假設性的解釋項。前面提到的所謂「予以奇思化」，即只是用來紓解因原慾本能被壓抑帶來之潛在心理焦慮與不安的一種象徵化作用。在這樣之認知模式的接引下，當一個人處於「動物性」被「人文化」的當刻之際，被視為具動因性質的社會機制介面的社會權威體，即足以激發潛意識（尤指潛藏於潛意識之記憶中被壓抑的原初場景），使之成為同時兼具效果與動因性質的基本心理機制介面。

　　針對著人類具有的潛意識狀態，佛洛依德曾警告我們，隱藏在對某人的溫柔愛背後，經常總是有著一股潛意識的敵意，而這正是人類的情緒具有著正反情愫交融的原型（Freud, 1950:60）。假若，情形誠如佛洛依德自己指出的，潛意識是界定初民的存在原始狀態的話，那麼，在這樣之潛意識未被（也沒有被要求）予以意識化的情況下，正反情愫交融的潛意識現象，基本上並不足以引起人們的焦慮與不安，

與質地的問題。因此，「性」會不會特別地成為明顯的問題、問題的嚴重程度與意義、以及其表徵形式，乃隨著不同時代與社會形態而有所不同。正如前面提到過的，佛洛依德把此一現象當成基本核心問題之所以顯得特別有著意義與啟發作用，基本上乃與他所處的時代彰顯的維多利亞精神以及都會工業之資本主義的社會形態興起有著一定的親近性使然的。

或較為保守地來說，至少，焦慮與不安的強度與幅度並沒有大到足以構成為明顯的嚴重問題。然而，對日常生活已被高度意識化（尤其理性化）的現代人而言，情形則不然了（Freud,1915b:195）。

　　針對著現代人的處境而言，假若情形如佛洛依德所宣稱的，作夢成為讓潛意識的能量得以釋放的最主要機制、且被人們視為用以理解人之行為必須追溯的心理源頭的話，那麼，這即是人們對自身之心理狀態進行「考古」的重要對象（Ricoeur, 1970），整個精神分析其實就是從事著這樣的「考古」工作，其中，重要的課題乃是把非時序性的潛意識挖出來轉換成為具時序性的意識狀態，並且把潛意識歸因於本我，且取代之以成為核心概念（Freud,1915b:186-187）。於是，化解正反情愫交融的心理情結（最為典型即是奧底帕斯情結）成為屈從於「理性」迷思之精神分析的重要課題。對一般人（特別思想家）而言，理性迷思甚至更是促使人們認定正反情愫交融的狀態是必須予以消除的。當然，情形或許如呂格爾指出的，「文化對個體最主要的自制要求，不是針對如是慾望而是攻擊性的自制」（Ricoeur,1970: 307）。或者，情形更是誠如佛洛依德自己說的，不懂得「善待」攻擊性，因而，不懂得「理性」地妥善處理愛與恨的正反情愫交融情結，讓「思想萬能」的現象浮現，才正是文明展現精神官能症之症候的關鍵所在（Freud, 1950:90）。

　　是的，或許，呂格爾過份高估了攻擊性，因而低估了慾望本身所內涵之正反情愫交融情結的重要性，也輕忽了慾望受挫可能產生的後果，但是，這不重要，因為這不是在此所欲探究的重點。重要的毋寧是，由呂格爾這句話所引伸出來的意涵到底是甚麼？簡單地說，在不讓「思想萬能」現象有著無限上綱的情形發生的前提下，正反情愫交融情結可以予以理性地化解嗎？需要嗎？

第七節　正反情愫交融情結的理性化，需要嗎？——代結語

　　就實際的歷史發展進程來說，根據第五節的分析，佛洛依德的論述可以說是針對著啟蒙理性的一種具有現實生活意義的反省。先單侷限在精神官能症的課題來說，假若浪漫主義視理性是一種妨礙自發性發展的惡行的話，佛洛依德則是把「理性」的適當運用當成是具有著治療意義的基本德行（Rieff,1979:93-94）。所謂治療其實即是把存在潛意識中因正反情愫交融情結引起的焦慮轉化地提升到意識層面來，再透過「理性」的治療程序予以解消或弱化（Freud,1916-17:250; 1933; 同時參看 Rieff,1979:94）。倘若以此處所使用的語言來說，它涉及的即是，以適當的「文化理性」洞見來處理潛意識焦慮的意識化問題。

　　當然，對精神醫學來講，以怎樣的「文化理性」洞見來意識化潛意識焦慮才適當，確實是一項重要的課題。撇開治療的「德行」意涵不談，至少就治療的效用立場來看，情形總是被認為如此的❹❸。但是，這並不是我在此可以回應，也期待回應的問題。我關心的毋寧是，佛洛依德對此一透過「文化理性」架出的意識化到底有著怎樣的期待，其立論的基礎在哪裡？

　　顯然的，當佛洛依德持著以本我之原慾本能為基礎的體質論來回

---

❹❸ 瑞夫曾評論道，這樣的予以「理性」意識化所彰顯的，是啟蒙時期以來西方人對理性所懷之樂觀主義的張力表現，但是，此一張力表現已顯得軟弱無力了。其所以如此，乃因為洞見是相當個人的，且甚具情緒性，面對著現實世界，來自治療師（繼而施及病人本身）的「理性」洞視，經常是無助於病人改變自己的。譬如，即使一個成功的商人知道自己的官能症是來自肛門期受阻所帶來的強迫行為，但是，一旦他認為這個官能症是促使他成功的因素，他則寧願讓官能症繼續存在著（Rieff,1979: 94-95）。

應「社會」與「文明」所開展的超我權威時，誠如呂格爾指出的，本我、自我與超我的三分結構模式把「意志」的概念變得無關緊要了。人若非是屈從於本能，就是順服於權威，總是讓自我徘徊於本我與超我之間（Ricoeur,1970）。在這樣的情況下，「理性」的可能要求與「意志」脫了勾，如此，理論上，將導致漠視了人企圖超越本我與超我的兩極選擇而達致更具主體能動性的自我努力功夫，而且，對正反情愫交融情結引起之焦慮的自我處理（包含解消）能力，更是一併被稀釋掉。瑞夫即指出，儘管佛洛依德是相當尊重道德「理性」的社會意義，但是，對他，理性的目的，若非引入或支撐超我的控制以獲致一定的效率，即是拆解了僵化與表面化的道德控制。特別值得注意的是，佛洛依德所治療的病人一成不變地都是屬於後者，而且是維多利亞後期的資產階級❹（Rieff,1979:70; 同時參考 Freud,1908:182-183）。

　　擺在一個強調個人自由而自主地解放的時代氛圍下，佛洛依德以「拆解僵化與表面化的道德控制」做為謀求化解正反情愫交融情結引起的焦慮，或許有著一定的道理，甚至可以說是必要之道。但是，以原慾本能之體質論做為不可否認、也不能化約的論述基礎，卻可以說是佛洛依德整個理論所糾結的「盲點」。事實上，從上面一連串的闡述，我們可以很明顯地看出，在佛洛依德的心目中，本能的說法與其說是涉及意義的詮釋性理解，倒不如說是意涵著一種有關具時空性之「力」展現模式的機制歸因，其所呈現的性質較多的，是一種具物理學意涵的理念化表徵❺，而且有著本源的預設。於是，呼應著前面已

❹ 更具體地來說，於是時的歐洲社會裡，女的大多被要求悲慘地禁慾，但是，男的則經常被允許不健康地放蕩著自己。

❺ 儘管，瑞夫認為，佛洛依德使用赫姆霍茲的物理學名辭，基本上乃是基於隱喻與例證的成分居多（如使用「能量」一辭），彰顯的是充當具有著汎靈圖像之倫理意涵的修辭學道具（Rieff,1979:21-22）。

提及的論點，當佛洛依德意圖把潛意識予以意識化時，對潛意識的本源進行考古功夫遂成為必要的功課。無怪乎，佛洛依德會特別重視人的嬰幼期，尤其是「性」本能的滿足，並以之做為形塑人格的源起依據。

借用符號學的用語來解讀，佛洛依德如此以「過去」（特指潛藏於潛意識之記憶中被壓抑的正負情愫交融）做為能指意符（signifier），基本上並不能保證意指（signified）是肯定而確立的，這是何以整個意識化過程所開展的目的論無法有著明確主題的基本關鍵所在。正是這樣強調具本源意涵的「過去」，在實際決定與理解人的行為上被供奉為具有著至高性的基本命題，使得佛洛依德對「意識化的結果會是為何」這樣之問題的反應能力顯得相當地弱化，只能以由代表「社會」施壓權威而形成的曖昧超我做為基模而衍生的認同或昇華等等概念，當成「意圖相對明確」的意指來生成、形塑問題和做為化解的保證等等（參看 Ricoeur,1970:472-493）。

就拿認同的現象為例吧！其中一個最為典型的莫過於是有名的伊底帕斯情結所帶來的認同問題，特別是指向男孩以母親為性對象，但卻因而與代表權威、且是學習與認同對象的父親有了緊張衝突的局面所帶來的認同問題（參看 Freud,1922: 第 7 章）。本質上，這樣的認同問題是源起於過去，而且，其根源來自具生理本質意涵的原慾本能，但是，其化解途徑指向的卻是未來進行中、且是內涵著文化象徵意義的部分（特別是透過昇華作用）。如此，就行為的當事人而言，儘管這樣的情況或許有著基本的指向，但是，怎麼說始終就是缺乏明確的目的論做為終極依據，以至於難以完全被確立與肯認著。無怪乎，誠如上面提示過的，對於這樣的意義指認過程，呂格爾會強調反思，而且是一種具探險性質的反思。

　　無疑的，呂格爾是以現象詮釋學的角度來解讀佛洛依德之說可能帶來具有啟發意義的關鍵所在，也是呂格爾所以認為無法單憑精神分析的經濟理法來認識（與解讀）佛洛依德，而必須佐以現象詮釋學來解讀象徵，才可能對佛洛依德之論述的意涵獲致更貼切、更深刻的認識的緣故吧（Ricoeur,1970:472-493）！然而，歸根就柢地來說，問題的關鍵重點還是在於，當我們把論述焦點安置在由「動物性」過渡到「人文性」的邊界時，我們事實上可以有兩個考察的出發點：一個是沿著「動物性」出發；另一個則是從「人文性」來回照。顯然的，由於種種歷史因緣的推動，佛洛依德採取了從「動物性」出發的角度，特別重視兩者之間相互交接與讓渡的心理（生理）運作機制，於是，原慾本能才被當成認識的「具實」源起點。然而，呂格爾所看重的則是具「人文性」的象徵面向，而對佛洛依德所予以肯定之「動物性」面向的絕對初基優位性，他至少是保持沉默的。準此，值得爭論的重點於是乎在於，面對著今天這樣的後現代場景，到底採取佛洛依德或呂格爾的角度來審視，才可能更加顯得貼切而具有啟發性呢？

　　就「人文性」面向而言，或許，由於佛洛依德只看了它體現在「現在」當刻（甚至回溯到「過去」）的種種「過失」，以至於無法對其「未來」給予我們任何具體的希望，所以，在他的論作中，我們看不到任何相對明確的「人文」指望。顯然的，誠如呂格爾指控的，佛洛依德對象徵的內涵缺乏現象詮釋學的關照態度，應當是重要的原因吧！但是，即使單就「動物性」的面向來看，到頭來，佛洛依德也只給了我們內在於人自我貼實的原慾本能——一種類似希臘命運女神阿南刻（Ananke）的「必然需要」（necessity），有的只是無以迴轉的命運而已，我們也一樣地沒有希望。對此，艾里亞特說的值得予以引述。他指出，今天，我們是處於所謂「後佛洛依德」精神分析的時

代，理論的焦點應當擺在人與人之間的情緒關係，而不是個人自我的內在世界（Elliott, 2002:25）。這樣的說法可以說是「對」，也是「不對」，因為，就精神分析做為一門學問的立場來說，這樣的理論關照面向的改變確實是一般的趨勢，但是，就佛洛依德之論述背後的基本架構而言，情形並不是如此，因為，固然佛洛依德是以原慾本能（尤其以性為焦點的原慾）做為理論的基架來探討人的心理問題，但是，他談論的基本上一直還是在於情緒性的「人際關係」上面，尤其，晚期更是以宗教與文化現象做為論述重點❹。因此，問題的重點並不是在此，而是另有根源。至少，上面提及呂格爾指點佛洛依德對象徵內涵缺乏現象詮釋學的關照態度，以及其對正反情愫交融予以「理性化」的基本論點，可以說才是重要的關鍵。

　　循著科學精神所衍生的「理性」，基本上是講究邏輯一致、經驗實徵和意義適當等等要件，這一切其實即意涵著「壓抑」是（科學）理性的基本特徵，因為，除了理性本身所彰顯的（科學）神聖性之外，以任何概念（或實體）所開展的神聖性，都會有著面臨被挑戰的困境❹。於是，理性的壓抑特質本身乃反映著一個兩難的困局，說來，這才是佛洛依德所提出之問題的核心，也是他所提出之化解途徑本身的困境。瑞夫即相當有洞見地看出，佛洛依德企圖把「神聖秩序」找回來，但是，他最後還是被打敗了（Rieff,1979:396）。打敗的是甚麼？誠如布希亞一再指陳的，那是：當人們浸潤在歡愉的符碼之

---

❹ 不過，艾里亞特指出的有一點卻是可以接受的，那是：在佛洛依德的那一個時代裡，西方人的問題在於慾望（尤指性慾）被壓抑與激情被否定，而當今人們的重要問題卻是在於人際關係間的情緒感受貧乏與自我的疏離（Elliott,2002:26）。或者，借用羅洛梅的說法，當今西方人（特別中產階級）的問題不是性愛被壓抑，而是性愛過於氾濫，以至於缺乏穩固的意志做為基礎。因此，整個心理問題的癥結在於性愛背後的意志，也正是存在意義的問題（May,1969）。

❹ 有關作者對此一觀點的詳細論述，參閱葉啟政（2008）。

中時，符碼之意指所顯示短暫、易變、飄盪而中空的特徵，不但早已使得原本具有永恆而穩固的「神聖秩序」不再，而且，更是把佛洛依德所架出之以慾望（更遑論原慾本能）做為理解人類與文明發展的神聖初始地位拆除掉了。

　　情形顯得更加特別值得注意的是，在高舉個人主義的旗幟下，當人們對社會制度的期待無法再有更上層樓的提昇，尤其，對共同體的嚮往日益低落之際❹，在人自身的上面尋找一個具有實體意義的終極概念歸依──原慾本能──來充當解釋上的依據，無疑地猶如尋找到一尊神祇做為謀求自我贖救的最後解釋項一般。佛洛依德的論述把對人的理解推到瑞夫（Rieff, 1979）所說之「心理人」為根基的文化形式，一切還原到人的心理本質來理解和尋求化解之道。對精神疾病患者而言，「治療」不應當是把他變成完全屈服或退縮於「社會」（與「文化」）之壓力的應聲蟲，而是一個在社會的壓力下尚能孕生游刃有餘之自主自由契機以及足以實現自我操控之完整灌聚能力的個體。因此，假如人有所謂正常與否的話，那麼，它不是統計學的概念，而是順著某種倫理性的理念開展出來的自我克服能力表現❹（Rieff, 1979: 355）。這樣之對主體能動性的確認與肯證，才是一個人尋求「健康」的保證，也才是一個文明朝向「理性」方向發展的基本要件。假若，誠如上面一再論證的，正反情愫交融是任何文明的必然心理產物的話，那麼，我們所能做、也是必須做的，不單單只是以「理性」的方式（不管它會是甚麼）來消除其中所可能彰顯的矛盾、曖昧或兩難困境等等令人既感沮喪又無奈的情況，使之得以趨於邏輯一致，以俾消

---

❹ 可參看包曼（Zygmunt Bauman, 2001）與馬費索利（Michel Maffesoli, 1996）。

❹ 或許尼采（Nietzsche, 1968）所強調之透過權能意志（will to power）來形塑的超克人（overman）可以說即是一種典範。詳細討論，參看下面之章節中有關尼采思想的評介。

除或減弱隨之而來的焦慮。倘若「理性」是必要的話，它毋寧地是指向於，讓人們對內涵於正反情愫交融中之（集體）象徵神聖性的二元互斥對立彰顯的基本感知模式有所改變。當然，佛洛依德把正負情愫交融情結予以「負面化」之所以具有一定的時代意涵，乃因為這樣的論述取向和十八世紀以來之西方人的心理與社會的發展趨勢有著一定的親近性，特別是因為不少人們對他的論點產生了頗具啟發性的共感共應的緣故。

　　然而，假若一個社會已經走入權威體對人們無法產生明顯的威脅或恫嚇作用的階段，人們對「父親」權威體自然就缺乏引發任何有明顯意義的情愫（不管正面或負面）的條件了，他不會「被謀殺」，即使被謀殺了，也是不留任何記憶的「完全」謀殺，不會有任何心理困境存在著。偏偏，今天人類面對的，正是這麼一個「父親已被謀殺」（或謂「被排除」、「被遺忘」）、且任何替代父親之權威消逝的時代，人與人的社會距離不但拉得愈開，而且，彼此的情愫感應力降低，地位之上下間距的意義更是日益減弱。人的存在意義，若有的話，不是仰靠互動過程所確保之具外在性的象徵意義（如社會認同）來定義，而是往內縮來謀求自我建構和拆解，且圈起一層透明的保護膜把自己牢牢地護住。甚至，存在的意義已完全被架空，有的只是隨著外在充滿炫惑火花的「無厘頭」訊息不斷起舞，象徵成為符號，符號再轉成為僅僅是符碼而已，帶來的經常是一種快閃易逝的情緒性激動，而且，一逝即過，不留任何痕跡。

　　炫惑而快速的符號流動，不只使得驚恐（panic）成為常態，而且，為「虛空」創造了一種正面價值。因此，情形已經不是佛洛依德強調的，壓抑挫折為原慾本能之「有」做為原始狀態帶來了恐懼、焦慮、失望，乃至絕望。毋寧的，「虛空」帶來的是經常不會、也不必

有交集的各自機會與期待。在此狀況下，立基於原慾本能的慾望需求只是「虛空」之符號的轉運站，因為，「虛空」本身沒有能量承載人們的本能慾望所激發之動機的重量，但是，卻有著足夠的力道把它蒸發掉，或以四兩撥千金的方式把它撥掉。在這樣的情況下，假若人們有主體的話，這也只是屬於個別個體的個體化「小」主體，彼此之間基本上可以毫無相關，或頂多只是偶而邂逅一下，或是經常不經意地擦身過而已。人們已經沒有、也不再需要過去西方哲學家所期待那種具共識共感精神的厚重「大」主體。這麼一來，物自身是「有」，也是「空」（「虛」），因為它不再以滿足原慾為本的「使用價值」做為終極而至高的共感共識依據，更是脫離了厚重「大」主體的掌握而自在著。既然個體化的「小」主體刻劃不出「物」的慾望本質，於是，「物」之「虛空」的純粹本質讓它瀰漫在這個世界裡，它以陰柔而飄盪的氣體形式統治著世界，也藐視著世界。此時，人們若有焦慮的話，它不是來自權威體所帶來的潛意識壓抑，而是物的「空性」不斷地以誘惑的方式在潛意識裡翻動著「奇思」所迸放出來之如浮煙般的新奇期待，以及因一再流動與變易而帶來的冷漠、迷茫、失智與失意。顯然的，這已經不是佛洛依德的理論所能處理的心理「問題」了。

參考文獻

葉啟政
　　2008　〈附錄：「特殊例外」做為思考架構的社會學解析〉見《邁向修養社會學》。台北：三民書局，329-377。
Assoun, Paul-Laurent
　　2000　*Freud and Nietzsche*. Translated by Richard L. Collier Jr. London: Continuum.
Baudrillard, Jean
　　1975　*The Mirror of Production*. Translated by Mark Poster. St. Louis, Mo.: Telos Press.
　　1981　*For a Critique of the Political Economy of the Sign*. Translated by Charles Levin. St. Louis, Mo.: Telos Press.
　　1990a　*Seduction*. Translated by Brian Singer New York: St. Martin's Press.
　　1990b　*Fatal Strategies*. Translated by Phillip Beitchman & W. G. J. Niesluchowski, edited by Jim Fleming. New York: Semiotext（e）.
Bauman, Zygmunt
　　2001　*Community: Seeking Safety in an Insecure World*. Cambridge: Polity Press.
Bloom, Allen
　　1987　*The Closing of the American Mind*. New York: Simon and Schuter.
Clarke, Simon
　　2003　*Social Theory, Psychoanalysis and Racism*. New York: Palgrave Macmillan.
Edmundson, Mark
　　2012　《佛洛依德的最後歲月：他晚年的思緒》（*The Death of Sigmund Freud: The Legacy of His Last Days*）。（王莉娜、楊萬斌譯）上海：華東師範大學出版社。

Ellenberger, Henri F.

　　2004　《發現無意識：動力精神醫學的歷史與演進》（第三冊）
　　　　（*The Discovery of the Unconscious: The History and Evolution of
　　　　Dynamic Psychiatry, Volume Three*）。（廖定烈、楊逸鴻譯）台北：
　　　　遠流出版公司。

Elliott, Anthony

　　1992　*Social Theory and Psychoanalysis in Transition: Self and
　　　　Society from Freud to Kristeva*. Oxford: Blackwell.

　　2002　*Psychoanalytic Theory: An Introduction*. (2nd Ed.) Durham, N.
　　　　C.: Duke University Press.

Flugel, J. C.

　　1945　*Man, Morals and Society*. London: Duckworth.

Freud, Sigmund

　　1900　*The Interpretation of Dreams. as The Standard Edition of the
　　　　Complete Psychological Works of Sigmund Freud, Volume 4 & 5.*
　　　　Edited by James Strachey in collaboration with Anna Freud London:
　　　　The Hogarth Press and the Institute of Psycho-analysis.

　　1905　"Three essays on the theory of sexuality," *The Standard
　　　　Edition of the Complete Psychological Works of Sigmund Freud,
　　　　Volume 7.* Edited by James Strachey in collaboration with Anna Freud
　　　　London: The Hogarth Press and the Institute of Psycho-
　　　　analysis,130-245.

　　1907　"Obsessive actions and religious practices," *The Standard
　　　　Edition of the Complete Psychological Works of Sigmund Freud,
　　　　Volume 9.* Edited by James Strachey in collaboration with Anna Freud
　　　　London: The Hogarth Press and the Institute of Psycho-
　　　　analysis,117-127.

　　1908　"'Civilized' sexual morality and modern nervous illness," *The
　　　　Standard Edition of the Complete Psychological Works of Sigmund
　　　　Freud, Volume 9.* Edited by James Strachey in collaboration with
　　　　Anna Freud London: The Hogarth Press and the Institute of Psycho-
　　　　analysis, 181-204.

　　1915a　"Instincts and their vicissitude," *The Standard Edition of the
　　　　Complete Psychological Works of Sigmund Freud, Volume 14.* Edited
　　　　by James Strachey in collaboration with Anna Freud London: The
　　　　Hogarth Press and the Institute of Psycho-analysis,117-140.

　　1915b　"The unconscious," *The Standard Edition of the Complete
　　　　Psychological Works of Sigmund Freud, Volume 14.* Edited by James
　　　　Strachey in collaboration with Anna Freud London: The Hogarth
　　　　Press and the Institute of Psycho-analysis,166-215.

1916-1917　*Introductory Lectures on Psychoanalysis*. as *The Standard Edition of the Complete Psychological Works of Sigmund Freud, Volume 15 & 16*. Edited by James Strachey in collaboration with Anna Freud London: The Hogarth Press and the Institute of Psycho-analysis.

1920　"Beyond the pleasure principle," *The Standard Edition of the Complete Psychological Works of Sigmund Freud, Volume 18*. Edited by James Strachey in collaboration with Anna Freud London: The Hogarth Press and the Institute of Psycho-analysis,7-61.

1922　*Group psychology and the Analysis of the Ego*.（translated by James Strachey）New York: Boni and Liveright Publishers.

1923a　"The ego and the id," *The Standard Edition of the Complete Psychological Works of Sigmund Freud, Volume 19*. Edited by James Strachey in collaboration with Anna Freud London: The Hogarth Press and the Institute of Psycho-analysis,12-66.

1923b　"Remarks on the theory and practice pf dream-interpretation," *The Standard Edition of the Complete Psychological Works of Sigmund Freud, Volume 7*. Edited by James Strachey in collaboration with Anna Freud London: The Hogarth Press and the Institute of Psycho-analysis,109-121.

1926　"Inhibitions, symptoms and anxiety," *The Standard Edition of the Complete Psychological Works of Sigmund Freud, Volume 20*. Edited by James Strachey in collaboration with Anna Freud London: The Hogarth Press and the Institute of Psycho-analysis,130-245.

1933　*New Introductory Lectures on Psycho-analysis*. as *The Standard Edition of the Complete Psychological Works of Sigmund Freud, Volume 7*. Edited by James Strachey in collaboration with Anna Freud London: The Hogarth Press and the Institute of Psycho-analysis,5-182.

1950　*Totem and Taboo: Some Points of Agreement between the Mental Lives of Savages and Neurotics*. Translated by James Strachey. London: Routledge and Kegan Paul.

1960　*The Psychopathology of Everyday Life*. Trans. by Alan Tyson. New York: W. W. Norton & Co..

1961　*The Future of an Illusion*. Translated by James Strachey. New York: W. W. Norton & Co..

1962　*Civilization and Its Discontents*. Translated by James Strachey. New York: W. W. Norton & Co..

2004　《摩西與一神教》（*Moses and Monotheism*）。（張敦福譯）台北：臉譜。

Gay, Peter
　　2002a　《弗洛依德傳（1）：1856-1905》（*Freud: A Life for Our Time, I*）。（梁永安等譯）台北：立緒。
　　2002b　《弗洛依德傳（2）：1902-1915》（*Freud: A Life for Our Time, II*）。（梁永安等譯）台北：立緒。
　　2002c　《弗洛依德傳（3）：1915-1939》（*Freud: A Life for Our Time, III*）。（梁永安等譯）台北：立緒。
Jay, Martin
　　1984　*Marxism and Totality: The Adventures of a Concept from Lukács to Habermas*. Cambridge: Polity Press.
　　1993　*Downcast Eyes: The Denigration of Vision in Twentieth-Century French Thought*. Berkeley, Ca.: University of California Press.
LeBon, Gustave
　　1969　*The Crowd: A Study of the Popular Mind*. New York: Ballantine Books.
Lévi-Strauss, Claude
　　1989　《野性的思維》（*La Pensee Savuvage*）。（李又蒸譯）台北：聯經。
Maffesoli, Michel
　　1996　*The Time of the Tribes: The Decline of Individualism in Mass Society*. London: Sage.
Marcuse, Herbert
　　1955　*Eros and Civilization: A Philosophical Inquiry into Freud*. Boston, Mass.: Beacon Press.
May, Rollo
　　1969　*Love and Will*. New York: W. W. Norton & Co..
McDougall, William
　　2005　*Group Mind: A Sketch of the Principles of Collective Psychology, with Some Attempt to Apply Them to the Interpretation of National Life and Character*. Whitefish, Mt.: Kessinger Publishing.
Nietzsche, Friedrich
　　1968　*The will to Power*. Translated by Walter Kaufmann & R. J. Hollingdale. New York: Vintage Books.
　　1994　*On the Genealogy of Morality*. Ed. by Keith Ansell-Pearson. Translated by Carol Diethe. Cambridge: Cambridge University Press.
　　2002　*Beyond Good and Evil*. Eds. by Rolf-Peter Horstmann & Judith Norman, Translated by Judith Norman. Cambridge: Cambridge University Press.
　　2005　*The Anti-Christ, Ecce Homo, Twiligh of the Idols*. Edited by

Aaron Ridley & Judith Norman. Cambridge, England: Cambridge University Press.

2009《扎拉圖斯特拉如是說》(*Also Sprach Zarathustra*)。(黃明嘉、樓林譯)上海：華東師範大學出版社。

Parker, Ian

　　1997　*Psychoanalytic Culture: Psychoanalytic Discourse in Western Society*. London: Sage.

Parsons, Talcott

　　1937　*The Structure of Social Action*. New York: Free Press.

Polanyi, Karl

　　1944　*The Great Transformation*. Boston: Beacon Press.

Ricoeur, Paul

　　1970　*Freud and Philosophy: An Essay on Interpretation*. New Heaven, Conn.: Yale University Press.

Rieff, Philip

　　1979　*Freud: The Mind of the Moralist*.(3rd. ed.)Chicago, Ill.: The University of Chicago Press.

Yankelovich, Daniel & William Barrett

　　1970　*Ego and Instinct: The Psychoanalytic View of Human Nature -Revised*. New York: Random House.

Safranski, Rüdiger

　　2007　《尼采思想傳記》(*Nietzsche: Biographie seines Denkens*)。(衛茂平譯)瀋陽：遼寧教育出版社。

Weber, Max

　　1958　*The Protestant Ethic and the Spirit of Capitalism*. Translate by Talcott Parsons. New York: Charles Scribner's Sons.

第**3**章
進出尼采的思想——
對當代文明的社會學意涵

第一節　尼采思想中的核心概念和基本命題

　　不像在學院裡教授高度系統化之哲學知識的「專職」哲學教授，尼采的哲學思想著實是顯得零散支離，不過，在零散支離之中，卻展顯出前後相當一貫的關懷焦點與一定的關聯性。顯得特別而重要的是，他的思想剔透出活鮮的生命力，更是發揮著帶動實踐的潛在動能❶。更人感嘆、且深感遺憾的，尼采是一個被排除於學院外的思想

---

❶ 雅斯培（Karl Jaspers）即形容尼采的思想晦澀艱深，「這就如同一種無名的力量炸開了峭壁，同時又要將零碎的岩石築入一所建築物，卻沒有成功的可能性，以致岩石廢料與建築部件均躺在那兒。或者說，這就如同一座峭壁被炸開，無法再自行組合起來，彷彿它在不斷地努力將自身聚合唯一個整體，以便既不喪失又不忘卻自身的一絲一毫，但又未聚合成一個整體，從未做到這一點」（Jaspers,2001:3）。但是，縱然是如此，而且，思想表達常顯前後矛盾、重複，但是，尼采的思想卻是深具洞見與滲透力的，矛盾之處更是具有歷史意涵的基本特徵，以至於「他的思想實質無法套入某種無所不包的形式，就好像這一形式更為優越，可容納其他一切形式似的」（Jaspers,2001:3-4,9）。洛維特（Karl Löwith）即認為尼采的思想具有三種時代意義：「一、作為歐洲的命運，尼采是我們這個「時代」的第一個哲學家；二、作為我們這個時代的哲學家，他既是合時宜的也是不合時宜的；三、作為最後一位愛「智慧」者，他也是一個愛永恆的人」（Löwith,2006:254）。或許，情形正如洛維特認定的：從一八九四至一九五四年的六十年間，尼采以文學手腕表達的思想對歐洲哲學的啟示，遠遠低於對歐洲文學與思想模式的影響（Löwith,1997:195）。然而，到了一九六〇年代以來，情形逆轉，歐陸哲學明顯地以尼采思想的意義做為討論的重心，而這首先得力於在一九三六至一九四五年間海

家,一生孤獨地喃喃自言,其思想難以獲得同道瞭解,更遑論認同❷。但是,他始終忠於自己的思想,以離經叛道的姿態毫不妥協、也毫不留情地批判著自希臘蘇格拉底(特別是柏拉圖)以降(尤其經過基督教教義洗禮)的整個西方主流思想傳統(甚至包含啟蒙時期以來的科學理性)❸。

十九世紀的西歐社會歷經民主憲政體制、資本主義體制以及工業革命等等力量的衝擊,到了後半葉,都市化現象日趨明顯,大眾社會的雛型已現,所謂「現代化」景象更是焉然成形。這一切劇變自然是衝擊了既有文化傳統,導致新舊文化模式相互衝撞,讓整個西歐世界有著交替接續的急迫感。對思想犀利且感受敏銳的尼采,身處這樣的歷史場景,自是不可能不對整個西歐(特別德國)世界之思想與文化展現的狀況予以正視(參看 Nietzsche,1999a: 第 1 卷 , 第 5,6 章 ;2007a: 特別第二篇)。正是如此對整個歷史情境有著極其深刻的體認,尼采為後人所勾勒出來的思想,不只氣勢磅礡,措辭辛辣刁鑽,批判所及

德格(Heidegger)教授尼采哲學、並以之做為研究對象所付出的努力(Vattimo,2006: 181)。

❷ 譬如,尼采一向自認相當瞭解他、且甚為敬重之昔日巴塞爾大學(Universität Basel)的年長同僚歷史學家布克哈特(Jacob Burckhardt)也無法完全同意尼采的立論,更自認難以充分瞭解尼采的思想理路,甚至,後來根本不閱讀尼采的作品(引自Allison,2001:183-184)。雅斯培分析尼采的生平,即認為他一生一直處於「出格」狀況之中,譬如,過早被任命為教授、出版書籍一事上的窘境到了荒誕的地步、一生飄泊不定等等。就世俗的眼光來說,尼采展現的可以說是一個失敗者的形象(Jaspers,2001: 123)。

❸ 譬如,尼采即自稱自己是極北人(Hperboreans)(Nietzsche,2005:3,§1;2010b:405,§14〔156〕)。就字面的意義來說,極北人乃是在北極之外的人,或解作為「翻越高山的人」、「四處傳送的人」。據古希臘神話傳說,極北人是居住在歐洲之外、北風之外、極北之地的一個神祕民族。他們居住的地方氣候溫和,四季如春,陽光普照,傳為福地,但是,卻是難以到達。這些人崇拜太陽神阿波羅,據聞希臘人崇拜的阿波羅即從此處來。每到冬天來臨,阿波羅就到極北地度過寒冬,極北人即向他獻上供品和禮物,而禮物從一個城邦傳到另一個城邦,一直傳送到位於提洛島(Delos)的阿波羅神廟。尼采以極北人自詡,似乎意味著他自己的哲學想是超越歐洲,也是超越時代與歷史的,有著高遠視野與明淨歡愉的品質(Lampert,2009:293)。

更是針針見血，直搗整個西方主流思想的核心，也預見了逐漸見諸於二十世紀末所謂「後現代狀況」中的一些社會景象❹。這一切無疑地使得尼采在整個現代西方哲學發展史當中，絕對是一位值得重視、且應當高度尊敬的「哲學家」。

　　有關尼采哲學的研究早已是汗牛充棟，我既非專業的哲學家，更不是專攻尼采哲學的專家，原是沒有資格在此介紹尼采的思想的，更遑論對其整體思想評頭論足。然而，誠如瓦蒂莫（Gianni Vattimo, 2006:ix）提示的，有鑑於尼采思想中許多的動念相當貼切地預言了「後現代」社會場景❺，對討論當代人與文明的處境深具啟發作用，尤其，就西方社會思想發展史的立場來審視，討論尼采對釐析後現代

---

❹ 對尼采這個人本身與其思想，克洛索夫斯基曾提出如此的評論：清澈的思想、精神錯亂、和離經叛道三者不可分離地形成了整個的尼采（Klossowski,1997:xvi）。克洛索夫斯基認為，尼采一生所從事的，是與整個歐洲主流（特別理性）文化傳統鬥爭，他否定群聚性（gregariousness），獨尊獨特單一性，重視人所具有的感性衝動，對理性給予適當的保留。對這一切的叛逆作為，克洛索夫斯基歸因於尼采自幼以來身體羸弱（尤其是腦部疾病帶來的種種病痛）而讓自己處於孤獨、且過度擔心健康的狀態（valetudinarian state）（Klossowski,1997: 第 1,2 章）。事實上，尼采本人即自認是天生的戰士，攻擊是他的本能。做為戰士，尼采自己提出四項原則：（一）只攻擊已居勝利優勢地位的目標或等到它成為勝利優勢的目標時才攻擊；（二）只有在沒有與人結盟、且對自己讓步的單獨情況下攻擊（尼采自認他在公共領域內所做的動作無一不是讓步過，這是他判定行為對錯的判準）；（三）不攻擊特定人物，但是，他所以指明道姓地攻擊大衛・史特勞斯（David Strauss）與華格納（Wagner），那是因為他們兩人是具有著特殊文化意義的標竿人物；（四）攻擊對象時，把所有個人爭議排除掉。他更認為，攻擊乃是為了證明他自己是仁慈的，甚至是基於激憤。譬如，他攻擊基督教，並不是教會對他有所迫害或惡意對待，使他必須報復，而只是力求誠實以待地「就事論事」而已。同時，尼采自認，做為一個「人」，他是力求自我超越，靠的是一種回歸自己以獲得有著純淨化之療癒作用的孤獨狀態（這正是他所創造出來之查拉圖斯特拉一角色的處境）（Nietzsche,2007b:15-16）。他甚至自稱自己不是人，而是炸藥，帶來了逼迫著的災難，足以引發大地震的動亂。特別針對基督教道德而言，他自認是第一個非道德論者（immoralist），而且自詡是最卓越的破壞者（Nietzsche,2007b:88-89,92）。又，他認為，一個思想家最主要的美德在於「他的大度，這種大度使得他做為一個獻身知識的人，常常丟臉的和帶高貴的輕蔑和微笑，無所畏懼地犧牲自己和他的生活」（Nietzsche,2007c:366, §459）。其實，這些自訴可以說是尼采自己對其整個生命歷程的最佳寫照（同時參看霍爾斯特曼〔Rolf-Peter Horstmann, 2002:ix-xiv〕的評論）。

❺ 克洛索夫斯基（Klossowski,1997:xv）亦提出如是的看法。

性的歷史質性，特別是有關正負情愫交融（ambivalence）的心理現象，更是有著難以迴避的關鍵性需要。為了這樣的論述標竿，有選擇性地對尼采的思想從事概括的總體論述，似乎是必要的。

　　尼采畢生著作眾多，且甚多是以格言、雋句、警語、乃至隱喻的方式來行文（特別一八七六——一八八二年之中期的作品，如《人性，太人性》（*Menschliches, Allzumenschliches*）、《朝霞》（*Morgenröte*）或《輕盈科學》（*Die fröhliche Wissenschaft*）等），難以讓讀者可以立刻清晰地掌握他所欲表達的意思。在這樣的情形下，為了釐清尼采思想的基本關懷與感知架構，尤其，把它拉出來充作檢視當前「後現代」場景的座架，先以簡便的方式標示他的核心概念❻，並勾勒他整個思想的基本脈絡，或許是有助於掌握其要旨。底下，就讓我試著這麼做吧！

　　海德格在一九六一年出版了巨著《尼采》（*Nietzsche*）一書❼，立即被視為是詮釋尼采思想的權威代表著作，更因此開啟了有關尼采研究的風潮，其影響極為深遠。在該書中，海德格指出，權能意志（will to power）、虛無主義（nihilism）、相同（事件）的永恆輪回（*ewige Wiederkehr*, eternal recurrence of the same〔events〕）❽、超克

---

❻ 特別是一八八二年出版《輕盈科學》以後的著作所企圖呈現的。

❼ 從一九三六年至一九四〇年間，海德格在佛萊堡大學（University of Freiburg-im-Breisgau）先後開授了四門課程專門講授尼采思想。後來，他把這些講稿重新整理成書，於一九六一年出版。英文版由奎爾（David F. Krell）等人合譯，分別在一九七九年至一九八七年間出版，共四卷。

❽ 底下，以「永恆輪回」簡稱之。一八八一年八月初的一個中午，尼采在瑞士希爾斯瑪利亞（Sils Maria）的森林中散步，他在一塊巨大角錐型石頭的附近獲得了這個靈感。不過，考夫曼（Walter Kaufmann, 1974a:305）指出，儘管永恆輪回與超克人兩個概念反映著尼采畢生所主張之權能哲學的思想結晶，但是，此二概念被許多讀者看成是相互矛盾著的，多數的詮釋者更是乾脆忽略了永恆輪回的概念。瓦蒂莫即認為，永恆輪回概念的內涵其實是相當曖昧，可斟酌之處甚多（Vattimo,2006:173）。考夫曼（Kaufmann,1974b:17）也批評尼采的這個概念內涵相當複雜，難以掌握，學者之間有

的人（*Übermensch, overman*）（底下以「超克人」簡稱之）與公正
（justice）❾ 等，乃是尼采思想中具形上存有論之意涵的五個基本概
念（Heidegger,1987:189）。此書的英文譯者奎爾則認為，除了前四者
可以完全肯定之外，以公正一概念來總結尼采思想的作法，似乎有著
可資質疑之虞。奎爾所以有著這樣的見解，乃因為海德格「真理化」
了整個尼采的思維進路，尤其把權能意志一概念過度知性化，無疑地
是把尼采原本對此一概念所賦予濃厚的藝術質性磨弱，而這顯然是相
當可議的❿（Krell,1987:274-276）。基於這樣的理由，奎爾只保留了
前四個概念，並認為倘若加上「所有價值的重估」以取代「公正」來
總括尼采的形上思想，應當是更為適當（Krell,1982:256）。在一九八
五年，內哈瑪斯（Alexander Nehamas）企圖以世界與自我兩個範疇

著不同的詮釋。要適當地掌握這個概念有四個考慮要件似乎是必要的：（一）尼采認為
沒有任何其他概念比此一概念更加可怖；（二）他視此一概念為所有可能之假設中最具
科學性的，任何因為它有著可怖的意涵而拒絕接受，將是脆弱的表徵；（三）尼采發
現，有些時機或可能、甚至是生命方式使得這個概念可以忍受，甚至是可愛；（四）他
實問是否不應從正面（積極）的功能來看待此一概念這樣的看法（同時參看
Klossowski,1997: 第5章）。考夫曼這樣的說法是否有意義，是可以爭辯的，我無能力
表示意見，但是，此一概念在整個尼采思想中（特別晚期）有著絕對重要的地位卻是可
以肯定的，遺憾的是，過去討論的相當有限。在此，有一種詮釋相當有趣，也頗具啟發
性，或許值得一提。克洛索夫斯基指出，尼采提出此一概念後，曾數度寫信致女性友人
莎樂美，而莎樂美對尼采提出此一概念時的心智狀況也曾有所評論。她認為，尼采在有
著「永恆輪回」的原始想法後的任何思想、感受與經驗均來自於其內在心靈的分裂，是
其後來瘋狂的前兆。自此，尼采視任何事物均遊走於兩極：「『咬緊牙根地詛咒著永恆
生命的惡神』以及等待把力量賦予『你（惡神）是神祉、且我從未聽過比你更神聖的』
此句話的『那驚駭時刻』」（引自Klossowski,1997:96）。這可以說是極具正負情愫交融
之心理狀態的典型表現。莎樂美更進一步指出，一開始，尼采只是帶著懷疑的心理對待
此一概念，而且認為需要透過物理學的科學實驗來檢驗，當是時，尼采甚至打算花個十
年的時間到維也納或巴黎大學修習自然科學呢（Klossowski,1997: 96）！基本上，克
洛索夫斯基同意莎樂美的評語，認為尼采提出此一概念與其健康狀況不佳、且對自身健
康總是擔著心的心理狀態有關（Klossowski,1997:96-97）。

❾ 對尼采而言，公正乃源自權力相當之雙方謀求公平交換的心理動力，因此，不管其情緒
反應是感激或仇恨，人對公正的要求乃來自人所具有之自我保全的本能性需求
（Nietzsche,1999a:49,§92）。

❿ 洛維特即曾經指出，海德格其實只是想從尼采的作品中讀出他自己的思想，以便在尼采
之中解釋他自己（Löwith,1997:225）。

的互動關係來統攝尼采畢生所關懷的課題（尤其後半期的作品）（Nehamas,1985）。以這樣的範疇架構為基礎，他分享著奎爾的意見，一致地認為，權能意志、虛無主義、永恆輪回、超克人與所有價值的重估等五項議題，乃是理解尼采思想不可或缺的核心概念❶。

　　底下，就讓我以此五個概念做為基座，並以最簡單的語言來總攝尼采的思想，之後，再進行更為細緻的討論：

　　（一）儘管虛無主義是尼采對西方人所持有有關諸多存有真理的歷史予以如是定義的一種稱呼，並加以批評，但是，它有一個更深沈的意義是值得注意的，此即：對尼采而言，存在的本身即是一種對價值不斷予以批判重估的生成（becoming）狀態，因此，存在本身既無定性，且無定相，套用佛家的用語來說，它本質上是「虛空緣成」的。

　　（二）永恆輪回乃是所有存有做為「如是」整體的基本存在形式（*existentia* of beings）。在現實的日常生活世界裡，人一直是存在於一種讓相同事件不斷重複輪回發生的場景當中，人們也永恆不斷地經歷和運用著相同的心智與感受機制（如權能意志不斷地自我增殖），而且主導著人存在的終極形上價值更是永恆不變的。因此，永恆輪回是人存在之一種具結構性的心理感知狀態，也同時是人依存的社會和物質條件所呈現具結構制約性的一

---

❶瓦蒂莫即認為，超克人、權能意志與永恆輪回是尼采（特別晚期）用來理解與批判其所處之完全組織與科技化的歐洲資本主義世界、並為歐洲人尋求出路的三個重要概念（Vattimo,2006:159,164）。另外，德勒茲則認為，權能意志、永恆輪回、虛無主義與差異等四個概念才是尼采思想的核心（Deleuze, 2006）。針對如此不同的意見，瓦蒂莫即暗示著，海德格所以有著這樣的解讀，基本上乃因忽視了尼采早期對道德、宗教與主體的討論所致（Vattimo,2006:185）。

種「命運」特質。

（三）接受存在的虛空緣起與永恆輪回乃是活絡人之存在的兩種質性，權能意志的有效運用則是證成人做為具主體能動性之存有體的最佳保證。借用海德格的存有哲學立場來說，尼采把權能意志當成是諸多存有的本質（*essentia* of beings），即諸多存有的絕一存有（Being of beings），是人具有之最重要、甚至是終極的存有潛能。

（四）超克人描繪的是，在（一）與（二）的存有前置條件下，人發揮權能意志重估所有價值，進而證成其自身做為具主體能動性的存有體，並為其做為如此諸多存有的整體所欲成就的一種人文性（humanity）的極致表現。在尼采心目中，這是人類應當努力追求的存在目標。

在下文適當的地方，我將以此一簡扼的總攝性敘述做為基礎，選擇尼采思想中的一些相關論述進行進一步的剖析，尤其是有關永恆輪回和超克人所可能開展的時代意義。不過，在進行這些論述之前，似乎有必要對尼采的基本思維模式先予以釐清。

第二節　柏拉圖以降之西方「哲學─宗教」傳統的歷史質性──一神化的思維─認知架構

一、古希臘哲學的啟示意義

在尼采的認知裡，哲學思考是人在特殊時空條件下的生命經驗產物，任何的哲學都只是對某一生命階段予以體認的思想結果，無法跨

越時空而有著普遍真理效準與實質意義的❶（Nietzsche,1999a:277,§
271）。尼采即指出，古希臘人（特別是蘇格拉底之「理性」哲學興
起前，如埃斯庫羅斯（Aeschylus）與索福克勒斯（Sophocles）等悲
劇作家）總是把哲學當作為一種知識性的態度養成，以協助人們經營
生命，強調的是把知識當成工具以便利於從事生活實踐，為的是肯證
生命的喜悅，並非追求知識本身❸（Nietzsche,1999a:259,§187,264-
265,§219;2002:8-9;2006:7）。這也就是說，蘇格拉底（透過柏拉圖）
前的古希臘哲學為的是追求性格的展現。尼采即這麼說道：「……希
臘人通過對生命的關切，通過一種理想的生命需求，遏制了他們原本
貪得無厭的求知慾，因為他們要體驗他們所學到的東西」❹
（Nietzsche,2006:8）。其中充滿對人之存在脈動的禮讚，尤其通過節
慶與藝術來展現生命意志的酒神戴奧尼修斯精神，更是體驗生命脈動
的根本所在。於此，尼采告訴我們，「人們要的不是別的什麼，而是
想有健康自信的感覺，顯示自己健康自信，……」，這更是一種「生
命的永恆輪迴；未來在過去中得到預告和供奉；對於超越死亡和變化
之生命的勝利首肯；通過生殖，通過性的神祕儀式，真正的生命做為
整體的繼續生存。…… 縱欲狂歡的心理做為一種漫溢的生命和力量

---

❶ 施及於科學知識，尼采認為亦復如是（Nietzsche,2010a:165-166,§2〔154〕）。

❸ 有關古希臘人把哲學當做經營一種生活方式（a way of life）來對待的詳細討論，參看
哈道特（Pierre Hadot, 1995）。在尼采的眼中，埃斯庫羅斯、索福克勒斯與歐理庇得
斯（Euripides）等三位最重要的悲劇作家中的歐理庇得斯已深受蘇格拉底之理性哲學
觀的影響，脫離了原有彰揚酒神戴奧尼修斯（Dionysus）精神的悲劇傳統，表現出來
的是一種「新喜劇」（New Comedy）（Nietzsche,1999b:54-64,§11-12）。

❹ 這可以做為區分尼采思想與過去西方主流哲學的重要分水嶺。尼采採取本能說，以諸如
知識本能（instinct of knowledge）或認知本能（cognitive instinct）與生命本能
（instinct of life）所體現的程度來區分蘇格拉底之前與之後之西方思想的不同。簡言
之，蘇格拉底之前的思想所以有此處引文的情形，乃因強調具潛意識特質的生命本能，
而蘇格拉底之後的思想（包含哲學思想、基督教道德意識，以至科學理性思維）則是讓
意識化的知識本能（或認知本能）過於膨脹的緣故。

感，甚至痛苦在此之中也做為興奮劑起效，這賦予我理解悲劇性情感的鑰匙，…… 超越恐懼和同情，成為生成之永恆的喜悅本身，這種喜悅還包含著對於毀滅的喜悅 ……」（Nietzsche, 2007d:186,189-190）。尼采於是乎稱呼自己是哲學家戴奧尼修斯最後的信徒，是永恆輪回的老師，更是一根敲毀諸多偶像的堅硬鎚子（Nietzsche, 2007d:190,191-192）。

　　不同於蘇格拉底之前的古希臘哲學，柏拉圖以一套抽象化之先驗理念做為形上學（metaphysics）的基礎搭架起知識系統❶。繼而，此

---

❶ 海德格即認為，柏拉圖關心的絕一存有（Being）作為理念（idea），本質上是形上學的課題，因此，形上學、理念主義與柏拉圖主義三者是同一回事。海德格接著指出，由於尼采討論的基本上亦是攸關絕一存有，因此，尼采的哲學也具有形上學色彩。然而，因為，就哲學發展史的角度來說，過去的所有形上學均是柏拉圖主義，尼采的思想是否即帶有著柏拉圖主義的色彩，於是成為不能不探究的問題。對此，海德格指出，尼采的絕一存有意涵的是價值，涉及的是保存與強化權能意志之可能性的條件，乃把柏拉圖式的「絕一存有」理念當成具可能性條件的存有性（beingness）看待，本質上是不同於柏拉圖的理念所指涉的，尤其是指涉到所有理念之先驗存在的本質理念（乃以雅典悲劇詩人阿伽通〔Agathon〕來表示「使適配」〔makes suitable〕或「至善〔至要〕的」〔summum bonum〕，意即讓所有的存有變得恰適地是存有）時，情形更加明顯。再者，柏拉圖此一理念性的絕一存有是以視覺為基礎之具此在（presence）與永恆（permanence）性質的一種本質（ousia）的表象（appearance），儘管它做為理念一直就是先於各種存有（beings）的條件（Heidegger,1982:164-165,167-172,176）。然而，海德格卻進一步地指出，透過主體性的形上學，我們可以把理念轉換成為知覺（perceptio），如此涉及的可能還是笛卡兒所處理之「我思故我在」的認知層次，尚未觸及尼采所關注之有關價值（因而權能意志）的估算問題，儘管尼采以真理意志做為一種特殊權能意志來解釋笛卡兒的命題（Heidegger,1982:174,177,178-179）。審視西方哲學發展史，海德格試著指出，在概念內涵上，尼采的權能意志（價值是其展現形式）與亞里斯多德的能量（energeia）較為親近，中間透過諸如赫爾德（Johann Gottfried Herder）、萊布尼茲與叔本華等人的思想構作，尼采乃以權能意志「能量化」了絕一存有。此一對存有概念的轉化，一則抬出了主體性（subjectivity）的概念，二則肯確了絕一存有與存有本身是分化（differentiated）的。這即意味著，存有本身並無特定的本質性，人總是以其所具有的理性官能來彩繪它。準此，海德格試著告訴我們，存有既是虛空（void），更可以是豐碩（abundance）的。顯得特別有意義的是，存有一概念乃由形上學的範疇轉為是一種受特定文化─歷史氛圍制約的世界觀（Weltanschuung）（Heidegger,1982:178-196）。瓦蒂莫即以海德格此一具歷史質性之絕一存有的命運（the "destiny" of Being）概念來為尼采的核心思想歸位（Vattimo,2006:144）。總之，以此論證做為基礎，海德格一則宣告了形上學的完成終結；二則透過絕一存有的發展史激發我們把柏拉圖的理念與尼采的價值拉到一條具演進歷史意涵的軸線上來予以定位。在這樣的陳述理路下，尼采的存有思想是否可以說依然還是柏拉圖主義呢？這無疑地是

一理念主義（idealism）的哲學，經過中古世紀基督教經院哲學的洗禮，形塑了強調「一神化」之獨斷形上學的柏拉圖主義（Platonism），從此成為主導西方哲學思考的基本座架❶ 。即使到了啟蒙運動時期，哲學家依舊守著如此之一神化的思維傳統，為特定的「形上學需要」所驅使來從事哲學思考，甚至擴及科學思想，以至於（至少）在哲學層次上使得宗教與科學巧妙地成為一個家族（Nietzsche,1999a:62,§110）。

　　總之，對尼采來說，相對於柏拉圖以後的「哲學家處於流放狀態，且密謀反抗自己的祖國」，古希臘的哲學家才是確實地保護並守候著自己的家園，他們追求知識的態度正是這個時代的人們所需要的（Nietzsche, 2006:14）。這也就是說，當代人需要的不是柏拉圖主義綿延下來的認知傳統，而是「一種陌生的、非邏輯的力量，即想像❶」（Nietzsche,2006:21）。基本上，這無法依靠一些先驗命題以及借助

有進一步斟酌的空間。

❶ 源自猶太教之基督教思想與來自愛琴海希臘之柏拉圖形上哲學的巧妙結合，可以說純然是一種歷史條件隨制地（contingent）予以制約的結果。尼采即指出，單就宗教的角度來看，基督教並不具愛琴海性格，因為他們信奉單一神祇，並奉為至高無上的主人，缺乏古希臘的多神信仰與人神交戰的焦慮感。對尼采而言，這樣的單一主人信仰正是基督教缺乏彈性，具有著亞細亞性（Asiatic）、野蠻與卑鄙的致命毀滅性特質（Nietzsche,1999a:66,§114）。

❶ 譬如，尼采以泰勒斯（Thales of Miletus）認定水是一切存在的本質性基礎為例來說明柏拉圖之前的古希臘哲學的基本意涵（同理可以推論到赫拉克利圖斯〔Heraclitus〕之主張火是一切的本質上面）。他認為，撇開其對有關物理現象之理解的經驗有限性不論，當泰勒斯這麼說，其實是強調水所具有的「潮溼」特性乃是認識事物之「一切是一」的根本判準，而由此展開一切的想像感受。尼采即這麼說道：「當泰勒斯說『一切是水』的時候，人類就走出了個別科學蠕蟲式的盲目摸索和爬行，預感到了事物的最終答案，並通過這種預感克服了低級認知水平的一般限制」（Nietzsche,2006:24-25）。這樣源於神祕直觀之形上學信念的「一切是一」提陳，很明顯地充滿著驚奇想像與遊戲喜悅的偉大詩性創造，重視的是現象之一種整體性的不斷轉化生成，而不是具經驗檢證性的實證科學分析。這樣的說法提示著下文將提到之「觀點論」的基本立場，衍推下來，強調具理性特質的科學方法與邏輯一致性，其實也不過是施用於理解和詮釋世界的一種特殊觀點而已，而且是一種沒有豐富想像力的定型觀點。

邏輯、因果律與辯證法（乃至科學方法）等等一向被視為確立具立即確定性（immediate certainty）的理性思維方式來搭架的⓲（Nietzsche, 2002:17,§17;21-22,§21;2007c:413-415;2007d:41-61）。

二、對基督教道德觀的翻轉

　　與批評哲學思想的社會（歷史）質性一樣，尼采認為，任何德性都歸屬於特定的時代，總是因情勢轉變而需要有所變異⓳（Nietzsche, 1974:198,§159）。在《道德系譜學》（*Zur Genealogie der Moral*）一書的序言中，尼采即明確地指出，道德（因而，善與惡的區分）是一種人為建構的社會現象⓴，需要回歸到歷史來予以註解。在這樣的認知架構下，研究道德事實上即是一種解經藝術，而就符號學的角度來說，則是一項有關人類過去道德的象形文字劇本，難以完全解讀。因此，我們必須像母牛這樣溫和的反芻動物一般，細細反芻沉思道德的

⓲ 對尼采而言，道德世界也是一樣的，為的是確立具立即確定性的行為（Nietzsche, 2002:34-35,§34）。

⓳ 至於有關尼采對自己如何（與何以）致力於道德之批判研究的描繪，參看尼采（1994a: 3-10）。

⓴ 尼采即曾經說道過：「當我到了人類跟前，我發覺他們踞於古老的狂妄之上。……當我教導：關於什麼是善，什麼是惡，尚無人知曉——除了創造者」（Nietzsche,2009: 328）。另外，尼采指出，回溯到古希臘，人們總是從上往下看，善良（good）、高貴（noble）、貞潔（virtuous）、強壯（strong）、快樂（happy）、愉快（pleasing）等等原本即是用來形容統治階層的貴族性靈魂，相反的，總是把尋常（common）、庶民（plebeian）、低下（low）等等轉形為「壞」（bad）的概念（Nietzsche,1994a: 14-15）。又，在拉丁文中，善良（good, *bonus or bonum*）乃與戰鬥（warfare）有關，除了意指強壯之外，尚意指誠實（truthful）、忠誠（faithful）、勇於作戰（courageous in battle）或如神祇般（godlike）（Nietzsche,1994a:15-18）。但是，當代以平權（egalitarian）與效用（utilitarian）為主調的所謂猶太—基督道德（Judeo-Christian morality）卻以社會底層帶著怨憤（*resentiment*）成分的奴隸革命（slave revolt）意識翻轉了古典希臘—羅馬貴族道德。此時，一向被視為善良的諸如好戰、強壯和攻擊性等等質性則被翻轉貶抑為壞與惡的，而過去被輕蔑的懦弱、被動和溫順等等質性則成為善良與良好的代名詞（Nietzsche,1994a:21-24,155;1999a:316-318）。很明顯的，這一切意味著，善與惡（好與壞）的內涵基本上乃由社會裡的優勢階層界定著。

歷史根源和其發展，絕不能以狡黠、卑鄙、偏見、有著預設意圖或是架設在諸如上帝與康德之先驗的無上命令（categorical imperative）等等他稱之為道德偏見（moral prejudices）來設定整個問題（Nietzsche,1994a:5,9,10; 同時參看 Nietzsche, 2005:9-11,§10-12;2007d:89-96; Allison,2001:196-197）。以此為基本前提，尼采做了如是的提示：回顧過去人類的歷史軌跡，原先，一項行動是否有價值乃取決於其結果，亦即，人們由結果來論斷行動的意涵，尼采稱之為人文性的前道德時期（*pre-moral* period of humanity），此時人們並不嘗試「了解你自己」的。不過，到了人們學會創造一種使得某一意圖由來的源起狀態（origin out of an *intention*）來彰顯行動的價值時，予以形上化的道德意識隨即浮現出來。就尼采的立場，這樣被形上化的道德意識基本上是一種特殊定見、也經常是魯莽的作為（Nietzsche, 2002:32-33,§32）。

回顧西方宗教的發展系譜，尼采發現，其中最典型且居優勢的形式莫過於是體現在基督教的道德觀當中。他以犀利的獨到眼光指點出，基本上，基督教以罪與罰做為核心機制概念㉑來形塑、並確保基本道德觀，亦即：由基於效用與特定目的轉至以追求上帝恩寵來消除原罪做為形塑道德的原則。追求上帝恩寵遂成為道德所以需要的源起狀態㉒。就實際的歷史場景而言，尼采則告訴我們，這樣的倫理意識

㉑對尼采而言，良心問題不等於是罪與罰的因果問題（Nietzsche,2007c:261,§208）。他堅定地告訴人們，基督教基本上是蔑視塵世的，天真地把無知看成是美德，而這種天真（也是奴隸道德）最經常呈現的結果是產生罪疚、罪惡感和絕望的心理。「……只有在這種罪惡和絕望中，基督教之拯救的陰鬱前廳才會開啟，對死後的第二次天真的許諾才會有意義。天真，一種繞道地獄通向天堂的美德。這是基督教最奇妙的發明之一」（Nietzsche,2007c:308-309,§321）。

㉒正如尼采所指出的，這樣的源起狀態本質上是形上化的，而非具相當程度之經驗可證性的人類學源起狀態，因此純然是一種具權力形式的武斷規定。

可以說是兩股勢力鬥爭所呈現出來的邊際結果。這兩股勢力之一是騎士—貴族集團；另一則是教會的教士集團。前者代表的是有著強勢權能者，強調健壯的體魄以及旺盛、豐碩、乃至是亢奮的良質健康，肯定諸如戰爭、冒險、狩獵、跳舞、馬上槍術比賽等等足以維持自由、愉快而強壯之行動的活動。至於後者，代表的是弱勢者，基本心態是怨憤（resentiment）與報復（revenge），視上述諸等活動（尤其戰爭）為悲哀的預兆，強調的是忍受、犧牲、奉獻、或拯救的精神等等，而這些精神基本上乃來自猶太人生做為奴隸❷❸的歷史傳統（Nietzsche, 1994a:18-19;2002:84,§195; 同時參看 Nietzsche,1974:187-190,§135-141;2002:48-49,§52）。

　　在尼采的眼中，教士於是乎是較嬌弱動物的首先形式，較易有的是蔑視多於怨憤。面對著兇猛威武的騎士—貴族集團，教士做為牧羊人，只能以冷靜、應變、狡黠的伎倆來應對前者所施放的暴力性權能運作，尤其，為人們所產生的怨憤心理給予適當的疏導，講究自我規訓、監控與克服的禁慾理想，也跟著成為他們肯定的信念。尼采因而有了一個說法：道德本身即馴怯（morality as timidity）（Nietzsche, 1994a:98,100;2002:86,§198）。即使是高舉著非道德的旗幟來對道德進行革命反動的本身也是脆弱的，因為他們都一樣地重視道德本身在社會結構（特別制度化）面向上的優位性，只是分別站在兩個不同的端點而已（參看 Vattimo,2006:163）。這也就是說，這樣的（奴隸）道德意識是被動，也是反動的，缺乏由內心而發的主動性，放棄了真正且主動的能動性，有的只是怨憤與報復心理。「如此的怨憤人既非

---

❷❸ 尼采引自泰西塔斯（Tacitus）之《歷史》（Historiae）一書（Nietzsche,2002:84,§195）。尼采於是乎稱之為奴隸道德（Nietzsche,1994a）。

正直也非純潔，既非誠實也非率直地對著自己。他的靈魂偏斜著，他的心靈喜愛黑暗的角落、秘密的通道和後門，任何事都是偷偷摸摸地以自己的世界、安全與舒適為訴求。他所知道的是保持緘默，而不是遺忘、等待、暫時的謙遜和貶抑自己」。於是，這種人基本上是處於「中毒、麻痺、休息、平靜、安息、心思鬆散、四肢伸坦，簡言之，即某種被動」的狀態之下（Nietzsche,1994a:23,I,§10）。

對尼采而言，無疑的，柏拉圖形上哲學結合著基督教教義構作了單一（且獨斷）的形上信念，它所形塑的「奴隸道德」意識壟斷了一切，才是整個問題的根本。這樣一種對道德意識的歷史性關照，可以說是理解整個尼采有關道德意識之論述的關鍵所在，其特別予以關照的則是道德形塑的動機與制度化過程。

基本上，尼采視道德與不道德是一體的兩面，或謂連體嬰。他即曾經下過這樣的論斷：「人們企圖促使人文性變成道德的所有手段都是透過不道德」，因此，「道德是不道德的一種特殊案例」（Nietzsche,1968:172,§308, 同時參看 221,§410,253-254,§461）。尤其，回顧前面剛剛提過的歷史背景，我們可以獲得一個簡單的結論：為了鞏固既有的權力關係或社會體制，在權者透過權威體由上而下地來形塑「傳統」，而這個傳統首先凝聚出以民德（mores）為基本規範形式的道德意識（以尼采的術語來說，即奴隸道德），並透過良心譴責（bad conscience）❷❹的心理機制，命令人們服從著❷❺（Nietzsche,

---

❷❹根據尼采的意見，懲罰的威脅乃構成良心譴責的核心成分，而記憶則是帶來了對懲罰的恐懼，它讓人們採取內化（internalization）方式把具攻擊性之奔放的本能衝動壓抑住，如此，帶來了具有著債權─債務關係之欠債性質的罪行（guilt）道德感，而良心譴責即是用來強化對此種罪行忍受有著具道德意涵之自我解釋的一種內化現象。尼采認為，這樣的現象來自於施行專制統治的遠古部落社會，乃是統治階層運用的一種統治術，原是以祖靈做為威脅道具，後來（特別是經過基督教之原罪〔original sin〕概念的洗禮）則轉以神祇為訴求對象，甚至進而抽象化，有著無限衍生的情形（參看

1999a:51-52,53,I,§96,§99;231-232,II,§89）。尼采即認為，即使到了強調自由意志之自由主義發皇的時代，人們亦復假正義之名，並以諸如責任、罪行、與懲罰等等名義來進行道德管制（Nietzsche,1994a: 56-59,§13,14）。轉個說法，這是一種宰制，也是一種對特定現象的解釋，或更精確地說，是一種誤解（Nietzsche,2007a:89-90,VII,§1）。

於是乎，對尼采來說，根本就沒有所謂道德事實這麼一回事（Nietzsche,2007d: 89-90,VII,§1）。顯然的，這是一種採取先驗立場，而非如涂爾幹從社會經驗事實角度來檢證的說法。準此，善與惡的行為只是定義與詮釋的人為作為，其間的差異不是在於類屬，至多只是程度的差別而已。我們甚至可以說，「善行乃是被昇華的惡行，而惡行則是粗鄙而殘酷的善舉而已」（Nietzsche,1999a:58,I,§107）。尼采所以這麼說，目的似乎是在於「要證明所有的事件具有著絕對的同質性，道德區分的運用乃為觀點所制約，進而，也是要證明所有被讚美是道德的東西，本質上與任何不道德的是一樣的」（Nietzsche, 1968:155,§272）。這麼一來，假若倫理道德還需要的話，我們首先必須超越善與惡二元互斥對彰（但實則是一體之兩面）的道德觀來重新構作倫理意識了❷❻。

總地來說，尼采堅信，根據基督教的信念，即使具原罪的人類本身再怎麼努力行「善」，將都是無助的，因為他只能完全仰賴上帝的恩典來獲得救贖，況且，還不知自己是否有機會蒙受上帝恩寵而獲得

Nietzsche,1994a:41-42,43-46,56-58,59-60,II,book 2,§5,6,13,15）。

❷❺ 就尼采的立場來說，這即是「不道德」的。

❷❻ 以考夫曼（Kaufmann,1974a:297）的說法，即同時超越主人和奴隸道德。無疑的，尼采此一說法可以做為麥金泰爾（MacIntyre,1981）之情境倫理（situated ethics）論點的後盾。

召喚呢？然而，在這樣道德意識以制度化形式由上而下一以貫之地予以貫徹的情形之下，一般人的道德意識卻總是隨著社會化的機制內化進入人的心靈底處，不自主地接受、並遵行著。尼采即這麼說道：「我不知道何以如此地正做著！我不知道何以必須是這麼地做！——你是對的，但確認這樣的情形：你將是被安排做上著！在任何的時刻裡！人類從來就是把主動與被動混淆著，這總是他們在文法上的永遠失誤」（Nietzsche,1997:76-77,§120）。於是，所有的人基本上都被劃為是同一類的存在體——脆弱、無感、缺乏個性，而且愚蠢到連數數兒時「真地還數不到三」呢 ❷❼（Nietzsche,1999a:67,68,§116,117,121）！

　　對尼采而言，人做為一種同時兼具思維與感情的存有體，最為關鍵的是具有著持續、主動而自主生存的勇氣。他所以詬病基督教文化傳統倡言的憐憫，正在於因為相對於這樣之人的自主生存特質，此一建立在憐憫上面的道德意識是一種「奴隸意識」，代表著人類中最醜陋的人的特質，顯現的是人類陰暗的面向，即以自我褻瀆來證成自己有著令人感到羞愧的「醜陋」——例如，在上帝面前自認墮落（因而有罪）地一再自我矮化 ❷❽。毋寧的，人們需要的愛是以超越憐憫心理

---

❷❼ 尼采認為，採取心理學的立場來審視，基督教的教義所以不可取，甚至終會被消滅，是因為它運用了錯誤的心理學，背離了理性與想像力，企圖以純粹幻想方式來解釋人的動機與經驗所導致的（Nietzsche,1999a:73,I,§135）。

❷❽ 在尼采的眼中，人類的最醜陋之處即是以如此一種自我褻瀆的方式「謀殺」了上帝。所以，「上帝同樣有他的地獄，那就是他對人類的愛」、「上帝死了，他死於對人類的憐憫」（間接引自 Rosen, 2003:247）。在《查拉圖斯特拉》一書第四卷中之〈最醜陋的人〉一章的最後段落，尼采就這麼說著：

「人類是多麼可憐啊！」他（按：指書中主角查拉圖斯特拉）對自己的內心思忖道，「多麼醜陋，如何氣喘吁吁，充滿多少隱秘的恥辱啊！」

有人對我說，人類愛自己；唉，這口愛得要多大才行呀！他有多少反對自身的輕視呀！

連這裡的這個人也愛自己，一如蔑視自己——我以為，他是一位偉大的愛者，亦是一位

來自救，才可能尋找到真正出路，也才能擺脫醜陋，展現出存在自身的美麗尊嚴。

追根究柢地來看，誠如尼采一再提示的，我們可以把道德看成為只是一種具符號學意涵的價值體現而已。本質上，它是一種具集體意涵的文化表現，轉化地表顯著隱藏在共處特定文化—歷史脈絡下之人們內心世界的種種焦慮，因此是以具「症候」性質的價值來呈顯。於是，人類使用著如是的道德只不過是一種攸關手段的選擇，就其根源而言，本質上是非道德性的㉙（Nietzsche,2007d:90,96）。針對尼采如此以「非道德論」立場來拆解道德意識的牢籠，他給了人們這樣的一個啟示：「我們不應當不斷地攻擊著道德，而是不再把它列入考慮之中」（Nietzsche,2007b:62）；換句話說，人們應當學習對道德意識與行動的選擇減低感傷，並且接受自利㉚是自然的，恢復其在行動上原有的價值——亦即把一向人們對這些行動認定的良心譴責成份清除掉（Nietzsche,1997:93,§148）。再者，在此，需要一併提示的是，儘管尼采並不完全否定從效用與目的的角度來審視道德問題，但是，這不是他所以極力抨擊基督教思想的最根本理由。這個理由毋寧地是落實在一個基本的見解上面：對一個成熟的人，最終、也是最根本的道德判定，應當是立基於人自身的自我慎思，以確認什麼是有用與榮譽的（Nietzsche,1999a:50-51,§94,95）。

偉大的蔑視者。

我尚未發現一個比他更深切蔑視自己的人；這也是一種高度啊。唉，我聽見其呼喊的那個更高的人，也許就是他吧？

我愛那些偉大的蔑視者，但人是某種必須被超越的東西（Nietzsche,2009: 433）。

㉙ 這可以說是尼采所以主張規範多元化、且諸神可以交戰著的基本認知基礎（Nietzsche,1974:191-192,§143,144）。

㉚ 因為人們總是認為利他才是道德的顯現根本，而自利則是讓道德有所毀損的重要因素。

三、回歸人本身之初基質性的思維模式

尼采如此以回歸到人自身來尋找道德的形塑基礎，無疑地與其以
「本能」架出人之存在景象的思維模式有著一定的親近關係。基本
上，尼采乃以自我保全本能（instinct for self preservation）與其強化
做為界定人存在的基石❸。這很明顯地意味著，人的存在本質是謀求
自利的，甚至，任何的犧牲作為其實都有著自利的成份❸。最值得注
意的是，尼采認為，一旦諸如「熱情奉獻自己」或「自我犧牲」這樣
的道德格言被內化成為發自內心的信念時，人們體驗到的不是痛苦，
而是一種讓人迷戀和狂喜的思想，這構成為人們所獻身之更有力量的
神與人存在的一部分。此時，這種「可鄙」的道德是禁止酒神戴奧尼
修斯所呈顯陶醉而放縱的炎熱情懷，儘管這是半野蠻時代的道德「原
型」。其所以如此，乃因為人們總是假所謂理性、但卻是血腥的作為
來鎮壓那些追求陶醉與放縱的「異端」（Nietzsche,2007c:264-265,
267）。於是，不論是同情、榮譽、讚美、寬恕或和善等等美德，它
們總是被用成為傷害別人的正當利器，並且受到讚揚❸。

---

❸ 儘管尼采此一概念與霍布斯的古典主張有著一定的親近性，但是，基本上，尼采是極端
看不起英國「哲學」的。他即認為，英國人不是具哲學性的種族，正是這個特質才使得
英國人更需要基督教。尤有進之的，德國精神向所極端厭惡的所謂現代觀念或十八世紀
觀念，或甚至法國觀念，其實都是源自英國（應是指經驗主義，尤其重視功利效用的功
效主義）（Nietzsche,2002:143-145,§252,253）。

❸ 這樣的論點在尼采的著作中到處可見，一個明例可參看尼采（Nietzsche,2002:112,
§220）。

❸ 尼采在其著作中總是不時揶揄著基督教所設定的種種「美德」，譬如，他就這麼寫道：
「可怕之德──『他記得一切，但他寬恕一切』──這將使得人加倍恨他，因為通過其
記憶和通過其寬大態度，他二次羞辱於人」；「犧牲之智──我們自欺地以為，當我們為
某人犧牲我們自己時，我們是在造成一種情勢，使該人只像我們希望他那樣，即以我們
為犧牲對象的身份，對我們出現：這是可哀的智慧」（Nietzsche,2007c:334,§393；
420,§420）。尼采更質疑：「若一個人以相信道德事物的不可理解性為樂；若一個人仍
然真誠地相信上天的啟示、奇蹟和靈現，相信蟾蜍的形而上的醜陋，我們難道會以為這
樣一個人會對有關道德事物的真正知識感興趣嗎？」（Nietzsche,2007c:191,§142）

　　行文至此，我們不免要問道：尼采是以怎樣的方式來供奉著自我保全本能，以成就具有正面之積極意義的道德意識呢？為了回應這樣的問題，我們得先審視尼采對另一個發生於十九世紀歐洲世界的歷史趨勢到底有著怎樣的看法。

　　尼采逆反著正統的觀點重新詮釋道德，在世俗人們的眼中，絕對是叛逆的異端，但是，極為弔詭的，這暗地裡卻是相當程度地呼應著十九世紀歐洲世界強調人之自主性的自由主義思想的，只不過，尼采並不盲從於來自英法兩國以彰顯個人持具為本、且力主契約為綱的自由主義。毋寧的，他看到了這樣依附在人民（people）（與大眾〔mass〕）之均值人（average man）概念上面之契約自由主義傳統在思想上可能佈下的「陷阱」。

　　尼采清楚而犀利地看出，均值人的概念預設著，平均值具有著至高無上的價值，於是乎，「多數」是確立道德價值之正當性的基礎。尼采稱呼這樣之道德價值的確立，是一種群盲動物（herd animals）的道德，可以說是任何一個自詡是民主的社會所內涵的基本結構理路（Nietzsche,1968:159,§280）。然而，弔詭的是，此一立基於至高無上之群盲慾望的道德意識，卻一再地接受著（基督）宗教之一神至上信念的協助，讓人們阿諛著，也使得人們一直沈溺於其中，並且愈來愈明顯地深植在政治與社會制度之中。尼采發現，在這樣的社會裡，一些沒有耐心、對群盲本能有著病態性之沈溺的人們總是認為，其所彰顯那種建立在「大眾」群盲意志上之道德意識的步調，還是太過緩慢，也太懶散、冷漠。於是，在整個歐洲，一向即挾持著基督教之憐憫忍受者的「奴隸」道德意識，依舊毫無掩飾地到處瘋狂咆哮著。尼采即以極其嘲笑口吻來諷刺這些人，其中，最具典型的極端者莫過於是他稱之為「無政府主義之犬」的社會主義者（Nietzsche,2002:89-92,

§202-203）。

　　尼采這樣的論調背後有著相當明顯的意涵，它乃意味著，尼采是極端不信任、更是輕視著那些挾持著「人生而自由且平等」信念之「庸俗」均值人自許是決定一切的歷史主體，也無法接受他們的政治信念做為重估一切價值的基礎，不管它是托身於民主自由的資本主義或社會主義體制。對尼采來說，把自由主義的主張提升做為形塑道德信念的根本依據，乃削弱了個體人的權能意志，等於把山岳與峽谷的落差抹平掉。它提倡的是肯定渺小（即均值人）、怯弱和享受，勝利的只是動物群體。難怪尼采會以那麼刻薄的口吻說道：「自由主義，用德語說，是畜群動物化」（Nietzsche,2007d:159-160）。同時，也難怪他會如此一般地闡明自己的立場：「我的哲學乃朝向成就一個有等級的次序（*Rangordnung*），而非個人主義化的道德」（Nietzsche,1968:162,§287; 同時參看 Nietzsche,2002:151-153,§257, 259）。如此一來，現實地來看，尼采強調的顯然地理應是在社會體制壓制下之個體自身的自我解放與自我實現。只是，他絕不像強調人人平等且自由的個人主義者，單純而庸俗地以為透過（民主）制度的落實，即能保障了個人自我實現的契機。尼采所看重的毋寧地是肯定透過個人修養貞定之那種深具貴族氣息的個人主義者，倘若我們還可以宣稱他是個人主義者 ❸❹ 的話（參看 Ansell-Pearson,1994:x）。依著這樣的見解，

---

❸❹ 假若我們依照著以持具個體（possessive individual）為本的英國自由主義傳統來界定，誠如尼采自己認定的，他當然不能說是個人主義者。針對英國自由主義傳統所意涵的個人主義，尼采即曾經這麼地寫道：「個人主義乃是『權力意志』（案：即本文中所謂的『權能意志』）的一個簡樸的和尚未自覺的種類；個人覺得已經足以擺脫一種社會優勢力量（無論是國家的還是教會的……）。個人並非與作為有格之人（person）的自身對立起來，而只是作為個別的人；他代表所有個人與總體性相對立。這就是說，他本能地把自身等同為每個個別的人；他並非作為有格之人，而是作為與總體性對立的個別人而去奪取他要取得的東西」（Nietzsche,2010a:572,§10〔82〕）。顯然的，尼采所肯定那種透過個人修養貞定之具貴族氣息的「個人」，則不是這樣的，他是一個具有自我

倘若還允許我們宣稱尼采有著自由主義色彩的話，那麼，極為諷刺的，政治並非成就人人平等的「表面自由」人，而僅是創造偉大而高貴人格之「內涵自由」人的一種工具而已。

　　情形可以說已經是相當明朗的：對於價值（包含道德意識）的形塑，尼采看重的是具有非凡例外之個體性特質的權能意志運作，而不是依附在制度下，企圖透過平凡例行化之結構理路的高度而恆定的制約，以俾讓集體施為者有著施放權能意志來催引具能動性之效果的作為，因為後者所形塑的，無論就廣義的價值或狹義的倫理道德來說，都必然有著被異化宰制的情形發生。這也就是說，任何意圖透過具集體形式的道德意識（如風俗習慣、倫理、法律等等），尤其是經由政治權力的制約機制，來成就完整而自主的主體能動性，基本上都是奢望，本質上，兩者是相互扞格著，因為平凡例行化之結構理路的制約總是要求著人們有著不自主的慣性作為，以至於難以產生具高度自主之自我意識的主體能動性。因此，誠如安塞爾・皮爾遜（Keith Ansell-Pearson）所提示的，在尼采的思想裡，基本上，沒有所謂正當性（legitimacy）的問題，社會秩序的合理性並不在於其所依據的道德目的，而是在於它的存在是否能夠產生一種「被選擇出來的人」（Ansell-Pearson,2005:109-110; 同時參看 Nietzsche,2002:152，§258）。這麼一來，任何的道德意識要能具有展現完整而自主之主體能動性的契機，只能仰賴個體的權能意志來成就，而且，也只有透過這樣之個別個體的個體化方式來成就，人類整體文明的彰揚才得以逐步地展現

判斷、主張、決定、創造等等具獨立自主能力的「有格」個體——一個具自我超克的孤獨個體。就西方哲學發展史的角度來看，至少與馬克思從歷史角度來看人性與個體性相比較，尼采之「自然化」人性與個體性的觀點可以說是具有著一定的意義的，沙赫特（R. Schacht）即稱尼采的人性觀是一種哲學上的人類學轉移（an anthropological shift in philosophy）（Schacht, 1988:71; 同時參看 Forbes,1991）。

出來。總地來說,這樣之對道德意識形塑的翻轉論述,不只是肯定著顛倒了信念一神化的優勢傳統,在重新構思哲學、宗教信仰和道德信念的努力過程中,確實具有著歷史演化的意義。更重要的,透過此一論述,尼采為自己砌塑了一個極具原創的方法論與認識論,對其思想的發展有著極為關鍵性的作用。

第三節　觀點論(perspectivism)與其衍生的社會學意涵

有了上面扼要的描繪,我們就可以明白何以尼采會對十八世紀視理性(尤其科學理性)為獲致普遍有效真理之絕對保證的啟蒙運動有所質疑,並視此一運動活潑的時代為「盲目而熱烈的世紀」。在尼采的眼中,整個歷史場景的社會學特質,其實並沒有因為理性的宣揚而有了根本的改變。啟蒙運動帶來多有的,只不過是把理性予以道德倫理化而已㉟,情形與中古世紀的宗教崇拜本質上並無二致。尼采即誠摯地告訴我們,儘管十八世紀的啟蒙運動現實上似乎為歐洲人帶來了許多文化成果(如科學理性的彰揚),但是,時至他生活的時代,一切所呈現的依然充滿著悲劇時代的性格,道德與宗教還是以至高無上的身分位居絕對主導地位(Nietzsche,1974: 74, §1)。毋庸置疑的,這樣的歷史場景是尼采所不能忍受的,他所以極力主張摧毀基督教之罪與罰道德觀的獨斷局面,也就可以理解了㊱。無怪乎,針對那些始

㉟ 參看《朝霞》一書之普茲(Pütz)版註(Nietzsche,2007c:34)。

㊱ 洛維特指出,在尼采之前的德國,批評基督教(甚至反基督)其實已是知識界的一股潮流(如黑格爾、費爾巴哈〔Ludwig Feuerbach〕、盧格〔Arnold Ruge〕、施蒂納〔Max Stirner〕、馬克思、鮑爾〔Bruno Bauer〕等等),尼采的「超克人」概念也可以在基督教的哲學規定裡找到源頭,原初指的是神人和基督人。只是,在反基督的旗幟下,尼采把超克人朝向人自身的自我克服上面來彰揚(Löwith,2006:248-253,437-520;同時參看 Löwith,1997:36-55,122-155)。

終是「馴怯」地依附在傳統道德觀庇蔭下的「群盲」，他會這麼說著：「只要你一直以任何方式在你自己面前感到羞恥，你就還不是屬於我們這類人」（Nietzsche,1974:164,§107; 220,§275）。總之，這一切在在顯示著，尼采嚴厲地批判著十八世紀的「啟蒙」，不過，若說他是一位另類的啟蒙者❸，應當是不為過的。

尼采到底挑動了怎樣之具啟發性的啟蒙作用呢？這得從他以語言史學家（或謂文獻史家）（philologist）的身分開始做為「學者」轉至從事哲學性的批判論述的生命處境談起❸。根據瓦蒂莫的意見，尼采這樣之學術活動的轉移，具有一項重要的特殊意義，即：這使得尼采強調以具人文意涵之古典文化研究的立場來考察當代與過去的關係（特別指涉哲學思維），特別是在於揭露文化（與文明）底層中的非理性元素，因為，在尼采的眼中，這正是語言史學家的基本任務（Vattimo,2006:40-42, 51）。把這兩個特點連在一齊，可以說即開展了尼采思想的三樣特質：（一）從事哲學性的探索時，應當重視歷史，因而必然地有著觀點；（二）以文明中蘊藏之具酒神特質的非理性源起基素做為基軸進行系譜學的探索；（三）不承認人的世界裡存有著絕對客觀的真理。在此，讓我們先選擇（一）做為切入尼采思想的起點來加以討論。

從前面的論述，我們很清楚地看到，尼采認定，在整個西方歷史

---

❸ 羅森（Stenley Rosen）即認為，對那些代表著現代知識與精神的恐怖主義形式者而言，尼采可以說是先驅。「做為這樣一個先驅，他（按：指尼采）就啟蒙的內部黑暗方面對我們進行啟蒙。尼采本人不可避免地是一個啟蒙的人物，但是一種自食其果的啟蒙人物，就像蛇吞下自己的尾巴一樣。因此，啟蒙的面具實質上是啟蒙本身」（Rosen, 2003:7）。

❸ 一八六九年受到里奇爾（Friedrich Wilhelm Ritschl）的推薦，尼采在尚未獲得博士學位前即受聘於瑞士的巴塞爾大學（University of Basle），主要的任務即教授古典語言史學。

進程中，基督教、道德與柏拉圖形上學三者其實是三位一體的，共同供奉著穩定不變、且獨斷至高（如上帝、至善或絕對存有等等）的絕對理念。此三者共體所形構的哲學是一種不折不扣的虛無主義，壓制、約束著人類的心靈，我們需要從中解放出來，而這也正是希望做個具自主人格之「超克人」的當代人所必須承擔的基本鬥爭任務㊴（Nietzsche,2010b:712,§22〔24〕）。這樣的設準點，使得尼采在面對著整個西方思維（認知）模式傳統時，所遭遇的敵人並不是單一，而是多元、且具有機性的，他勢必採取具多面性之總體陣地作戰的策略。一方面，他抗拒柏拉圖以後之絕對理念具絕對優位性的哲學思維系統。二方面，他又得攻擊基督教以上帝為先驗的終極絕一存有來詮釋（與決定）人之處境的道德傳統。三方面，尼采一直懷疑著以普遍理性架出真理（包含進步的概念）來恐嚇、迷惑、或討好大眾的現代科學理性思想（也包含構作科學理性的基本工具，如邏輯、實證科學研究方法與辯證法等等）㊵（Nietzsche,1968:324,§594）。

　　反過來看，尼采如此的見解實乃意味著，人們需要的是足以用來解放人自身的另類感知（也是知識）模式，這樣的模式，簡單地說，即力圖擺脫柏拉圖以降西方哲學所特別強調的概念認知模式，轉至肯確人所彰顯之多采多姿的情緒感知具有著優位性。對以如此感性為本經營出來的知識，因為它能夠與真實自然的生命體驗產生共鳴的抖

㊴ 拯救基督教的是反基督；拯救道德的是非道德；拯救宣稱真理的形上學則是自由精神（Nietzsche,2010b:712,§22〔24〕）。無怪乎，在副標題是「未來哲學序曲」之《善惡的彼岸》一書中論及哲學時，尼采牽涉到的是有關道德與宗教，而非柏拉圖或亞里斯多德所看重的政治。同時，他採取的更是以超越道德（所以才是「善惡的彼岸」）的人文本位立場來予以闡述（Nietzsche,2002）。至於有關虛無主義與超克人的討論，將在下文中進行。尤其，有關超克人的討論將是論述的重點。

㊵ 有關尼采對科學的批判態度以及力圖以藝術來拯救人的存在意義的討論，參看尼采（1974:105-106,§37;1994a:115-117,120-123,III,§23,§25;1999a:119-120,121,I,§252,256;1999b:71-75,§15;2009: 404-409,484-487）。

動，尼采於是以輕盈科學（*the gay science, Die Fröhliche Wissenschaft*）❹來稱呼（同時參看 Nietzsche,2002:15,§14）。

---

❹ 德文 Wissenschaft 的涵意遠遠超過英文的科學（science）一概念所可能意指的，它尚可觸及智慧（wisdom）。但是，根據考夫曼的意見，在此，尼采所意圖表現的卻僅只是狹義的科學概念而已，並無意涵蓋智慧的意思。考夫曼更進一步地指出，尼采所以稱呼科學是輕盈的——但並非快活的（cheerful），實有著弦外之音的用意，乃企圖以輕盈態度來蔑視一般以極其神聖、嚴肅而厚重的態度對待科學一概念的慣性看法，這被認為正呼應著尼采之非道德主義的基本立場與「重估一切價值」的一貫意圖。其中最為根本的是，尼采一向即偏好南歐重熱情的精神，喜歡現代歐洲詩歌發源地——普羅旺斯（Provence）這個地方，讚揚著普羅旺斯式那種集歌詠者、騎士和自由精神於一體的輕盈科學（*La gaya scienza*）概念（Kaufmann,1974b:4,5-7; 同時參看 Allison,2001: 74）。這樣強調輕快腳步、嬉笑者和舞者的感性性精神，正好與尼采一向所批判與嘲笑那種嚴肅而正經八百地重視專業學術的德國「優良」傳統是相遠離著（參看 Nietzsche,1974:158-162,§103-105;357-310,§357;2002:131,§240;2007b:82-87; 2007d:97-108）。特別值得一提的是，在一八八一年尼采撰寫《輕盈科學》時，他正在閱讀自稱「一個愉悅科學的教授」（a professor of the Joyous Science）之愛默生的作品。根據既有文獻所顯示的，尼采一向即甚喜愛愛默生的作品，受其影響甚深（Kaufmann,1974b:7-13）。總之，尼采認為人類的存在基礎乃在於創造有情緒感受的愉悅生活，因此，科學（或謂知識本身）不應是嚴肅而冰冷無情，更不能只是單純的理性工具，理當是以創造輕快而愉悅的心靈感應為根本（Nietzsche,1974:86,§12;178-180,§123）。尼采即指出，在他之前的幾個世紀裡，科學被鼓勵，也日益發達，但是，有著三類相當明顯的誤解：（一）經由科學來瞭解上帝的良意與智慧（如牛頓）、（二）科學知識是有效用的，特別是可以讓道德、知識與快樂親密地聯結在一齊（如伏爾泰）、（三）透過科學，人們可以擁有與熱愛著某些非自私、無害、自足、且真正純潔的東西（如斯賓諾莎）（Nietzsche,1974:105-106,§37）。相對應於此，尼采希望傳遞給讀者的，則是鼓吹、也是確立一種人以其自身為考量本位、並透過對日常生活世界（包含歷史事件）中發生之種種事物的經驗感受來激盪生命激情、並塑造價值的嶄新生命哲學，這是科學所以必須與一向被認為是嚴肅、正經、厚重、嚴格、遠離日常生活與常識等等具單一至高性（如上帝、理念、物自身、絕對精神）的特性相脫離，而讓它顯得輕盈的緣由（參看 Nietzsche,1974:§293,§299-301,§308,§324,§327,§335,§344,§373;257,註54）。其實，這也正是尼采所以透過隱喻的手法歌頌著「物理學」（相對著基督教道德與柏拉圖主義等等形上學）所內涵那種足以促使人自主地誠實覺知的潛在力道的理由，對此，他進而肯定著：「無論如何，我們要變成為我們之如是的樣子——一種新穎、獨一、無可比較、給予自己律令、並創造自己的人類」（Nietzsche, 1974:266,§335; 同時參看頁 266 之註 67）。同時，除了在早期的《悲劇的誕生》（1872）與後期的《道德系譜學》（1887）之中尼采是遵循著一向學院所慣用那種強調邏輯一貫之系統性的論文格式來寫作外，幾乎其他所有的作品都以隱喻、警語、格言、短句或短篇散文體等等的方式編成的。由三百八十三個短句與一篇詩歌所構成的《輕盈的科學》只是其中一個具代表性的典型作品而已。克洛索夫斯基引用尼采朋友與醫生的評語，認為尼采所以會如此的原因，乃與他的病情有關，因為他缺乏為自己的思想建構具一致性之系統的能力，以致無法找到自己的「中心」（Klossowski,1997:215）。當然，情形是否確實如此，尚有待商榷。就尼采本身的論點所展現的內容來看，克洛索夫斯基進一步地指出，這也應當與尼采認為人行動的基礎乃在於本能的衝動（而非理性思維）

　　再者，特別值得我們同時予以注意的是，尼采一再大量地使用具
Über-（超越）字首的德文詞彙來刻劃著人的現象，對此，洛維特即
曾經這樣評論過：這顯示尼采只是一個極端主義者（extremism），但
卻非必然即是激進主義者（radicalism）。他所企圖傳遞的，只是藉此
對照出人所面臨之處境的完全無根（complete rootless）特徵
（Löwith,1997:176）。我個人認為，這樣的詮釋相當具有想像力，也
十分公允。對理解當代人類（特別西方）文明與種種問題的根源，無
疑的，正是這樣之極端的「無根」（既可能是事實，也同時可能是理
想）特質挑動了具啟發意義的啟蒙作用。

　　行文至此，我們似乎可以得到一個階段性的結論：正是這種強調
多采多姿之情緒感知具優位性的輕盈科學態度結合了對當代文明之
「無根」特質的認識，讓尼采走出了過去主流哲學觀所壟斷的認知格
局，形構了他的特殊認識論。在此，特別需要提示的是，若欲對此一
認識論有所掌握，我們則不能不對他如何看待「歷史」這個範疇有所
認識，尤其是針對著他那個時代的德國哲學傳統。

　　尼采對他那個時代的德國史學傳統❷提出嚴厲的批判，他認為歷
史的最重要意義不是如當時德國主流學者所認定在於還原過去的「客

的見解有關（Klossowski,1997:254-261）。總之，不管其原委為何，尼采以這樣的方
式來表達自己的思想與感受，讓文本本身充滿著流盪的能動性、不斷地變形，也讓矛盾
和衝突到處可見。但是，無疑的，這有著可以讓讀者參與文本之中發揮自我想像力與感
受力來解讀的「好處」，儘管其中可能不斷地有著誤解與無法理解的種種失誤。艾里遜
即認為，因為人的思想本身即是一種隱喻過程，充滿著流動性與變易性，所以，尼采這
樣一種不重邏輯與系統組織的文體，確實是有著一定的正面意涵（參看
Allison,2001:77-79；同時參看 Nietzsche,1999d）。其實，這也多少說明著何以尼采對
正統哲學（乃至於科學）論述會強烈地批判的關鍵所在。

❷ 在那個時候的德國，黑格爾主義、實證主義，尤其，達爾文主義正流行著。簡單地說，
在黑格爾以具神意特質的「絕對精神」來導引歷史發展的迷思推動下，許多的歷史學者
採取自然科學的態度以線性的進步演化觀點來確立歷史的特質（參看 Vattimo,2006:30-
31）。

觀事實」❸、或紀念過去、或復古、或歌頌無賴般的大眾（如法國大革命以後的歷史場景），尤其是把歷史看成是特定先驗理念之理性演繹與「命定」證成的哲學性體現，因為這樣會讓人們受到過去所綁架而無法超越❹（參看 Nietzsche,2004;2007a: 第二篇）。比較有效用的歷史觀應當是，讓人們有著透過篩選方式來接受或拒絕歷史的彈性機會。因而，倘若歷史有意義的話，應當是它可以成為人們為了生活所做之當下行動的借鏡，它的社會功能在於提供機會與力量來產生偉人。準此，歷史學是一種生活的保健學，具有著治療世界的作用，但是，對症的藥方卻必得是非歷史的和超歷史的（Nietzsche,2007a:134, 203,221,226,235,237）。對此，尼采選擇了一種潛意識的本能——酒神戴奧尼修斯精神，做為這樣藥引的最初基材❺（Nietzsche,2007a: 133-159）。換句話說，歷史是為了激發人們的創造力，也在於讓一種永恆的意志得以不斷輪回運作著，如此，人們的生存才有著一再提昇超越以成就超克人的契機，而這正是「非歷史的」和「超歷史的」所欲成就的。無怪乎，尼采會說道：「唯有從當代最高力量出發，你們才可以去解釋過去；唯有在你們最高貴品性的最強烈緊張中，你們才將猜出過去的東西中什麼是值得知道和值得保存，是偉大的」（Nietzsche,2007a:193）；也才得以「拯救過往，把一切『過去如此』改造成『我要它如此』！——我以為這才叫拯救」（Nietzsche, 2009: 241）。對尼采而言，這正是他所欲揭櫫之新哲學家（new

---

❸ 姑且不論還原客觀事實是否有所可能這樣的根本問題。

❹ 采即認定，代表他那個時代之主流（特別德國）哲學的所謂危險哲學家（philosophers of the dangerous），即是接受這樣之歷史觀的典型（Nietzsche,2002:3）。

❺ 基本上，這樣的論點散見於尼采不同時期的作品之中，從早期的《悲劇的誕生》到晚期的《道德系譜學》，乃至往生後他妹妹幫他編撰的《權能意志》。隨手所及的，即可參閱尼采（Nietzsche,1999b:54-85, §11-17;1999a:29-30;2007a: 第一篇）。

philosophers）的基本任務，亦即一種觀點論❹的提示。情形是如此的話，那麼，尼采的觀點論到底有著怎樣的特色呢？

前面曾經提示過，尼采一再叮嚀著我們，追求（與強化）自我保全的本能要求乃是人行動的動力根本，此一本能要求基本上是「生命本身即是權能意志的釋放」之間接、但卻是最常見的結果❹（Nietzsche,2002:7,8,15）。尼采所架出之非歷史（或超歷史）質性以來回照人們實際生活著的歷史場景，其實即企圖為人的存在勾勒出此類本能的表現樣態，更根本的即是證成權能意志的釋放。易言之，在尼采的眼中，人們只是為了生活與行動才需要歷史，而以行動來實踐權能意志則是證成人之存在（特別是完成超克人的狀態）最為可貴且可敬的方式，任何歷史背後蘊涵之具非歷史（或超歷史）質性的權能意志正是確立實踐方向的基本準則❹。於是，整個問題的關鍵在於「怎麼實踐」上面了。

在這樣架出了本能做為基礎之認知模式的導引下，尼采肯確地忠告著人們，一個有反省能力的勇者，必須學會以其可能撐出的權能意志來克服「過去」的制約，才有機會成就具獨立自主性的超克人。只不過，此一權能意志並非在完全真空的條件下運用著，必須以一定的歷史（即過去）條件做為引發燃料。「但是一切行動都需要遺忘，否

---

❹ 由於此一觀點論的基礎乃設定在於人自身之具「非歷史」（或超歷史）性的身心特質（如自我保全的本能）上面，所以它是一種非道德論，而且呈現的是多面向、多樣態的（參看 Nehamas,1985:7-8）。

❹ 誠如克洛索夫斯基所指出的，就權能的角度來看，人的存在並非單純地立基於自我保全而已，因為權能的釋放是不允許單純的均衡狀態存在著，不斷地生成才是人存在的基本樣態（Klossowski,1997:105-106）。準此，尼采所以如此看待自我保全本能，應當只是把它當成是界定人做為有機存有體的生物平準基點。

❹ 在尼采的心目中，抽象地說，譬如相同的永恆輪回可以說即是一項最初基的準則，這將是下文討論的重點。

則人不再相信自己的存在，就像一切有機物的生命都不僅需要光，而且也需要黑暗一樣」（Nietzsche,2007b:140）。因此，我們只需要一定程度的歷史感❹做為行動的分離點就可以了，因為如此才得以讓非歷史（或超歷史）的權能意志得以為生命開啟更寬廣的空間。

主張「人類的一切活動（包含哲學思考）都是立基於基本本能的要求」乃意味著，任何的知識背後都有一套隱藏的信念（faith）支撐著，所有人都是（且僅是）以某種觀點來看世界和自己，世間並無行諸四海皆準之絕對客觀的普遍真理。顯然的，接受這樣的認知前提等於宣告著，歷史只是例證而已，而且，更重要的是，「……只被強大的人格所承受，它把屠弱的人格完全消滅，原因在於，在情感和感覺沒有足夠的力量去按照自己的意思去度量過去時，歷史就攪亂了情感和感覺」（Nietzsche, 2007a:180）。這也就是說，歷史並非某些特定先驗理念（如上帝或柏拉圖的理念或黑格爾的絕對精神）予以理性演繹而實際體現的命定結果，更不是界定社會的信念與價值導向之唯一具正當性的立法者。人們需要的，推到極點來說，是自我選擇與自我判斷，歷史的任務只是在適當的條件下做為提供人們自我超越的機會力量，讓人們的權能意志得以充分且恰適地發揮，超越既定結構格局的框架往最高境界提升❺。

---

❹ 此即反映著前面正文中所提到尼采批判德國史學的要旨，即：除了他所重視之以歷史做為行動者（尤其強者）的借鏡來進行偉大的批判鬥爭之外，歷史還經常被人們當作為保存與景仰的對象予以紀念，或以好古之心當做為忍受和渴求解放的參照點（Nietzsche,2007a:150-165）。

❺ 尼采因而認為，當我們認為群盲（或謂統計學上的「均值人」）創造了歷史時，其實即否定了非凡例外之偉人（超克人）的存在意義。若要成就超克人的存在境界，我們只能讓人本身的生活來導引認識、並統治科學，而不是讓相反的情形發生。人要成為「自己」，不是成為群眾的惰性應聲蟲（Nietzsche,2007a:236-237,244,269）。於是乎，真正的哲學家不只是批判者，更應當是指揮官，為人們（也為自己）的未來開創嶄新的格局，於其中，任何東西都只不過是手段、工具或鏈子而已（Nietzsche,2002:106,§

　　話說到此，我們或許有必要回過頭來再次討論尼采對古希臘悲劇哲學滿懷著憧憬的心境所可能開展的另一層意涵。沒錯，當尼采頌揚蘇格拉底之前的古希臘悲劇精神時，儘管他有著心儀此一古希臘精神而以之做為推動未來文明之理想典範的意思，但是，對與尼采同時代的人來說，較多、且較有意義的毋寧地應當是，他意圖以此做為一個歷史參照點，以便「恰適」地揭露隱藏在缺乏「個性」之基督教道德觀背後種種做作的偽善，以及柏拉圖以降之所謂頹退（décadence）哲學思維那種披著獨斷之理性至上的形上學外衣內所潛藏的偽真，而此二者被他視為正是其所身處之歐洲（尤其德國）文明當下「現在」實際顯現的病症。

　　如此以「過去」（蘇格拉底之前的古希臘悲劇精神）來對照「現在」（頹退哲學思維），促使尼采宣判柏拉圖以降的西方哲學典範是失敗，因為它缺乏歷史感，沒有認識到任何（即使是有關所謂真理的）知識其實都是特定歷史──文化基因衝撞下的產物，哲學需要有著具歷史感的養分來滋潤，才可能健全地成長，尼采遂提出了所謂「歷史性的哲學化」的主張（Nietzsche,1999a:13）。這也因而讓尼采深深地體味到，必須為未來的哲學尋找嶄新的標竿基石，並激發一種有別於過去重視純理性認知的另類感知典範。其中有兩點值得特別予以注意：首先，他從古希臘強調哲學做為一種經營生命（因而，生活方式）的基本論調裡找到了他需要的靈魂，其根本即在於感性精神的確立（Nietzsche, 2007c:425-426）。接著，很自然的，知性的本身就是一種幻象，也是一種錯誤。依附著這樣的認知座架，尼采必然是否定了具先驗肯確性的命題（包含邏輯）乃建構知識之唯一先置依據這樣

211）。有關尼采此一論點，將在下文中更仔細地予以討論。

的優勢傳統見解，轉而確立以具經驗可能性的歷史質性做為底基來形塑具詩性的知識（Nietzsche, 2007c:162-166; 同時參看 Nietzsche, 1974:169- 173, §110-112）。

　　無疑的，在這樣的認知架構下，誠如上文中提及的，哲學自然是不可避免地成為是一種歷史產物。這即意味著，我們需要從歷史的系譜演進角度來審視哲學的發展與從事哲學性的思考。同時，我們更需要檢視當下此刻，以便為未來人類文明開創另一個嶄新的格局。更重要的，意志在建構人（與世界）的圖像時具有著優先地位，是判定一切真理的基本設準。於是乎，尼采的觀點主義具有著這樣的特點：基本上，它是一種以展望未來為鵠的來對歷史進行詮釋的系譜學功夫，其基本設準點乃被安頓在「肯定人本位」的關照立足點上面，而且是回歸到人自身做為具有實際感知和實踐行動的主體立場來審視（自然和人為）世界與人之關係的深沈內涵❺❶。

　　只不過，誠如在上文中不斷提到的，為了證成非歷史（或超歷史）質性乃是塑造人之行動的原始基素，當檢視道德、宗教與哲學的

---

❺❶ 這樣的論述立場明顯地體現在尼采晚期的作品《道德系譜學》之中自是毋庸置疑的。其實，這也呈現在其中期作品《人性，太人性》有關自由精神的論述當中。於此，尼采肯定人需要具有著不受傳統絕約束與不計較後果的自由精神（free spirit）。具自由精神的人自有自己認定的真理，而此一真理的認定絕非立基於對單一信仰（如篤信上帝或絕對理性）的絕對膺服，而是自我理性思辨後的不斷嘗試（Nietzsche,1999a:108, §225）。最能表達其自由精神內涵與成就的要件者，莫過於是他提出的自由精神十戒：（一）既不愛、也不恨人們、（二）不參與政治、（三）不想致富，也不當乞丐、（四）避免成名與有影響力、（五）從別人而非自己那裡獲得女人、（六）讓朋友養育自己的子女、（七）絕不順從教會的儀式、（八）絕不因有罪而要求悔改，但可以因此而行額外的善舉、（九）為了能夠說出真理而被放逐、（十）讓整個世界與自己對立地盡情玩著，也讓自己與世界對立地盡情玩著（間接引自 Löwith,1997:29）。儘管這十戒中有些或許是值得斟酌，但是，對熟悉尼采之作品風格的人，應當可以感覺出來，這相當程度地反映著尼采的人生歷程與人格特質。在此，關鍵不在於爭論此十戒的恰適性，而是他所以這麼說背後的深層意涵。顯然的，尼采追求的是不必、也不想對特定單一絕對信念與價值（如他一直詬病的基督教道德與柏拉圖理念主義）屈服──即承擔所謂的責任與義務。他要的是以自己的慾念做基礎來開展理性判斷的人格，這才是自由精神的真諦（參看 Nietzsche,1999a: 第 2 卷，第 2 部分）。

系譜歷史時，尼采採取的是心理學的觀點❺❷，確立本能是形構哲學做為一種寓言（fable）現象的存有論根源（參看 Vattimo, 2006:62，同時參看 Nietzsche,1994a,1999a,2002,2007d）。或者，借用德勒茲的說法，尼采乃以具系譜學的方式回照過去西方哲學對人存在之根本的看法。他的探索策略，既非如康德以絕對理念來充當最後裁判的依據，也不是如英國效用主義（Utilitarianism）回歸到人的慾望本能從事機械性的歸因，而是對思想（或意識）從事一種具歷史—文化源起意涵、且帶著價值性質的系譜性分析與批判，強調的是源起中具有的差異與距離，有著高與低、貴與賤、乃至優與劣的分殊區辨可能（Deleuze, 2006:2,52-53）。於是，他所以一再地強調蘇格拉底之前的古希臘悲劇精神做為理想文明典範的基本用意，也就顯得相當清楚了。聯帶的，他以「本能乃驅動人行動的能量基礎」做為反映非歷史（或超歷史）性的哲學人類存有論命題這樣的選擇，跟著也就可以理解了。

　　就方法論的立場來看，尼采對西方思想發展進行如是之系譜關係性探索所採取的策略，與韋伯（Weber,1949:42-47;1978:4-7）採取側重某些具選擇親近性之單向強調（one-sided emphasis）的質性、並以擬情（empathy）方式來建構理念型（ideal type）的研究策略看起來相互呼應著，都具有著觀點論的特色（參看 Nietzsche, 1974:89-90,§15; 同時參看 Vattimo,2006:42）。倘若二者有所不同，最具體而明顯的似乎在於，韋伯的理念型建構基本上是立基在具已成形之事實性的發展趨勢（如理性化）上面。易言之，韋伯關心的是此一已形成

---

❺❷ 難怪尼采會尊稱心理學為科學皇后（Nietzsche,2002:24,§23）。同時，這樣的心理學是尼采從事哲學的媒介，並非一般所認知之具經驗性與因果性的「科學」研究，而是一種具理解性與歷史性的「社會」心理學（參看 Jaspers,2001:34）。

之發展趨勢的內在理路所可能展呈之結構性的最大可能效果極限，基本上具有著實徵的色彩。但是，縱然對照著現實狀態來構思依舊是其概念的基本要件，尼采的理念型則純然是一種具未來展望性質的價值鋪設（也是行動實踐的指導綱領）。其所以被認定是理想的，固然仍然是針對著既有成形且運作著的主流趨勢而來，但它絕非單純地以選擇的事實現狀做為基礎來進行單向理念之烏托邦化的演繹詮釋，而是對人生命存在的價值賦予極具藝術性的個人主觀期待，可以說是把價值目標朝向著未來的一種生命哲學的設定。

顯然的，如此以人的生命意義做為哲學思辨的理念型焦點，可以說是尼采架設具（社會）心理學詮釋性之觀點論的基軸，關心的是「所有生命存在的基本條件」（Nietzsche,2002:4）。由此推展出來的則是尼采特別強調以人為本位的自我覺醒功夫，讓心理學染塗上藝術色彩來取代宗教與道德的立場，順理成章地成為理解人類之存在問題、也是為人們化解問題的最適當取徑，儘管尼采意識到它可能流於表面化，把人們的判斷引入危險的陷阱，但還是值得一步步地嘗試，因為只有如此才足以讓人們有著自我反思的鏡子（Nietzsche,1999a:26,§27;31,§35;32-34,§37-38）。

回顧整個西方文明的發展，特別針對主導整個啟蒙理性哲學所內涵的阿波羅精神而言，尼采對西方文明的病癥所開出的拯救藥方——酒神戴奧尼修斯精神這種潛意識本能，就歷史—文化質性的角度而言，無疑地是一種例外，或至少僅是具歷史性的文化殘餘成分而已。這樣以例外的倒置做為建構整個哲學論述的基軸可以說是尼采之觀點論的特點。賽費勒（Eberhard Scheiffele）即指出，尼采的觀點論基本上乃企圖溢出熟悉的域內範疇，從域外（the foreign）（如非德國的、非正統的、超越善與惡的、蘇格拉底之前的古希臘哲學的、非基督教

的、具南歐風格的、詩般的文學手法等等）尋找隱藏於域內背後之論述觀點的奇特分離點❺❸，在詢問現狀背後的病癥時，得以產生具雙重視界（double vision, *Doppelblick*）作用的「距離的感傷」（pathos of distance），以俾奏收加達默爾（Hans-Georg Gadamer）所說的視域融會（fusion of horizons）效果（Scheiffele, 1991:32-33; 同時參看 Nietzsche,1974:89-90,§15;1999a:32-33,I,§37; 195,I,§616;2002:51,§57,164-166,§269;2005:39-40,§43）。在這樣的過程中，尼采相當程度地展現了斯賓諾莎的觀點，經常運用他自認的完美理想充當一種可能的實在來認識、解讀、批判現狀（Stambaugh,1991:25）。這也就是說，尼采之域外觀點論的「域外」選擇並非完全地武斷任意的，而是緊扣著他所關切的西方文明（包含哲學、宗教、道德意識等等），以具一定系譜關係的親近性做為基礎來選擇具有著恰適歷史意義的對照點。無疑的，這樣回到歷史場景對思想（與行動）從事觀點主義的系譜論述，基本上是一種帶有著濃厚懷疑與批判精神的詮釋學考察（儘管二者不能輕易地化為同一）❺❹（參看 Vattimo,2006:152-153;Nehamas,1985:32-33;Horstmann,2002:xx -xxiii）。

　　就在這樣的認識論基礎上，尼采呼籲，我們必須允許哲學家有著他自己的判斷與品味❺❺（Nietzsche,2002:40,§43）。準此，在這個時代

---

❺❸ 參看註❸⓪。

❺❹ 根據本身具詮釋學立場之瓦蒂莫的意見，尼采關心的不是宇宙人生觀（*Weltanschauung*）本身，而是以批判的態度來審視整個（歐洲人之）宇宙人生觀的內涵（亦即予以問題化），其中，虛無主義是核心的問題，至於其存有論的基本立場（如主張「只有詮釋而無事實或文本本身」與「經驗著的即創構著的」等說法）則深具著詮釋學的色彩，瓦蒂莫稱之為存有論的詮釋學（ontological hermeneutics）（Vattimo,2006:特別是第2-5章；同時參看 Nietzsche,1997:166,§119）。

❺❺ 內哈瑪斯認為，這樣的觀點論容易導致人們陷入「有著特殊生活形式的特殊人們，為了特殊的理由」而提出特殊的說法（Nehamas,1985:73）。平心而論，這樣的評語原則上是沒錯的，但是，關鍵在於觀點論的意義並不在於它所展現之個人風格的特殊性本身，

裡，人們需要的是一種他稱呼為「未來的新哲學家」這樣的嶄新品種。這樣的哲學家乃是不斷嘗試（those who attempt）、且獨立特行的高貴（noble）人 ❺❻ ，甚至可以稱呼他們為誘引（temptation）的人，但是他們絕非獨斷的教條主義者，而是具有著自由精神❺❼ ，也必然與一般人與事保有著創造、並追求著具距離差異的能力（同時參看 Nietzsche,1968:509,§972;511-512,§976），其終極典型即是具備著自我克服與反省能力的孤獨超克人（Nietzsche, 2002:39,§42;40,§43, 44;151-152,§257;163-164,§268）。

　　無疑的，這樣以人的自主能動性為基軸、開展未來格局為導向所彰顯出來的人的圖像，是企圖以實踐行動❺❽證成人（尤其個體人）之存在價值的主體一元觀（假若還允許我們使用「主體」此一概念的話），做為塑造一切知識的根本，而絕非笛卡兒所主張之主客二元互斥並立且永恆對彰的認知模式可以涵蓋。因此，尼采的觀點主義具有著三個層次的意涵：第一層是單純的方法論，即它可以被看成是一種逼近「實在」的研究策略；第二層是認識論的，即：它暗示著，長期以來笛卡兒所主張主客二元並立而永恆對彰的認知模式只不過是一種

　　　而是如韋伯的理念型（ideal type）所意圖剔透的，乃在於激發它所意涵之文化意義（cultural significance），以便對理解當下的社會與人們的行為，足以產生更具激勵的啟發作用和賦予人們更豐富的想像空間。相關論述將在下文之正文中討論。

❺❻ 在尼采的心目中，一旦一個社會體保留的最好特質成為大家分享的慣性、且毋庸討論的原則後，此一強者的部份會傾向於極力保護既有的型模，逐漸面臨衰敗的命運，此時，就必須仰賴較弱者來進行另一階段之高貴化的演化工夫（Nietzsche,1999a:107,§224）。所以，革新的力量來自「較弱者」，而這正是尼采期待新哲學家扮演的角色。

❺❼ 尼采一再地強調，在此所說的自由精神絕非英美自由主義所說那種表現在民主政治體制下之狹義、侷限、串聯成型、且嚴重被社會化的自由意志或自由精神，而是在千夫所指的情況下仍能保持特立獨行風格者所展現的個人孤獨特質的飄泊者（Nietzsche,2002: 40-42,§44）。雅斯培即認為，追求自由精神可以說是整個尼采之思想演繹過程中保持不便的東西（Jaspers,2001:54）。

❺❽ 尼采即這麼說道：「行動，既是最先發生的也是終極重要的！這也就是說，做，做，做！有關『信仰』就會尾隨而來——這是千真萬確的！」（Nietzsche,2007c:62,§22）

歷史殘留的特殊定見（prejudice）而已，並非有著實在內涵的本質；第三層則是涉及到知識的存有論，它意味著，人們（特別哲學家，或謂超克人）用來經營個人存在精神與促進整體人類文明精進的必要手段，乃至於是理解「實在」本身的，總是帶有著具「應然」質性之啟蒙導引（或使用尼采的用語，即是誘引）作用的社會實踐意涵。

尤有進之的，這樣以系譜學的立場來重新考察（與建構）哲學，有著更深一層的特殊意義。這層意義是：儘管，當尼采強調物質（而非精神）、以人自身取代上帝的位置、以慾望凌駕法則等等，或許仍然為自己設定了一套形上學的設想，但是，他並沒有堅持必須以特定的形上概念（如柏拉圖的理念、基督教的上帝或黑格爾的絕對精神）當成哲學人類學上的存有源起狀態，以確保認知的正當性。易言之，尼采否認任何表象（appearance）背後存有著具本質性的實在，表象的「名」只是一種具估計或概率性的建構創造而已（Nietzsche,1974: 116, § 54;121-123, § 57-59;2007d:54-64）。尼采所以有如是的想法，乃因為他明白任何概念的意涵（significance）與概念的源起並不是同一回事，意涵總是與時俱變，不斷有著「錯誤」，以至於必需一再地被轉型建構，也被選擇著。如此缺乏預設以特定絕對的存有源起狀態做為哲學人類學形上設想的基礎，可以說是有著反基礎論（anti-fundamentalism）的色彩（Nietzsche, 2007d:62-64）。

對尼采來說，在意涵不斷轉化建構的過程中，人們需要更為活鮮、生動、深刻、且貼切的表現形式，這即是前面提及之輕盈科學的基本神韻：人們應當以狂歡喧嘩的輕盈方式來審視和批判現狀，揭露一切真理背後所隱藏的謊言而有所突破，以俾有機會迎接更形健康的希望。借用他在《輕盈科學》一書中的序言裡提出的概念來說，這即是一種康復的沈醉（the *intoxication* of convalescence），讓人們必須

繼續做著「知道是在做夢」的夢（we must continue to dream knowing that we dream）（Nietzsche,1974:32,116）。於是乎，在人的世界裡，隱藏在任何事物的概念背後，並沒有（也不需要）一套固定的終極意涵❺❾。毋寧的，人們有的只是讓意符（signifier）不斷飄蕩、易動而遊戲著，真實世界總是變成為一團迷思，但卻顯得生氣盎然。

行文至此，我們似乎可以得到這麼一個見解：無論就存有論、認識論或方法論的角度來看，尼采之所以值得被重視，在於他的批判有著具深層歷史意涵的啟發洞見，替西方哲學另闢出一條嶄新的蹊徑。當然，誠如前面論述中一再指出的，尼采的哲學（特別是其批判）是針對著西方既有的主流哲學傳統而來，特別指向他所處那個時代的歐洲（特別德國）場景，即使其所勾勒出來那極具實驗性質的「未來」，亦是以他所面對的當時「現狀」對照出來的。在這樣的背景下，尼采的哲學特別顯得耀目的，無疑地是指向哲學本身所具有的社會行動意義，即：哲學是一種極具啟發與激勵作用的道具，可以用來對人類本身與其處境進行極賦歷史—文化意涵的批判性詮釋與解讀，為「未來」樹立典範❻❿（參看 Nietzsche, 2007b:76,80-81;2007d:191-

---

❺❾ 準此立論，諸如德勒茲（Deleuze,2006）、丹托（Arthur C. Danto,1965）、內哈瑪斯（Nehamas,1985）與哈爾（Michel Haar ,1985）等人所擔心有關邏輯在尼采論述中的地位，以及要求具固定意涵的語言使用等問題，可以是「不成問題」了。

❻❿ 譬如，尼采為其名著《善惡的彼岸》下的副標題即見「未來哲學序曲」（Nietzsche, 2002）。借用史特勞斯的說法，尼采這樣的哲學「並非真的是去準備一種未來的哲學，一種真正的哲學，而是通過將心靈從『哲學家的偏見』當中，亦即從過去（和現在）的哲學家的偏見當中解放出來，為一種新的哲學做準備」（Strauss,2002:28）。我個人認為，具有著這樣風格的哲學不是以另一依著是具剛性之具形（如上帝、絕對精神）預設來取代既有的，毋寧地是以傳統所認定的女性風格（即無定性的陰柔）來進行顛覆的任務（即把女性的特定歷史—文化特質當成隱喻看待）（參看 Nietzsche,1974:123-130,§60-75; 2007a:39-43;2007d:32,§16;35,§27）。誠如在前面已提到的，有別於傳統以系統的論理方式來進行哲學表述，尼采經常使用文學的隱喻手法、並運用片語、寓言、警句等等來表達思想，這樣的表述特點在於讀者是否能夠充分掌握、並體味作者的意涵，尤其是開啟更深刻的啟發意義。因此，掌握作者的生平、寫作風格、時代背景等等文化

192）。參照今天人類文明發展的趨勢，即使施及於二十一世紀的後現代場景，尼采的「未來哲學」論述依舊針針見血，恰中了長期來綁架整個西方文明的問題核心，確實具有著他所自稱之鎚子哲學（philosophy of hammer）❻的振聾發聵作用。

扼要地說，在尼采的心目中，不管稱之為「未來哲學家」或「鎚子哲學家」，哲學家（按：他所創造的查拉圖斯特拉❻即是這樣的哲

─歷史條件，對於理解作者使用這樣「無定性的陰柔」風格的文字背後意圖表達的思想真諦，是至為重要的。德希達特別以尼采對女性特質（當然是特別指涉著具某種典範特質的女性，譬如，至少不是老女僕、上流社會的女子、小女人等等）的論述對尼采的哲學論述風格予以「去構作化」（reconstructing），可謂是相當有見地的（儘管他的整個論述過於向佛洛依德的理論傾斜）。他特別指出，此種「無定性的陰柔」女性風格的最典型特質是創造距離，而正是有了距離，產生了面紗般之朦朧陰晦的剪影，留下甚多足供人們想像的空白，正是這些空白產生了極具藝術特徵的誘惑作用（特別參看Nietzsche,1974:130,§75）。因此，在德希達的眼中，尼采的論述風格是難以定型的（Derrida,1979; 同時參看Danto,1965）。事實上，尼采本人也承認自己的寫作風格是多元，而且幾乎是史無前例的（Nietzsche,2007a:40-41,III,§4）。對此，考夫曼則認為，尼采只不過是在諸多可能的表現方式中嘗試一種最適合自己的風格而已（Kaufmann,1974:85）。然而，內哈瑪斯不同意這樣的見解，他認為，尼采這樣的多元風格乃與他的觀點主義立場相互呼應著，也與他不信任傳統哲學的思維和表現模式有關（Nehamas,1985:20-21）。在此，不管表現風格是如何，尼采哲學的鎚子作用即在於企圖從此一陰柔距離感中發揮「沒有真正的『真理』是唯一的真理」的基本論調，其意義乃是形塑一個良質的論述典範（或謂擬像〔simulacrum〕），以發揮酒神讚美詩般的柔性引誘作用，而這樣的引誘猶如船首尖端劃過水面掀起了一陣波瀾痕跡一般（參看Derrida,1979:39,139）。在此，特別值得一提的是，在這樣具陰柔特性的女性之中，並不存在著佛洛依德在男性身上所強調的閹割焦慮。這也就是說，尼采這樣的哲學思維並非如傳統哲學一般，奉有著單一定型且獨斷的存有論預設，所以，基本上，並沒有那種男性特有的剛性真理宣稱。準此，既非男性，也非男性化，自然也就沒有衍生閹割焦慮的可能和必要了（假如佛洛依德的理論仍是可信的話）。特別是，當懷孕時，女人談的是將來臨的孩子，說來，這正是尼采的鎚子哲學所具之未來期待與鞭策性格意圖傳達的重要訊息。當然，假如歷史涉及的是人所患錯誤的發展與演變的話，那麼，女性的歷史也是一直在演變之中的（參看Nietzsche,2007b: 第二篇；2007d:62-64; 同時參看Derrida,1979:95-97）。準此立場來看，現代的女性主義者多有的，其實只是企圖把自己當成男性看待，並尋找所以被閹割的歷史─文化源頭。她們要的其實只是當一個被閹割之男性化的女人，如此一來，做為女性本身的風格，其實可謂盡失了（參看Derrida,1979:59,65）。

❻ 這是其著《偶像的黃昏》一書的副標題（Nietzsche,2005,2007d）。假如借用邁爾森（George Myerson）的說法，特別指涉到後期的作品──《查拉圖斯特拉如是說》，尼采的哲學則堪稱是一種治療哲學（therapeutic philosophy）（Myerson,2008:113）。

❻ 尼采所以借用來自伊朗拜火教（或謂景教）教主查拉圖斯特拉（亦稱 Zoroaster）來當

學家）的任務是具彌補性質的，乃站在高山的顛峰上為未來的人類
（特別歐洲人）提供（但絕非「決定」，甚至也非「指導」）文明的出
路和精神糧食（參看 Nietzsche, 2002:97-99, §207）。這也就是說，哲
學的動力最可貴的，乃在於是否能夠為生命提供鑑賞與禮讚的契機，
而非做為聖經來宣示絕對真理。循著這樣的思路，借用內哈瑪斯的說
法，尼采基本上乃企圖把生命當成文學作品來經營，以成就為一件藝
術品（Nehamas, 1985）。因此，說他是一位具詩性的神祕主義者
（the poetic mystic），並不為過的（Stambaugh,1991）。總之，尼采希
望告訴我們的，不是具科學客觀性之攸關「人是什麼」的經驗實然性
的答案，而是具藝術雕琢性質之「人可以被期待是什麼」的創造可能
性、且得以用來證成有關人之存在的基本價值條件。因此，他的哲學
是一種架出人存在之至高理想模式的實踐理論。

　　借用尼采自己的說法，對照著他所身處那個時代的主流思想（包
含哲學、道德與宗教）來說，他的思想確實是不合時宜的（參看
Nietzsche, 2007a）。然而，弔詭的是，假若我們對自身所處的時代
（特別是思想）進行反思（包含進行自我克服的修養貞定工夫）的
話，一個原本被認定合時宜的主流思想卻極可能反倒是不合時宜的。
相對的，尼采思想的合時宜性則彰顯出來，並且一再地被證成著（參
看 Löwith, 2006:257）。誠如洛維特所做的詮釋，對於尼采來說，「合
時宜的也就是最後的和最近的時代」（Löwith, 2006:258）。無疑的，
這樣的論證進一步地證成了前面提到之尼采哲學的特質──一種具實

故事的主角至少有著兩層交錯著的意義：一、藉著查拉圖斯特拉這樣一個異教徒的教主
來對比他所詬病的基督上帝；二、他似乎有意以查拉圖斯特拉充滿著自尊、寬宏、獨
立、熱情、使命感等等的特殊人格來比附尼采一向所心儀之諸多蘇格拉底前的古希臘哲
者（諸如赫拉克利圖斯、安那克薩哥拉〔Anaxagoras〕、恩培多克勒〔Empedocles〕，
乃至古羅馬詩人哲學家盧克萊修〔Titus Lucretius Carus〕）的風格（Nietzsche,1994b,c;
2006;2007a:65-76; 同時參看 Allison, 2001:117）。

驗形式的未來哲學，這樣的「新」哲學家可以說是一種誘發者（at-temper）（同時參看 Löwith,1997:11,12）。更具體地說，尼采的思想所以說是「合時宜的」，乃因它成為足以為今天的後現代場景誘發出一種具預言性的啟發作用❻❸。

第四節　　生成（becoming）的虛空緣成

對尼采的感知模式有著如前述的瞭解之後，我們可以進一步地來考察他對人存在的基本存有論立場。不過，在這之前，先來討論一下尼采對虛無主義的看法，或許是有必要的。

對尼采而言，歐洲虛無主義的浮現基本上是一種歷史的產物，它的根源不是來自社會性的困頓或生理性的衰敗，而是一元化的基督教道德。然而，懷疑主義的誕生❻❹讓人們有機會開始對道德有所懷疑，結果，它既為人們帶來了意義的喪失現象，更是普遍地在各個領域（包含科學、政治、經濟、藝術、歷史觀等等）孕生出虛無主義（浪漫主義是其典型的歷史形式）（Nietzsche,1968:7,§1），而這一切正是人們需要努力予以克服的。

當我們說「虛無主義是有關諸多存有之真理的歷史予以如是定義的稱呼」時，我們意指的是，對過去既有的至高無上價值予以貶抑，以至貶抑了自身是最高的價值，沒有目標，也無法替「為什麼」找到答案。尼采即這麼說著：「虛無者乃是一個以不應是如是、且應是未

---

❻❸ 這樣的「預言」正是本文底下所將討論的內容。

❻❹ 笛卡兒的「我思故我在」主張無疑地是一個具歷史性的關鍵，它啟迪了人本身做為認知主體、且具理性判斷能力的信念，懷疑成為獲致真理的必要前置心理條件。

存在之世界的方式❻來判斷世界」（Nietzsche,1968: 318,§585A）。因
此，極端的虛無主義乃是難以承認、支持或堅信存在著至高價值的，
同時，瞭解到我們缺乏安置具神性或永恆道德做為事物之自在本身的
權利，即使是最低的權利❻（Nietzsche,1968:9,§2,3）。在這樣之前提

❻　譬如，以諸如上帝、特定道德德目（或甚至科學理性與邏輯）等等具先驗性的理念來做
　　為架設論述的基礎，而這恰恰是尼采畢生強烈批評的對象。誠如上面正文中提到的，自
　　從《悲劇的誕生》一書問世以降，尼采在許多的著作中即不遺餘力地以嘲諷（ironic）
　　方式來解構基督教思想、蘇格拉底哲學、柏拉圖主義，乃至科學理性主義。在尼采的眼
　　中，人是具有堅定意志的溫和動物，且從底處來說，人有的是愉悅的靈魂，他自行選擇
　　價值，是自由、且無懼地和他人、習俗、法律以及對事物之傳統評價等等應付自如地周
　　旋著。顯然的，尼采追求的是一種肯定人為本位、且具解放意涵的思考模式，知識的後
　　效基本上是取決於人的氣質（Nietzsche,1999a:30,§34）。尤有進之的，尼采使用嘲諷
　　手法的基本意涵，並非在確立「實在」真實性的前提下，完全瓦解了嘲諷之對象的實際
　　存在（儘管或許有此效果，也有此意圖），而是透過嘲諷手法來懸擱該對象之文化─歷
　　史象徵意義，以俾以顛覆的手法凸顯出另類的可能感知視野來彰顯時代氣圍。譬如，當
　　尼采宣布上帝已死（或謂反基督）時，保守地說，其重點並不是，在確立上帝具實在之
　　真實性的前提下，宣判祂是不真實，而是說，審諸時代的文化─歷史氛圍，上帝做為一
　　種象徵符號，可以予以懸擱不論，甚至撤銷，而這麼做是具有著重大的社會意義的。
　　又，當他審視道德（無論是善或惡）時，他是一直質疑著「非自私的」（unegoistic）
　　行為（如為國犧牲、母親為了小孩犧牲睡眠或飲食等等）的道德性，因為從心理學的角
　　度來看，這些道德行為只是對某些心理狀態（如希望、衝動或慾望）的傾向
　　（inclination）而已。因而，在道德範疇中，人並不以具有穩固的本質來確立自己，他
　　從來就不是「不可分離個體」（individuum）（按：具不能被分割的本質，一旦被分割
　　了，其核心本質立即被破壞掉），而只是「可分離個體」（dividuum）（按：只是組合成
　　的，並不具不可分割的，本身缺乏具完整個體性）（按：此二詞彙乃經院哲學
　　〔Scholar philosophy〕的用語）（Nietzsche,1999a:42,§57）。然而，在以習俗為本的
　　社會化長期以單向且具慣性的方式予以制約的一般情形下，人們卻總是以近乎本能的方
　　式自願而愉悅地接受道德的教誨，進而形成了德性（virtue）（Nietzsche,1999a:53,
　　§99）。就在這樣的認知背景底下，無怪乎，尼采總是以帶著負面意思與（或）弱者立
　　場的心理狀態（如怨憤、忍受痛苦、悲傷、壓抑、不快以及同情、憐憫、羞恥、罪惡、
　　救贖等等）來形容（特別是源自基督教教義的）德性，並且主張只有超越著善與惡的道
　　德意涵來重估一切價值（包含道德本身），人的自主能動性才可能充分體現出來（參看
　　Nietzsche, 1974,1994a, 1999a,2002）。

❻　尼采認為，悲觀主義（pessimism）是虛無主義的前置形式（preliminary form）
　　（Nietzsche,1968:11,§9）。回顧歐洲的哲學發展，尼采發現，做為一種心理狀態，虛
　　無主義有三種形式：
　　（一）為所有事件追求意義，但卻不在，以至於人們感到受挫、失望、浪費精力等。
　　（二）當人們安置一個整體性或系統性，或謂對所有事件予以組織、也是在於所有事件
　　的底下、或人們追求欽贊時，發現一切墜入某種宰制與管控的至高（單一）形式之中。

的導引下，虛無主義有著三重意涵：一、不承認有絕對不二的真理（價值）；二、重建、安頓另一新價值是必要、也是可能的；三、肯確有著具混沌特質（也因此不斷生成❻❼）的整體（totality），需要不斷的解放❻❽。因此，把虛無主義推到極致的邊緣時，人的世界裡也就沒有永恆一致的真理，理論上，所有的一切均被允許的。

　　按照這個意思，對尼采而言，虛無主義做為一種心理狀態，它不單只是反映西方哲學思想（因而歷史）的基本形上學（或謂哲學人類學的存有預設）風貌，更可以被視為是人做為具歷史性之存有體的存在本質樣態❻❾，尼采即以積極的虛無主義來稱呼。對此，海德格評論道：一個激進而積極的虛無主義者，基本上乃是把先前的價值連同其所具有的「空間」（即前感覺的〔suprasensuous〕❼⓿）一齊趕出去，並對於優先可能性❼❶賦予新的價值（Heidegger,1987: 207）。基本

（三）生成沒有目的，在所有生成的底下，沒有巨大的單一體讓人們可以尋獲一個至高價值，結果只有逃避，視生成為一種欺騙，並在真實世界之外發明一個世界（如神社）（Nietzsche,1968:12-13，§12A）。

　不管如何，結果總是只有一個，即產生了一種無價值感。尼采進而認為，對指涉純粹虛構世界的理性範疇有著信仰，是導致虛無主義產生的原因（Nietzsche,1968:13,§12B），換個角度來說，即不管高級類屬（如浪漫主義者、藝術家或哲學家）或低級類屬（如大眾、群盲或社會），人對自身缺乏信心與信仰，乃虛無主義所以產生的背景（Nietzsche,1968:19,§27）。

❻❼ 在德國哲學傳統中，生成的概念至少可以推至康德與萊布尼茲（參看 Danto,1965: 第8章）。

❻❽ 羅森對此一混沌特質提出一種極具省思性的說法。他認為，做為世界的世界本身就是一種幻覺，因此，世界不是對客觀混沌的主觀解釋，而是混沌所產生的解釋（Rosen,2003:165; 同時參看 Nietzsche, 1974:254,§322）。

❻❾ 使用尼采的術語來說，即權能意志的展現，亦即：就西方文明發展的系譜學來看，虛無主義是貫徹權能意志的一種歷史形式。

❼⓿ 如上帝、理性等等先驗理念。

❼❶ 乃意指尼采對一切事物（與現象）的產生看成只是一種生成過程，因此，在特定時空條件制約下，有的只是諸多的可能性，而其中有些是居優勢，並無單一絕對的決定者。

上，此一激進而積極的虛無主義，即是展現人精神（與至為豐富之生命）所具之權能力的極致理想形式，有扮演著前面提到之產生振奮作用的鎚子哲學角色。尼采稱呼這種具有重敲生命脈動之堅固鎚子作用的虛無主義為狂喜神出虛無主義（ecstatic nihilism），乃是哲學家不可或缺的基本思維方式**❼**（Nietzsche,1968:544,§1055）。酒神戴奧尼修斯的激情**❼**即是催動這種試煉著堅硬鐵鎚精神之具原始本能性的動力，讓人們把一塊新的標示牌掛起來，上面寫著「變強硬吧！」（Nietzsche, 2007b:76;2009:354,§29）。因此，這樣的絕一存有不是以一種穩當固定且永恆不變之結構化的樣態堅實地呈現出來（如上帝或絕對理性），而是以氣體的狀態瀰漫在個別事件之中，乃至是以不在場之弱者的姿態隱藏在人們的記憶當中，只是靜靜地掀起著記憶的盛會（memorial banquets）（參看 Vattimo, 2006:189）。

顯然的，氣體化的絕一存有意涵著，世界乃是具有著混沌特質的整體，需要不斷解放和生成。人的行為包含著一長串且複雜的事件，既無起點，也沒有終點，而且，短暫的過程與較長久的過程並非分離開的（Nietzsche,1968:355,§672; 同時參看 Jaspers, 2001:135）。因此，存有生命並非被某種預設的信念或狀態（如基督教的原罪或社會學家相信的「結構命定」）完全命定著。毋寧的，這樣的說法剔透了尼采的基本立場：（一）以人為本位的思考模式、（二）重視人的激

---

❼ 尼采文集普魯茲版編者指出，尼采眼中偏差的虛無主義乃否定而非承認與肯定虛無，或者如基督教與道德觀念一般，賦予虛無以安慰和希望（Nietzsche,2007d:10）。根據瓦蒂莫的意見，積極與消極（即尼采所詬病的）虛無主義其實無法明顯地加以區分，因為前者頂多只是把絕一存有（Being）予以弱化而已。準此，尼采極力區分二者的努力似乎是沒成功的（Vattimo,2006:140）。

❼ 考夫曼認為，除了尼采早期作品《悲劇的誕生》之外，當他提及酒神戴奧尼修斯時，並不是針對著代表理性的太陽神阿波羅，而是衝著浪漫主義與基督教思想（如怨憤的心理）而來的（Nietzsche,1974:331, 註 126; 同時參看 Nietzsche,2002:175-177,§295）。我個人認為，這樣評述相當具有啟發性，也甚為中肯。

情感動面向和（三）視人的生命歷程是一個不斷開展的生成過程。同時，這也聯帶地證成了尼采的心理學主義立場，使得他明顯地是跟隨著叔本華的腳步走著。這意思是說，尼采強調人的意志做為彰顯人之自主能動性的基礎，並肯確唯有充分展現人的（權能）意志，才有讓人們感覺到快樂的可能（Nietzsche, 2002:18-20, §19;23, §23）。

　　於是，在尼采的心目中，人的存有狀態是由一連串的心理事件串聯起來，而且，人有著潛能對其自身不斷地追求超克（overcome），也因此對既有的至高價值一再地予以重估，其中自然可能有著不斷的破壞，而且經常以嘲諷的（ironic）方式進行著（Nietzsche, 1968:14, §14; 同時參看 Nietzsche, 1999a:19-20, §16）。準此，虛無主義（或謂「虛無」更為恰當）無疑地是一種正常狀態，有著曖昧的雙重性（Nietzsche, 1968:17, §22,23）。不過，不管如何，它絕不是冥思著虛空自身，更非只是信仰所有事物終將腐滅，而是把一切（包含生命）看成是一個不斷轉化（以至精進）的生成過程，虛空只不過是哲學人類學之存有源起預設的一種本質狀態而已。因而，以虛空架出生成的虛無主義（假若它還可以說是一種虛無主義的話❼）不是單純思維、認知或判斷上的化約問題，其更為根本的毋寧地是以虛空做為哲學人類學存有本質預設的一種生命實踐行動❼。易言之，以虛空架出不斷

---

❼ 難怪海德格會認為，尼采之極端虛無主義形上學本身，其實已經不再是虛無主義了（Heidegger, 1982:202）。

❼ 套用瓦蒂莫的說法，尼采所架出的哲學不是確立的特定宇宙人生觀（*Weltanschauung*）本身，而是把它予以問題化（Vattimo, 2006:25）。準此，歷史乃是由不斷的創新砌成之一種具永恆輪迴特質的生成狀態，它並沒有特定的發展方向（如現代性所意圖指向的線性進步觀）。這讓時間只是透過人在「此地」之當下此刻的決定而構成，因而，在這樣一個以「沒有歷史」做為歷史質性的生成世界裡，人本身的決定即是一種絕對，需要的是負責任（Vattimo, 2006:35-37）。依我個人的意見，假若這衍生出的就是超克人的概念的話，那麼，重要的並不是責任，而是修養貞定，因為，相對於責任概念具有之社會互動的外塑倫理性，修養貞定具有著主動而積極的主體內塑能動意涵，更能捕捉到自

的生成，乃意味著人的生命處境不是有著被充分結構化的恆定和穩
當，毋寧的，人們一直需要以相當清醒自覺的努力來挑戰可能面臨的
種種（結構化）挫折。自我的不斷超克現狀與追求精進，乃是人的存
有需要成就的價值。

　　撇開偏好人的認知面向不論，套用海德格的說法，自我不斷超克
現狀與追求精進涉及的，即是有關本真（authenticity）與非本真
（inauthenticity）並存的課題❼（Heidegger,1982:220-222）。基本上，
此二者彼此之間總是相互涵攝地搓揉摩盪著，以至於這樣的行動需要
強韌的精神與意志❼（而非邏輯）做為後盾（以俾不斷地挑戰並安頓
著價值）（Nietzsche,1968:18,§24）。再次借用海德格的說法，這乃涉

我克服的基本內涵。在此，有另一個相關的評述，或許值得特別一提。這個評述是：雅
斯培在評論尼采的心理學時即以相當具體的口吻指出，在尼采的眼中，人是一種尚未定
型的動物，有著無限可能的生成變化樣態。因而，當尼采對「人」予以關切的時候，其
重點乃被安置在人與自身之間的關係上面，即「人在觀察自身、評價自身、錯誤判斷自
身、塑造自身；其次是人的本能發揮作用極其轉變的方式」（Jaspers,2001:139；同時參
看 138-144）。這樣的評論乃意味著，人需要的是自我創造，自我提昇，而非對絕對道
德信條的無限屈服。難怪，雅斯培會認為，尼采在對人進行剖析時，採取的是一種鞭策
性的描繪手法（Jaspers,2001:172-180）。

❼ 海德格另一組與此相呼應的概念是：隱藏（concealment）相對著披露
（unconcealment）。海德格一直即以存有的形上學立場來詮釋尼采的虛無主義，這應當
是可以接受的，唯，他持有著西方理性哲學傳統強調認知面向的思想（thinking）來解
讀，以至於才會從具認知意涵的本真性概念切入，而且以存有的缺席（default）與否
做為論述虛無一概念的分離點（Heidegger,1982:199-250）。但是，假若尼采的虛無思
想有著形上學立場的話，它涉及的基本上是承受著濃厚感情成分的價值（和權能意
志）。一旦我們不只把此感性的形上基礎完全地予以懸擱，而且是（誠如海德格所做
的）被當成是賦予理性化之認知色彩的思想的時候，認為「虛無主義的本質是給予思
想一個謎（enigma）」的說法自然就說得過去了。因此，這也就難怪海德格會認為，
「賦予思想以被思想的」（what is given to thinking as to be thought）是一種謎樣的東
西（Heidegger,1982:228,233）。依我個人的觀點，把尼采架接在價值（尤其權能意
志）概念上面的存有虛無主張予以「思想化」，一旦操之極端，無疑地會讓（尤其理性
的）認知做為架接概念過度膨脹，以至於無法把尼采的主張（如存有具有的遊戲
〔play〕成份）中最具魅力與最有啟發性的內涵充分地發揮出來，儘管海德格顯然已經
注意到尼采思想中的這個面向（即以慾望、激情與需求來表達）了（Heidegger,1982:
235-250; 同時參看 Heidegger,1982:85,244;Krell,1982:259）。

❼ 換個角度來說，即肯定超手人做為主體之外去觀察和認識某物是絕對不可能的。存在必
須是建立在人的主體感知基礎上，其意義才可能彰顯出來（Nietzsche,2006:69）。

及到以慾望與感情表諸於身體為本的權能意志所具之絕對主體性的形上課題（a metaphysics of the absolute subjectivity of will to power）（Heidegger,1982:147）。因此，對尼采而言，人之能動性的充分展現是證成存在的基本條件❼❽。簡扼地來說，這乃意味著人們需要有著充分的激情，才足以支撐得起強碩無比的權能意志來激發人的主體能動能量，以俾讓自主性充分展現出來——即超克人的實現。

　　在尼采的腦子裡頭，儘管以虛空架出不斷的生成自然是一個持續流變的過程，但是，在萬變之中還是有著一個永恆不變的基素存在著。只是，這個不變的基素並非一成不動地矗立著，而是以一直流動著的形式輪回地浮現。在尼采的思想體系裡，這成為一個極為關鍵的重要概念，尼采稱呼為相同的永恆輪回，而這正是下一節所要討論的課題。

---

❼❽ 對尼采而言，人的意志行動，不管道德上是善或惡，均是頹退的，因此，虛無主義（特指架出上帝與道德德目者）不是頹退的原因，而是其邏輯結果（Nietzsche,1968:27,§43）。這也就是說，頹退乃因人們缺乏主體反思的能動能量使然的，譬如，迷信宗教與進步觀念、喪失了抗拒刺激的能力等等，即是展現人頹退的樣態（Nietzswche,1968:27,§44）。於是乎，尼采詬病當代（當然是他的那個時代）精神缺乏鍛鍊，披掛的是各種的道德姿態，如強調容忍（實則是無能力說是或否）、大量度的同情（實則是三分之一的無差異、三分之一的好奇與三分之一的病態暴躁）、客觀（實則缺乏個性與意志，也無能施愛）、意圖科學的（實則只是猶如販賣宗教書籍的小說）、激情意謂著失序與無節制、或深度乃是混淆不清、象徵之極其豐富的混沌。同時，當代也充斥著許多大字彙，如革命、廢除奴隸、平權、愛好和平、博愛、正義、真理等等，尼采認為都只是戰爭時的旗幟而已（Nietzswche,1968:50,§79,80）。

第五節　　永恆輪回⑦的雙重意涵──正負情愫交融的存在條件

　　永恆輪回的概念表現了尼采的基本形上學立場（Heidegger,1984: 5），與權能意志和超克人二概念一齊構成為鐵三角，足以勾勒出尼采的基本哲學觀⑧。基本上，永恆輪回涉及人之存有、且是絕一存有的根本，而且，必須緊扣著生成的概念，才可能恰適地理解。

　　做為一種存在狀態，永恆輪回並不預設任何特定目的，乃以非動機的方式讓人們所經歷的當下此刻得以推動轉進，因此，乃超乎人之意志所決定的。對此，巴塔耶的描繪相當傳神，他形容輪回是一種戲劇的模態，人類整體性的面具，也是人類的荒漠。於其中，每個當下此刻之非動機性的轉進，總是使得行動本身並無法讓人類的整體性有所超越，因為人的行動一直預設有特定目的，乃被困陷在特定的理性

---

⑦ 於一八八二年出版的《輕盈的科學》一書中，尼采首先以「戰爭與和平的永恆輪回」此一辭彙點出了這個概念（Nietzsche,1974:230,§285）。

⑧ 據安塞爾・皮爾遜的意見，永恆回歸的思想和實驗乃把尼采的主要學說統一在一齊（Ansell-Pearson, 2005:186），許多論述尼采思想的學者都繞過這個概念來進行（Jaspers,2001:375）。不過，瓦拉迪耶（Paul Valadier）則指出，尼采從未正式且明確地把此一概念說清楚，只是以趨近恐怖或入迷的方式予以宣稱（Valadier, 1985:257）。儘管情形或許是如此，對尼采本人而言，「永恆輪回」一概念本身並非單純的隱喻性表現，而被視為有著科學性的根據（Nietzsche,1968,548-549,§1066）。當然，情形是否真的如此，則另當別論了。對此，艾里遜曾經提出評論：一、無論就理論或可經驗觀察的面向來看，尼采都似乎不可能提出充分的證明；二、尼采此一概念的提出為的是當成化解傳統有關靈魂不朽之形上學論點的解毒劑。他所針對的是過去人類文明（特別歐洲基督教傳統）中對「靈魂」一概念所提出的諸如永恆救贖、懲罰、報酬、或復原等等之循環說法的否定。對尼采，毋寧的，「永恆輪回」是一種涉及能量的自然現象，而非超驗的神祇法則。艾里遜認為，即使尼采宣告了「上帝已死」，他對「永恆輪回」的整個論述還是無法完全擺脫形上與道德的問題，並且對之有所回應和化解（Allison,2001:124-128）。安塞爾・皮爾遜則迴避了「永恆輪回」是否具科學性的問題，而認為它的意義在於其所彰顯的教育啟發意義（Ansell-Pearson,2005:187;同時參看 Nietzsche,1974:273-274,§341）。這些評論將在本節正文的討論中直接或間接地論及到。

範疇之中，不可能有著具全面性之豐沛情感的流動（Bataille,1992:
xxxiii）。於是乎，對無法完全揚棄理性來安頓自身之存在的個體人
來說，永恆輪回是一種命運，人無能改變其本質的。

　　對尼采而言 在這樣的前提下，儘管生命當下總是被掩蓋著、且
外表看來有著平靜的屬性，但是，它卻隱藏著一個基本因子不斷地給
予自身新生與一再的消費，且總是讓人們並非毫無驚恐地懷疑著生命
是隱藏在每樣事物之中❸（參看 Nietzsche,1968: 549,§1066）。換句話
說，整個世界呈現的是一種一再循環的運動，無限重複著，而且人們
總是懷著戰戰兢兢的心情面對。尤其，既然本質混沌的世界整體需要
的是永恆不斷地解放和生成，面對著永恆輪回的本然存有狀態，人的
生命自然也就並非事先被完全確定著，而是處於不斷掙扎（精進者則
是尋求超越）的努力狀態之中。在這樣的永恆輪回過程中，人們不斷
地攝取（ingest）其中涉及的種種元素行止，也持續地予以滲入
（incorporate）❷ 。這些行止包含著人們所知曉的、犯錯誤的、習慣
的、成為生活方式的、以及可能面臨的任何事務（物），以至於構成
為新的（也是最沈重的）負擔❸（間接引自 Heidegger,1984: 74; 參看

---

❸ 張伯倫（Lesley Chamberlain）認為，尼采此一觀念與歌德在《浮士德》一書中提到之
永恆的女性（Ewig-Weibliche）的救贖觀念有關。永恆輪回「實際上是指尼采受制於復
仇女王，陷入萬劫不復之地。他曾經說過，伊莉莎白的（按：指尼采的妹妹）『永劫回
歸』（按：即本文所說的永恆輪回），是他理論中唯一令他後悔的觀點。他確實有巧
思，有奇特的巧思」（Chamberlain,2000:202-203）。我個人認為，容或張伯倫企圖以
精神分析的角度來解析尼采對女性的態度甚有創意，但是，以此觀點來總結尼采永恆輪
回的概念所企圖意涵的範疇，卻顯得有失過分偏狹。

❷ 尼采使用的德文是 Einverleibung，有著生理學的「攝取」與「滲入」的多重意思。根
據海德格之《尼采》（第 2 卷）一書的英譯者奎爾的疏註，這個原具生理學意涵的字
眼，在尼采較晚期的作品中，才逐漸添增了更多的社會與文化意涵（Krell,1984:146
註）。

❸ 借用佛家的概念來比擬，或許，它所欲表述的是有如：人們一直處於貪、瞋、癡的循環
苦海裡，他們所能做的，僅只是在「當下此刻」以種種的方式來應對。因此，處境是永
恆輪回著，只是，體現的成果卻可以因個人的修為不同而有所差異，而這樣的修為精進

Nietzsche,1974:273-274,§341）。於是，誠如安塞爾‧皮爾遜所提示的，永恆輪回「是一種倫理原則，返回的並不是『同一者』，即不是人所意求的實際內容，而是意求的形式」（Ansell-Pearson,2005:206）。

洛維特企圖以更加具體的說法來釐清永恆輪回的概念。他認為，尼采的永恆輪回概念有著雙層的意涵：一是意志具倫理重力（ethical gravity）特質的強制作用，乃指涉可以使得人們從已變成為無目的之人的存在之中再度獲得具目的性的存在狀態。簡單地講，這意味著，被永恆化的意志所賦予的目標本身乃永恆地輪回著，亦即，人們一再地以其應然期待的方式來經營著生命❸❹，洛維特稱此為人類學的程式（anthropological equation）（Löwith,1997:87）。另一指的則是，在充滿著力道（forces）的世界裡，無特定目的（goalless）之自我涵攝（self-contained）的存在所呈現具實證意義的自然－科學「事實」（natural-scientific "fact"）（譬如能量守恆原則），洛維特稱為宇宙論的程式（cosmological equation）❸❺（Löwith,1997:82-94）。

行文至此，讀者們或許會感覺到洛維特的用語艱澀拗口，所做的詮釋顯得相當抽象，以至於難以讓我們充分地理解。對此，至少針對著宇宙論的程式的說法，首先，讓我們來看看瓦蒂莫的詮釋。瓦蒂莫指出，尼采的永恆輪回概念所指涉最重要的，乃體現在人所賴以存在之生活（社會）條件的具體結構上面（Vattimo,2006:2），我們不妨稱之為具情境—結構性的永恆輪回。最簡單的例子即如人有生就有死，

功夫或許正是尼采透過攝取與滲入兩個概念所欲闡明的。

❸❹ 在《輕盈科學》一書中，尼采即以「你是否再次地更欲求著它，而且是無窮盡地一再欲求著」這樣具假設形式、且有著最大重量的期待口吻來呈現永恆輪回的概念（Nietzsche,1974:274,§341）。

❸❺ 艾里遜也提出類似的說法，後者稱為「歷史或甚至宇宙性的循環……」，指涉的是事件、個人對象，而前者則是諸多動態力量的永恆互動流變。只不過，艾里遜側重前者（Allison,2001:121）。

合與離必然是交替地出現著。甚至，小至在日常生活中，我們每個人都經歷著諸如吃飯、睡覺、散步、洗臉、搭公車上班等等相同行為不斷循環發生著；或者，在自然界，季節是週期地循環著。同時，我們也總是看得到，樹葉枯掉了，卻總又長出新的嫩葉來❽。即使就日常生活世界裡人們的心理狀態而言，諸如喜悅／沮喪、快樂／痛苦等等的感受也總是循環地呈現著。然而，雅斯培對洛維特所宣稱之尼采此一宇宙論程式的永恆輪回概念卻有著不同、但卻是更細緻的闡明。他指出，永恆輪回最具深刻意義的涵義，不是在於如晝夜不斷循環等等之內在於自然界的往復循環現象。它指涉的是存在的整體，乃意指著整個生成過程基本上缺乏著絕對法則，而是任何時刻的任何力量都會造就自己的最終結果。因此，我們所能掌握的只是當下此刻的「現在」，因為此一瞬間揭示著存在，是永恆的，輪回即是這種永恆的象徵（Jaspers, 2001:377-381）。

　　總之，對永恆輪回此二程式，洛維特提出進一步的闡明。他指出，前者的「無目的」所成就之「任何事物都是相同或相等」的存在樣態乃與世界產生了異化現象，而後者的「無目的」性更是使得人與世界之間異化了。在這樣被既成結構化力量所完全制約的情形下，人的存在將變得相當不穩定、不可理解、也無以感受（Löwith,

❽尼采即說道：「萬物離去，萬物復歸；存在之輪永恆運轉。萬物亡逝，萬物復生，存在之年永遠奔走」；「唉，人類永遠輪回！小人也永遠輪回」；「『我現在就死，而且消逝』，你將會說，我瞬間會為一種虛無。靈魂、肉體一併死去。然而，我被纏繞在其中的因果紐帶，又將輪回──它將再造我！我自屬於永恆輪回的因果律。我復反，與這個太陽，這個大地，…… 一道回來……：──我永遠回到這相似和同一個生活，無論是最偉大之處還是最渺小之處，我將重新教授萬物永遠輪回的教誨」（Nietzsche,2009:359,363-364）。總之，依著瓦蒂莫此一永恆輪回之「情境─結構」雙元性的說法，那麼，尼采似乎預告了當代西方社會學理論中之「結構／行動（能動性）」的議題。前者來自生理與物理性特質所制約的結構性，可以借用紀登斯所說的資源（resource）來對比，而後者涉及的即是有關正當性的規則（rule）（Giddens,1979: 第 3 章）。

1997:83）。於是，在永恆輪回必然發生的世界裡，為了避免雙重的異化，人需要尋找、更需要確立生命的意義。為了因應這樣的異化場景，尼采並不如馬克思主義者所肯定的，以為可以透過制度性的結構變遷來消除或減低，而是主張「人應當以不斷自我克服的努力來成就超克人的生命境界」。這樣從人自身來謀求化解的出路，可以說一直就是尼采使用的策略，也是他對於人之存在的基本認識，具有著極為特殊的歷史—文化意涵，這正是底下要討論的重點。

　　針對洛維特有關永恆輪回的二元程式說，內哈瑪斯有著不同的看法，他認為，洛維特的宇宙論說法並不符合尼采使用永恆輪回的真正用意，甚至，尼采會懷疑這樣的宇宙論對他是無用的，因為他從來就沒有企圖予以證明，儘管尼采曾留有一些有關宇宙論之證明的草稿，其妹伊麗莎白（Elizabeth Förster-Nietzsche）也特別把它的一部分置於《權能意志》一書的最後部分（Nietzsche,1968:544-550,§1053-1067）。對此，內哈瑪斯下了這樣的結論：我們「很困難確定這些草稿的目的是什麼」，但可以提示的是，這些很難當成是尼采的核心觀點（Nehamas,1985:142-143; 同時參看 Strong,1975:261）。我個人覺得，這樣的評論相當中肯，值得當成理解尼采之永恆輪回概念的基本立場。

　　換言之，內哈瑪斯對洛維特以「宇宙論的程式」說法來定位尼采的永恆輪回概念，基本上是有所質疑和保留的，我們頂多只能保留人類學的程式這一部分。準此，永恆輪回所意涵的，最重要的毋寧地是有關自我的觀點，也同時證成了「緣便」的概念❸（參看 Nehamas,

---

❸ 儘管，情形或許如內哈瑪斯所指出的，就尼采的知識背景來看，永恆輪回的概念仍有著指涉宇宙論的意思（Nehamas,1985:150, 註8）。再者，依我個人的意見，因為內哈瑪斯沒有掌握到「緣便」的概念，一直停留在接受具實質性之「有」做為存在基礎的想像

1985:150;Zuboff,1973:350-352）。於是，尼采所強調的不是永恆輪回一概念中涉及物自身❸的面向，而是在獨一無二的特殊處境中，人面對了種種的命運機遇可能性時他所可能努力以致的存在狀態（尤其從意義的角度來剖解）。因此，永恆輪回所以顯得特別具有意義的，不是其所展現的客觀性，而是做為一種可以被感知（與體會）的身心狀態。借用海德格的說法，這即意味著，永恆輪回並非終極事實，而是諸思想中的思想❸（Heidegger,1984:156）。簡單說，固然永恆輪回可以指涉著宇宙展現的一種基本結構狀態，但是，其更重要且顯得有意義的是指向著人的心志狀態。使用尼采的說法，這即是權能意志不斷地施放而表現在行止上的一種不斷重複出現的樣態❾，它構成為命運，無以迴避，也無從選擇，只能熱愛著它，而這正是下文中要特別強調的。

　　在這兒，或許附帶地援引波赫士對尼采此一概念的評論來回應，會有助於我們的理解。首先，波赫士援引現代數學與物理的觀念來批評、甚至揶揄尼采之永恆輪回概念的有效性。顯然的，他所指涉的是

當中，不免使得他對尼采之永恆輪回的討論無法充分掌握其思想中所蘊涵之「虛空」的要義，乃至以至於有了失焦之虞。然而，在底下將討論到之有關克洛索夫斯基的論點，情形則不同了，他即相當明確地掌握了尼采思想中所蘊涵這樣之「虛空」與「緣便」的特質（Klossowski,1985,1997）。

❸ 尼采即認為，「不存在什麼善、美、崇高、惡的東西，而是有種心境，處在這些心境之中，我們便把上述的詞彙加到我們身內身外的事物上」（Nietzsche,2007c:262）。

❸ 相對地來說，權能意志的展現則不是一種單純的思想，而是一種努力的終極事實（Heidegger,1984: 156）。因此，只有人們體認到永恆輪回狀態、並做為信念來看待，而這個人又恰恰是最有權能意志的時候，它才可能成為成就超克人的棒鎚（參看Heidegger,1984:155,163-165）。

❾ 譬如，尼采在《瞧這樣的人》一書中，即提到他的母親和妹妹乃是他人生不可避免、且不斷重複出現而影響他的人物（Nietzsche,2007b:10）。誠如在註四中所指出的，根據克洛索夫斯基的分析，這與尼采一生體弱多病，對自己的身心健康狀態有著強烈的病識感有關。對此，尼采在潛意識裡始終以英年早逝的父親為「典範」來與一直活著、但卻日益老化的母親對照比較，而在自己與父親逝世時的年齡相同之際（約三十六歲）有著死亡的焦慮（Klossowski,1997: 第7章）。

有關洛維特所說之宇宙論的程式這一部分。姑且不論波赫士這樣的批評是否有道理，重要的是，波赫士隨即把尼采此一概念的精髓點了出來。他是這麼說的：「尼采知道永恆手段是永遠不斷出現的寓言或恐懼或娛樂裏才有的，而且他也知道語法人稱裏最有用的是第一人稱。作為先知，他應該肯定地說是唯一有用的人稱」（Borges, 2002: 524）。換句話說，倘若我們希望以具追求客觀事實性的實證角度來檢驗尼采此一概念，是會失望的，而且，事實上，也無此必要。但是，假若我們以隱喻手法來詮釋人生世界（或許事實上也只能如此），尤其是涉及人的意志（使用尼采的術語即是權能意志）活動的話，永恆輪回的概念就有著一定的意義。特別擺在整個西方思想的發展脈絡來看，意義則更加明顯。

根據克洛索夫斯基（Pierre Klossowski）的解析，尼采原先把自我的認同落實在身體上面，認為生命是一個無可回復的單行道，意義的永恆性基本上是只此一次，然而，這樣的宿命（fatality）觀點卻因為尼采經歷了永恆輪回的頓悟經驗而改變了，他因而發展出一個新的宿命版本。自此，尼采不再視身體是自我的特質，而只是諸多衝動與彼此之間相互對抗的所在地。因為身體被看成是諸衝動的生成物，身體變成是偶然的，既非可逆，也非不可逆，因為其所經歷的歷史只是諸衝動的本身，而這些衝動不斷來去循環著。借用克洛索夫斯基的說法，這樣的衝動即是具表意（significance）之（感受）強度（intensity）的不斷湧現與再湧現，他稱呼此一自我的新宿命版本為一種「缺陷循環」（vicious circle）（Klossowski,1985:112-118）。尤有進之的，生命本質上是「虛空」的，是一種既無起點、也無終點的混沌狀態，並且是人們以個別的姿態不斷地予以自我翻新與實驗著，需

要的是不斷的克服。於是乎，意志跟著呈現，而且變得重要起來了⑨
（Klossowski,1997:29-30,33-34;1985:112-120）。

　　針對著這樣具缺陷循環的（相同）永恆輪回，克洛索夫斯基認
為，尼采尋求的是思想與身體的一種新黏合（cohesion），它稱之為
肉軀化的思想（corporealizing thought）⑨（Klossowski,1997:30）。所
謂肉軀化的思想乃意涵著，感性的衝動是生命力量的來源，理性只是
一種限制、禁制，錯誤是由理性所建構之真理內涵的本質。於是，權
能意志是實踐感性衝動的一種心志性能量，具有著感性表意的強度，
乃對著符碼所營造那種極具虛構性的語言世界進行著不斷的鬥爭，克
洛索夫斯基引述尼采之說稱為符碼的縮寫（abbreviations of signs），
其所涉及的不是對與錯，而是符碼本身與符碼的縮寫之間矛盾的問
題。

　　順此符號學所鋪陳的理路，權能意志指向於把由動物本能所激發
的潛意識感受衝動予以意識化的這一切努力，基本上即是永恆輪回的
基本內容，其基本信條即是遺忘（forgetfulness）與潛意識──一直不
停、且是永遠地遺忘了我們已經是或將是的（Klossowski,
1997:48,50,53-54;1985:107-108）。在此需要予以澄清的是，這樣的說
法並非意味著「過去」本身對人們完全喪失了意義，情形毋寧地是，
它以「它曾是」的姿態出現，而所謂「它曾是」的問題關涉的，不是
「過去」的實際內容，而是過去性（pastness）的本身（參看

---

⑨ 克洛索夫斯基區分了尼采的永恆輪迴與宿命論（fatalism），認為前者最重要的特點是
　人可以對隨機而生之非意志性的對象再度予以意志化（re-willing），並以此克服種種
　的機遇來成就超克人，而後者則只是一成不變地接受命運的安排（Klossowski,1997:
　69-73）。

⑨ 這內涵在尼采所強調康復（convalescence）的概念之內（參看 Nietzsche,2009:356-
　364）。雅斯培即指出，尼采的著作充滿著由闡疾病之意義的問題，乃與他長年忍受疾
　病的折磨有關（Jaspers,2001:92-123）。

Small,1983:598）。換句話說，人們心中所存有的「過去性」為何是決定人們所體現之生命品質的關鍵。譬如，倘若人們一直擺脫不了以怨憤的心理來對待「過去」（如基督教義所教導的「良心譴責」），那麼，它即會為人們帶來難以逃脫的惡性命運循環。因而，唯有「遺忘」，才有可能使得人們突破既有的僵局而有所精進。無怪乎，斯莫爾（Robim Small）會認為，對於因有著勇敢的氣魄與無辜的心理狀態來激發新的作為，遺忘是本質性的條件（Small,1983:599）。

職是之故，歷史並不以記憶的形式沉澱成為具絕對權威姿態的絕一存有（如上帝、絕對理性）主導著人的生命，而是讓人們一再地遺忘，得以永遠以嶄新的姿態在非意識化的感性衝動力量激盪下不斷地自我生成，儘管始終有著「錯誤」，但卻同時擁有著嘗試的機會。於是，永恆輪回成為人必須不斷施以意志的必然狀態，而遺忘使得循環輪回不被意識到，否則，一旦有了記憶，就不是循環輪回，有著可能讓人們停止的終點。尼采即說道：「生命本身創造了此一嚴肅的（永恆輪回）思想；生命也需要克服加在其上之無以倫比的障礙」；「我這個信條教導是：一再地以你渴望活著的方式生活著，這是你的責任——無論如何，你將再次地活著」（分別引自 Klossowski,1997:54,60）。從其肇始的時刻，永恆輪回就是活生的事實（a lived fact），而不是假設性的再現，若說是思想，也是一種乍現（sudden）的思想（Klossowski, 1997:72）。於是，誠如上文中所引述之雅斯培的詮釋，「當下此刻」的「此在」才是永恆輪回的永遠轉折點。

感性衝動總是把「整個」人以「當下此刻」在「此地」的格局不停地帶來，也不停地帶去，其間沒有邏輯的分析，因此，沒有演繹的認知累積，只有感性的激挑，是「此時此刻」的完全耗盡，沒有過剩，更沒有累積和儲存，意義只存在於消費瞬間的強度。然而，誠如

克洛索夫斯基所詮釋的，不是「當下此刻的此地」本身吸引著尼采，
並讓他專注於此，而是返回人們所生成的──即「已被設定生活著和
必須再次活著」此一必然性──來激挑意志與創造意義，才是他意圖
定調的焦點。對此，尼采討論的是同一個自我的輪回（a return of the
identical self）（Klossowski,1997:65,66）。顯然的，在時間是不可逆的
必然條件下，這樣的輪回意圖指涉的是人做為存有主體不斷地對非意
志的對象（包含時間上的過去）一再賦予意志的現象（Klossowski,
1997:69-73;1985:115-118）。於是，永恆輪回可以看成是一種深具啟
示（revelation）意涵的意志努力，讓人一再地挑戰著輪番而來的苦楚
（suffering）經驗。這也就是說，讓一個個體能夠有機會不斷地以具
創造性的精進形式經歷（也成就）著一連串的不同個體性，「賦予意
志地成為非你原是的他者，以便於成為你所是的」（to will to be *other
than you are in order to become what you are*）（Klossowski,1997: 98）。

　　說得更簡潔點，整個的情形是：只有有著永恆輪回做為一種不斷
產生相同之可能性的契機，人才有機會透過權能意志來創造嶄新的生
命──不斷超克精進的個體性。於是，永恆輪回的循環所內涵的「缺
陷」，或許看起來僅只是一種幻象、一種擬像，但是，它絕非上帝所
賜予的，更不是完全地操控在上帝的手中。它毋寧地是一種具隨制性
質（contigent）的偶遇，給予人們有著一再試驗之機會與力量的條
件，也是成就超克人的試煉泉源，而它特別指向的則是單一的特殊個
體，重點在於人之感受能量的強度是否足夠的問題。套用克洛索夫斯
基的用語，整個狀況即是「對循環之強度的活鮮經驗，而這取代了僅
只一次的原則（the principle of the *once and for all*），並開啟了一些個
體性（individualities），一直回到其中之一足以讓永恆輪回披露的為
止」（同時參看 Klossowski,1997:169-171, 217）。

　　以上的論述傳遞著一個重要的訊息，即永恆輪回不只可以指涉著一種對社會與心理結構所彰顯之具物理或道德性質的宇宙論基礎，更重要的，它是人們所呈現之一種具意志性質的獨特感知狀態，而這也是在下文中所欲強調之「權能意志與永恆輪回總是相互搓揉摩盪著」所意圖內涵的現象（參看 Heidegger,1984:153）。根據克洛索夫斯基的意見，由於終其一生一直受到病痛的折磨，尼采甚為重視自己的健康狀態，對於健康（health）和病態（morbidity）的區分相當敏感，認為二者之間的差別只是程度之不同而已。於是，尼采以諸如頹退／有活力或強壯／羸弱來形容，同時，這樣之對身心的感知模式，被看成是具「缺陷」循環特質的永恆輪回同時做為活鮮事實和思想之情況下的基本內涵。況且，事實上，唯有是有著「缺陷」、且讓「缺陷」有著永恆輪回循環的可能，才有以權能意志謀求努力精進的說法。因此，它所涉及的不是知性，而是一個人之敏感度、情緒強度和感情濃度（也就是一個人之種種衝動狀態）的不斷輪回出現問題 ❾❸（Klossowski,1997:199-200, 同時參看第 6 章）。艾里遜（David Allison）也指出，撇開時間向度不談，尼采乃緊扣著人所具有的種種自然本能來形塑人的活動，認為驅動人的活動的是一些由本能所形塑之特殊的有限力量，這些力量依其特質分化成為一些特殊的群組（並促成了權能意志），它們總是不斷地來回呈現出永恆輪回的情形 ❾❹

---

❾❸ 對此，克洛索夫斯基宣稱，尼采為有病的人（the sick）一概念的可能關聯性提出極富想像力的最美麗發明。這也就是說，「有病的」經常與諸如多些同情、多些人情味、怨氣、天才、犯罪、女人、藝術家等等連在一齊。但是。總歸一句話，尼采期翼賦予「有病的」一些具正面且積極性質的權能意涵（Klossowski,1997:201-203）。

❾❹ 最能夠既簡拒、但又相對精準地表現永恆輪回概念所具有之此一內涵的，可以說是尼采在《輕盈科學》中之第 341 節所描繪的。尼采是這麼說的：「…設若有一白天或夜裡，一個惡靈偷偷地溜進你最孤獨的孤寂之中，告訴你：『你現在過的與已經過的生活，你將必須再過一次、且是無數次；沒有什麼新鮮的在裡面，你生命中任何的痛苦與愉快、任何的思想與嘆息、任何語言所無法形容的大小事，都將接續地以相同的次序回歸過

（Allison,2001:121）。這麼一來，整個問題的焦點於是乎乃在於這些力量「在怎樣的情況下、又如何地相互搓糅摩盪著」。對此，瓦蒂莫的見解或許有助於我們來釐清整個提問的核心課題。

瓦蒂莫主張，尼采的永恆輪回概念，基本上乃是用來處理歐洲文明發展所產生之歷史弊病（historical malady）（如人類所面對的工業化結構）的一種具時間（temporality）意涵的核心概念（Vattimo, 2006:20）。易言之，倘若用來回應第三節中的討論，永恆輪回可以說是一個「非（超）歷史性」加在「歷史性」上面的形上概念道具，它把過去與未來一齊凝聚在「當下此刻」的現在。尼采在《查拉圖斯特拉如是說》（*Also sprach Zarathustra*）一書中對「現在」即有著相當精采的敘述，可以引述用來幫助我們理解永恆輪回的內涵。尼采先寫道，當以「現在」做為一扇大門通道之後，查拉圖斯特拉與侏儒就站在這兒。尼采接著這麼寫著：

> 這條長路向後（按：指過去）：通向永恆，那條長路通往（按：指未來，即向前）——那是另一種永恆。這兩條路彼此相反，他們恰好在此碰頭——大門的通道邊上，恰好是它們交匯的地方。大門通道的名字刻於上方：暫時（按：即本文所稱的「現在」）。
>
> 要是有人沿其中一條路前行——一直走下去，越走越遠，侏

來——甚至樹林間的此一隻蜘蛛和此一輪明月以及此一時刻和我自己都如此。存在的永恆沙漏總是一再地倒立著，而你始終是帶有著細粒的灰塵！』難道你不把自己扔下，咬牙切齒，詛咒著如是說的惡靈嗎？或者，你是否曾經經歷著這樣的非常時刻，而這麼地回答著：『你是一尊神社，但我卻從沒聽過比此更多的預言』。假若這樣的想法佔據了你的心靈，它必然改變了你如是的樣子，或者可能把你壓碎了。在每件事的上面，『你是否想再經歷一次、甚或是無數次』這樣的問題勢必是你行動時最沉重的負擔。或者說，你應如何以最熱烈的渴望安排此一終極的永恆確證和烙印，以使得成為你自己並生活著」（Nietzsche,1974:273-274,§341）。

儒，你以為這兩條路永遠相反嗎？「一切筆直的東西都在騙人」，侏儒不屑地咕噥。「一切真理都是彎曲的，時間本身便是個圓環」（Nietzsche,2009:265-266）。

在同本書的另外地方，尼采則有著這麼的說法，與上面的陳述相呼應著：

> 哦，我的靈魂呀，如同我教你說「曾經」和「從前」一樣，我也教你說「今天」，教你跳超越一切此地、彼地和遠處的輪舞。…… 哦，我的靈魂呀，我把駕馭已經創造出來的和尚未創造出來的事物的自由，交給你。誰能像你那樣，了解未來者的極度快樂呢？…… 哦，我的靈魂呀，我去掉你身上的一切服從、卑躬屈膝和逢言必稱的主宰。我給你取名為「困難的轉折點」和「命運」。 哦，我的命運呀，我給你取新的名字，給你彩色的玩具，我叫你「命運」、「無窮的範圍」、「時間的臍帶」和「蔚藍的天穹」（Nietzsche, 2009:365-366）。

尼采並不是完全否定永恆輪回做為反映自然、人為環境（如社會）、乃至人本身所具有之存在狀態的基本性質 ——一種如紀登斯（Giddens,1979）所明示之「 既是制約（constraint）、 也是促動（enabling）」的結構性條件。毋寧的，尼采是體認了這樣之結構性條件特質乃不可化約的，是人進行自我改造的必然命運要件。上面引文中之諸如「命運」、「無窮的範圍」、「時間的臍帶」或「蔚藍的天穹」等所形容的正是如是。對人們來說，命運是橫跨時間（乃至空間）而無限衍生的一種存在狀態，猶如蔚藍的天穹一般，它是超乎人

之能力所能夠完全撤銷或甚至僅衹是予以些些扭轉而已的。其實，單就我們在日常生活中的諸多細微瑣細的行止而言，我們就可以發現，任何被結構化的平凡例行事件（如吃飯、休息、上班、甚至散步）都讓過去與未來以兩個不同、但卻永恆的迴路在「現在此刻」的大門通道上交會著❾❺。這是一種讓人們產生困難的命運轉折點，更是必須面對之必然、但卻是隨制（contingent）的際遇，人們只能熱愛地擁抱著，而如何熱愛擁抱正可顯示出人的偉大之處（Nietzsche, 2007a:35）。尼采於是乎以熱愛命運（*amor fati*）❾❻來總結這樣之對待著際遇的態度，並視之為人所具有的內在天性（Nietzsche,2007e: 152）。

　　對於尼采的熱愛命運，洛維特做了一番的詮釋。他認為，具體地就人本身的立場來說，這即是成就人之意志（尤其所謂具創造性的意志）的基本生命態度。更重要的，創造性的意志總是以「為了未來而為著過去的東西說話」的方式在當下此刻的「現在」發揮著作用，且為絕一存有創造了一個不斷演進的永恆輪回迴路。這麼一來，當人們是熱愛命運時，時間和存在的整體乃匯聚在未來，只是，這總是以「它必然已經要過的東西」做為前提，且是在當下此刻的「現在」進行著。這也就是說，朝向未來的一切總是變易著，但是，它卻必然地是在已經存在過的狀態下變易著❾❼（Löwith,2006:264; 同時參看

---

❾❺ 譬如，都是跟著往常一樣地吃著中飯，但是，卻可能有著不同的菜（或飯），也與不同的人一齊吃飯。在永恆輪回的發生之中，其中總是既有同亦有異。

❾❻ 尼采此一重要的概念首見於一八八二年出版的《輕盈科學》。在此，尼采接受命運的安排、且採取溫和的態度說道：「我不想要與那醜陋的從事戰爭，我不要責難；我甚至不要責難那些非難的人，不去將是我唯一的否定。總而言之，有一天，我希望成為只是一個唯唯諾諾的好說者」（Nietzsche,1974: 223,§276）。尼采甚至說道：「熱愛命運是我內在的本性」（Nietzsche,2007b:87）。

❾❼ 原本的中文譯文為「這種總是還在要它總是必須已經要過的東西的雙重意義。在它這

Löwith,1997:79）。誠如薩弗蘭斯基（Rüdiger Safranski）所詮釋的，熱愛命運的必然性乃意味著「給它增添些什麼，讓它由此得到改變。這個被愛的事實，不再是那個做為天命僅僅被忍受的同一物。也就是說，我們可以有把握，那個帶著惡毒的笑聲讓自由消失的自由精神，不久會把自由重新變出」（Safranski,2007:187）。

　　瓦蒂莫稱這個讓人們致力於追求的熱愛命運是一項永恆化的任務（the task of eternalization），展現的是永恆輪回的道德面向，即讓自己的存在永恆地重複著，而且，人們必須學習去喜欲著（Vattimo,2006:3）。尼采即說道：「只有視自己的存在足以適合著永恆地重複呈現的人，才得以耐久持續下去」（引自 Vattimo,2006:3）。因此，永恆輪回讓人們必須學習擁抱自然，也就是說，必須學習重複擁抱一些相同的本能能量，但卻能夠讓人們以權能意志來支撐、證成自己。在這樣的狀況下，人們更必須學習如何發揮創意來重組這些本能能量，得以有著更顯精進的生命內涵。誠如艾里遜所做的評論，「在無限的上帝已不在的情況下，我們變成為無限化之未來的無限創造者」，「每個片刻均預告著無限的未來；每一刻以倏變的永恆節慶方式一再地重現；存有隨即被戳記為生成；每一刻也因而把無限的過去收縮進入一個具體的現在，並為一個聽不見的命運提出預言；正是現在，這個現在必須伴著生命而活著、充實著、完成著、填滿著，以便有著一個跟隨而來的現在；所有的這些都發生在每一個片刻」（Allison,2001:109）。於是，永恆輪回是確立能否孕生足以使得強者變得更為強壯之養育（breeding）效果（特別是具精神性質者）的決定性因素（Nietzsche, 1968:458, § 862）。

　　裡，時間和存在的整體匯聚成一個還總是變易著的存在已經存在過的未來」。此譯文相當拗口難懂，在此，特地就其涵意予以改寫。

　　然而，尼采指出，弔詭的是，這被熱愛著的命運，卻經常像一條黑蛇一般，捲曲地盤據在這個過去與未來以不同、但卻永恆的迴路逗留在「現在」當下此刻之大門通道的交會口，總是讓恐懼、仇恨、噁心、憐憫等等或善與或惡的元素在人們的身上迸放出來。人要活下去，只有進行變形——自我意識的變形（Nietzsche,2009:266-268）。具體地說，人們只能靠著自制的努力力求精益求精（excelsior）❾❽，因此，人們需要不斷地抗拒終極的和平，面對的是戰鬥與和平的永恆輪迴，正像一個一直流溢的湖泊靠著築壩防止湖水流出，而得以讓湖面一再地升高（Nietzsche,1974:229-230,§285）❾❾。

　　面對著偶然的機緣，人們需要的是勇於應對的意志，尼采即透過查拉圖斯特拉的嘴這麼說道：「……，我把偶然放在我的鍋裡燉煮。我先把它煮熟，我才會歡迎它做我的食物」（Nietzsche,2009:285）。顯然的，這個鍋子即是人的意志，或更恰確地說，即權能意志。透過這個意志的鍋子蒸煮著「相同的永恆輪迴」，人才可能有著永恆的歡愉，而歡愉的結果是永恆的沉寂，也是永恆地擁抱著相同之永恆輪迴的婚戒❿（Nietzsche,2009:370-382,516-517）。

---

❾❽ 早在一八八七年尼采在《人性，太人性》一書中即已對超克人的自由精神特質與其存在的現實社會條件做了一些預備性的描繪。譬如，他強調藝術的特殊意涵、高級文化素養、個人修養特質、與跨越特殊時空制約之飄泊人（wanderer）的特殊意涵等等，用來當成治療當時之歐洲人以使其康復的良方。在此同時，尼采也討論到他那個時代之政治條件——大眾主導下之民族主義和社會主義（或謂現代性）的「毒害」（Nietzsche, 1999a）。

❾❾ 根據譯者考夫曼的意見，這是尼采首度引介永恆輪迴一概念的說法（參看 Nietzsche, 1974:230, 註 13）

❿ 在尼采的心目中，人似乎是被迫著與相同的永恆輪迴結婚。尼采即說道：「我從未見到我願與其生子的女人，但我愛的女人除外，因為我愛你，噢，永恆」（Nietzsche,2009: 382）！準此，查拉圖斯特拉（或謂尼采本人）所以與相同的永恆輪迴結婚，為的只是永恆這個女人，而非「相同」或「輪迴」本身。對尼采來說，永恆是混沌的巨大子宮，是創造和摧毀的匯合地，乃與智慧（太陽神阿波羅）以及生命（酒神戴奧尼修斯）共為其所愛的三個女人（Rosen,2003:233-234）。

　　特別需要提示的是，誠如考夫曼闡明的，在尼采的眼中，單就人的生命歷程而言，永恆輪回指向的是一種經驗多於觀念，而且充滿著忍受、痛苦與垂死掙扎的超凡生命經驗⑩（Kaufmann,1974a:323）。奧提哲（Thomas J. J. Altizer）即指出，在這樣的狀況下，上帝已死（因為牠只不過是一個硬加在人身上的觀念而已），尼采把希望寄望在古希臘人肯定生命本身所倚重的酒神精神──人以單一孤獨的姿態持續地推動著自身，追求著酒神戴奧尼修斯的歡愉（joy）（Altizer, 1985:238; 同時參看 Nietzsche, 1968:548-550, §1066,1067; 2005:29-30, §32; 2007b: 94-95,IV, §8,9）。不過，在此，戴奧尼修斯的精神代表的不只是狂歡愉悅，更是反映著承繼古希臘人以生與死（尤指死而復生）、戰爭與和平、孕生與腐化等等不斷循環做為解釋自然與歷史變遷定則的見解。只是，在此一創造與破壞、生與死、肯定與否定並存的循環過程中，當人們把戴奧尼修斯精神看成是一種人的存在樣態時，尼采特別看重人們對此等的每個狀態所賦予的「慶賀」作為（參看 Altizer,1985:238;Nehamas,1985:146）。尼采自己即這麼說過：

　　　對無常和破壞的肯定乃是任何一個戴奧尼修斯哲學具決定性

---

⑩ 無怪乎，尼采會自稱「我，這個哲學家戴奧尼修斯的信徒，我這個永恆輪回的老師」（Nietzsche, 2007a:190）。對尼采而言，此一具預言（prophecy）性質的概念甚至是所有假設中最具科學性的一個（Nietzsche,1968:36, §55;544, §1057）。奎爾在分析海德格（Heidegger,1984）對尼采的永恆輪回概念的源生予以詮釋時即指出，從尼采所遺留下來的文獻裡，我們可以發現，他在甚多地方借助自然科學論及世界的循環，但海德格卻始終未提及。奎爾認為，尼采的相同的永恆輪回一概念難以如海德格所主張之稱為學說（doctrine），而僅只能當成一種「可能」來回地爭論著（Krell,1984:261-262）。再者，奎爾指出，即使尼采與海德格都認為永恆輪回做為一種思想（thinking），理應是可以理解的，只是，其呈現最惡劣的問題關鍵在於讓我們迷失在無益的語言學爭論上面。永恆輪回不是最沉重的思想，只因為其文脈基礎是可爭議的；它也不是悲劇性的思想，單因為它提供了無數的環結讓學者們去澄清；它更非迸出火花、且具煽動之諸思想中的思想，純然乃因為在其被刻印出版當中有所隱藏、暗示與缺漏（Krell,1984:268）。

的特色。因而，對對反與戰爭的概念是必須予以贊同的，而且，甚至必須以「生成」來對「存有」的概念徹底地加以排拒。準此，無論如何，我必然要認知到，比任何迄今已想得到的，這些觀念的確是更加接近我的想法。「永恆輪回」的學說──亦即所有事物（*alle Dings*）均無條件且無限地重複循環，或謂此一查拉圖斯特拉的學說，推到終極，早已為赫拉克利圖斯提出來教誨人們（Nietzsche, 2007b:47-48,III,3）。

　　顯然的，尼采把此一精神當成鑲嵌在人類文明之中一種具哲學人類學存有論預設性質的至高（心理人類學）源起狀態，而不是受制於具特殊歷史──文化條件制約的意識型態而已。尤有進之的，為了避免重蹈他所一再批判之柏拉圖理念主義與基督教單一神祇論的獨斷觀，此一源起狀態當然不是立基於特定的抽象理念（如理性、公正），也非絕對的他世（如天堂或地獄）。在「上帝已死」之後，創造者是不在了，人必須直接面對的是其所依存之當下此刻的現世生命，也就是人自己必須承擔之一再輪回循環的此生此世生命。無怪乎，尼采會認為，人此一存在的永恆沙漏是一再地倒立著，人不只必須接受灰塵的汙染，而且承受著最大的重量（Nietzsche, 1974:273-274,§341）。

　　這麼一來，人所身處的是只認同「現在」、且時時刻刻均在生成的永恆輪回情境，人自身隨時都需要做決定與選擇，也必然同時承擔著毀滅、破壞、否定（因而挫折、痛苦、焦慮）以及創造、建設、肯定（因而愉悅、快樂、狂喜）的心理狀態。尼采即指出，與被釘在十字架上的耶穌相對比，酒神戴奧尼修斯追求的不是以罪來否定現世，並依靠上帝的憐憫帶來種種恩寵（如死後上天堂），而是對自己之生命本身的承諾，承擔著生命因一再遭受破壞與折磨帶來的種種痛苦，

在被撕裂成碎片成灰之後還能再生，有著永恆輪回的機會（Nietzsche,1968:542-543,§1052）。然而，假若非要比擬基督耶穌被釘在十字架上的情況不可的話，那麼，在尼采的心目中，人們需要的救贖乃是自我超克，而非依靠上帝的救贖⓿，帶來的是寬容的態度，而非怨憤的心理（參看 Jaspers,2001:385）。難怪奧提哲會提出這樣一個質問：「嶄新的查拉圖斯特拉是否即是嶄新或翻新的耶穌？」（參看 Altizer,1985: 245）這麼一來，這個嶄新或翻新的耶穌只是對自己而言的耶穌，絕不是當成拯就他人的耶穌。

總之，在尼采的觀念裡，以追求酒神激情精神做為人之具本真性的元神，人們總是以帶靈性的感性方式來成就具藝術特質的良知實踐行動（容或這只是一種永恆沉寂的表現），而絕非屈從於某種特定先驗理性之演繹邏輯的複製實作效果。否則，人們將只是一再地屈服在既有之武斷的絕對理念（包含道德）之下，變得愈來愈小。或者，就像尼采所認定的華格納一般，人們頂多也只是以野蠻、做作、喧嘩、誇張（雖是無辜）、華麗、譁眾取寵的頹退姿態討好大眾，輕易地為存在索取到廉價的掌聲⓭（Nietzsche,2007e:50-52,111；同時參看

⓲ 有關扣聯著基督教來論述酒神戴奧尼修斯精神，可參考奧提哲（Altizer,1985）。

⓭ 尼采甚為推崇比才（Bizet），認為他的音樂有一種南方氣息（southernness）的嶄新美感與誘惑力（Nietzsche,2002:147,§254）。尼采自認，他所以能夠忍受比才的管弦樂，乃因為比才把聽眾當成聰明人，甚至是音樂家看待，這是華格納所缺乏的。尼采所以這麼指陳，乃因為華格納要的不是具本真性的喜悅與完美，而且也缺乏美好的鑑賞力（Nietzsche,2007e:18,61-63,69）。尼采進一步地垢病著，華格納要的只是頹廢暴君式的演員效果，這效果是片斷的，而且缺乏「足夠（讓我們）咀嚼的東西。……肉很少，多的是骨頭和更多的是湯水……」（Nietzsche,2007e:50-52,55,59,62）。因此，尼采評論道，對華格納，姿態本身才是目的，他只是討好幼稚的大眾、自命不凡之多愁善的中上階層者、或德國國族主義者等等，這與基督教以上帝之名所確立的一神主義並沒什麼兩樣（Nietzsche,2007e:50-52,55,59,62,81-82,120-121）。在此，我們關心的當然不是尼采對華格納的評論是否公允，而是他對華格納的批評背後企圖為存在之基本內涵所確立的至高價值為何的問題。

Nietzsche,1974:152-156,§99,332-334,§372）。順著這樣的理路，推到極端，自我克制的修養貞定於焉成為人生存的基本要件，而這呈顯出對自己所存在的時代具有著一種哲學性之負疚意識的存在價值（Nietzsche,2007e:13-17）。

既然因為命運總是不可規避地隨制著人的行動，人們需得把它當成是一種機緣來擁抱並熱愛著，那麼，熱愛命運就「不是要求任何事情是不同，既非前瞻，也不是後溯，更不是為了永恆」了。同時，我們更「不單單只是容忍那必然的事物（按：指命運），更是甚少去掩飾它」（Nietzsche,2007b:35）。對人們來說，情形毋寧地是：「我仍在不定的海上飄泊，諂媚的偶然正奉承著我。我瞻前顧後——目之所及，浩瀚無邊」⓾（Nietzsche,2009: 273）。在這樣的情況下，永恆輪回是一種表現感受之可能、且具至高性的手段，人們迎接、擁抱的是有讓人的精神匯集進入靈性之可能的「緣便」。這是一種隨著緣份行走的際遇，無起點，也無終點，浩瀚無邊（同時參看 Jaspers, 2001:390）。

在此必須提示的是，當尼采強調人們以極端且狂喜入迷的感性來承擔永恆輪回之際，他想要告訴我們最重要的乃是，人們需得以具創造性的超克人姿態來擁抱命運，意圖貫徹著由「你應」（Thou shalt）穿過「我要」（I will）以至完成「我是」（I am）的意志⓯（Löwith, 1997:121）。更形重要的是，這樣的實踐既不是如基督教所說的在於

⓾ 另外，尼采也這麼說過：「……，你是諸神『偶然』的舞場，是一張供諸神使用的桌子，為諸神擲骰而設，為擲骰者而設！」（Nietzsche,2009:278）。凡此種種類似的論述，在在地展現出尼采面對著生命時所持有最深層的本性，也披露了他喜愛嘲諷人類歷史的一貫作風（參看 Nietzsche,2007b: 87）。

⓯ 乃呼應著尼采提到之「精神三變」的說法（參看 Nietzsche,2009:55-58）。這將在下文中討論到。

天國，也非如柏拉圖形上哲學所認定的，在於貫徹抽象之絕對理念的內在邏輯，而是在於人們每日現世生活所經歷的大地上面，即現實生活中實際發生的點點滴滴作為之中。因而，「或許我們的自由意志只不過是命運的最高權能力道（potency）而已」（引自 Löwith, 1997: 125），而命運則是混沌之中具敞開性之必然結局的一種說詞。這麼一來，有別於那看起來是一勞永逸般的定型結構制約力量，（權能）意志於焉是來自人本身努力的一種動能，甚至可以說是諸多無窮能量表現中有著不斷強化和保護著修為功夫之作用的一種至重至高的意志形式。一方面，這闡明著內在的人文性乃是這個世界的法則之一；另一方面，意志承擔著永恆輪回的天命，則是屬於特殊個人的，乃表現在一個人所遭遇的一連串特殊事件的相互扣聯關係之中。情形是如此的話，接下來的問題即在於：到底人是在怎樣的存在處境下來進行著「我是」的自我證成功夫呢？

　　情形顯得相當明白而清楚。對尼采而言，既然人們面對的是一種變動不居的情境，其間難以有通則，有的只是具緣便性質的變通，那麼，人必須超克的於是乎並不是具結構性的「共業」本身，它只會是命運，人們除了接受（以至於必須熱愛著），別無任何其他的選擇。人們所能做的，只是在命運安排的共業結構中從事「心理建設」，即在面對個別、但卻永恆輪回（甚至如貪、瞋、痴）的際遇裡，經營著「恰適」的生命態度⑯。準此，一旦人們把這樣的永恆輪回的際遇視為獲致生命之「肯定的最高公式」來讓「過去」以記憶的形式浮現的

---

⑯ 假若樂觀主義指的是人們可以透過社會制度性的結構變易來成就人們的幸福或實現社會正義（如馬克思主義者所相信的）的話，那麼，尼采無疑地是一個悲觀主義者。依照一向約定俗成的定義來說，他自然地不是社會學家，而是心理學家了。我個人認為，尼采思想之所以值得特別予以重視，正在於異於十九世紀以來持樂觀態度的主流社會思想，這對認識後現代社會更具有著特殊的意義。

話，參與營造人們「現在」之當下此刻的應對行為（尤其超克修養）
工程，遂成為必要、甚至是唯一的任務了。那麼，當人們面對著永恆
輪迴的際遇時，他們是如何來應對呢？其應對的基本心理動力基素是
什麼？這些在在值得追問著。對此，我們或許可以總結地說，核心的
課題乃是以酒神的精神貫徹權能意志來完成具自我克服之超克人的生
命境界。

斯坦博（Joan Stambaugh）有個說法極富創意，值得援引來做為
討論的起點。他指出，在《查拉圖斯特拉如是說》一書的開場白中，
尼采描繪查拉圖斯特拉在破曉時分起來對著太陽說話，但是，在夜
裡，他也對著月亮與星星說話。顯然的，透過查拉圖斯特拉這樣的作
為，尼采所要表達的理應是，查拉圖斯特拉是一個宇宙性的人物，他
所談的不是天上的某些事物（如太陽、月亮或星星），而是天
（heaven）本身，使用尼采自己的用語，即所謂的「光的深淵」
（abyss of light）⑩（Stmbaugh,1991:21; 同時參看 Nietzsche, 2009: 275
）。尼采此一「天」的概念明顯地是取代了傳統基督教所揭櫫的上帝
（或基督耶穌）以單向而唯一的姿態做為至高無上之形而上的「物自
身」。「天」是純潔的，它所賜予的天命本質上是虛空、混沌、緣
便，但卻充滿著無窮的可能性（參看 Nietzsche,2009:277）。整個情形
就像尼采自己所描述的：查拉圖斯特拉整整七天過著麻木無感覺的日

---

⑩ 尼采稱之為圓形穹頂（azure bell），而在另外的地方，尼采亦用此指涉靈魂與天之間
的緊密親近的命運關係（Nietzsche,2009:366）。尼采一向即慣於運用如「光的深淵」
（或正午與子夜）這樣一種具對反共生（coincidentia oppositorum）的方式來處理人所
常面對的正負情愫交融的存在狀態。在天上的光與地上的深淵原是兩個對反的空間，尼
采運用「光的深淵」這樣的詞彙來消除原本對反可能引生的二元對立互斥性，尤其，此
一二元對立互斥性內涵之矛盾所可能引發的心理焦慮、困頓與挫折。於是，人們可以期
待從對反共生中在心靈上獲得到妥善的安頓。譬如，正午與子夜乃認為反映著永恆的經
驗，是永恆輪迴之井泉的兩副面貌（Nietzsche,2009:262-268,370-375,450）。

子，最後，對著環繞他身邊的動物們⑩說出存在他心中之如此一般的深邃思想（abysmal thought）（參看 Nietzsche,2007b:71-73,III,*Thus Spoke Zarathustra*, 6）：

> 萬物離去，萬物復歸，存在之輪永恆運轉，萬物亡逝，萬物復生，存在之年永遠奔走。
>
> 萬物破碎，萬物新合，存在的同一屋宇永遠自我建構。萬物分離，萬物復聚，存在之環永遠保持自我。
>
> 存在開始於每個瞬間，「彼地」之球圍著每個「此地」轉動，到處都是中心，永恆之路蜿蜒曲折（Nietzsche,2009: 359-360, 第 3 卷，初癒者，§2）。

在這樣浩瀚無邊、且存在之輪卻永恆運轉著的虛空世界裡，人是

---

⑩ 值得特別提示的是，環繞著查拉圖斯特拉身邊的，總是人類以外的其他動物（特別是老鷹與蛇）或有「缺陷」的人類（如侏儒、跛子、乞丐、駝背的人等等）。尼采這樣安排顯然是有著特殊的意義。首先，誠如前文中克洛索夫斯基所提示的，尼采似乎意圖告訴我們，作為一個人必須接受有著「缺陷」之命運的永恆輪回。作為任何的存有體，不可能獲得到如上帝或基督的恩典而獲救成為「完人」，以致得以使得其他動物變成人類，駝背的人也變成不駝了。我們必須面對這樣受到偶然隨制的現實（命運），學習在接受（因而，熱愛）命運的條件下對自己進行自我改造。所以，當一個駝背的人遇具查拉圖斯特拉而質疑其作為「先知」（當然，查拉圖斯特拉不會承認自己是先知）的能力和對他有何「益處」時，尼采即這麼寫道：「倘若去掉駝背者的駝背，就等於剝奪了他的精神——民眾如是教導：倘若使盲人復明，他又看見世間萬端醜惡，這會使他咒罵治癒他眼疾的人。……」所以「拯救過往，把一切『過去如此』改造成『我要它如此』！——我以為這才叫拯救」（Nietzsche,2009: 240,241）。其次，依我個人的意見，以鷹與蛇為伴的說法，似乎有回歸動物性來架設人類之生成起始狀態的意圖，這與強調肉體做為證成人之存在基礎的主張相互呼應著。尼采這樣回歸動物性與大地的主張，毋寧是衝對著基督教與柏拉圖之先驗理念主義思想而來的。尤有進之的，尼采抬出這位第一個犯了「道德」這種錯誤、且掙扎於善惡糾結之中的異教徒查拉圖斯特拉作為「未來人」，乃蘊涵有教導道德自我克制的意思，為的即是教育人類這種已生病的動物，把他從上帝手中，也從虛無主義中拯救出來（參看 Nietzsche,1994a:70-71, second essay, § 24-25;2007b:89-90, § 3; 同時參看 Ansell-Pearson,2005: 第 5 章）。

一個飄泊者，總是與諸多的意外偶然邂逅著，自我就得在這中間被找回來，而且，也僅只能在這中間尋回來。此刻，深淵與山峰成為一體，因為人們必須在不斷重複出現的意外偶然之中，超越自己的內心掙扎，度過最偉大，也是最終之危險道路，讓身上的至柔終必成為至剛。只有如此，人才找得到最終的避難所（Nietzsche, 2009:257-258, 第3卷，漫遊者）。在此，意外偶然，衍生其義，或許即意涵著佛家所謂的緣便，若允許有著物自身（thing-in-itself）的概念的話，其本質則是虛空，別無他物（如理性、上帝、正義等等）（參看 Nietzsche, 1994a:28-29, I, §13）。因此，面對著任何的際遇，一旦慾念引生，人們面對的不是具有實體本質性的特定物自身，而是虛空輻射下的緣便心理狀態永恆輪回著，更是一種對人們有著永恆輪回之考驗的存在狀態。讓我在此再次地強調一遍：人的日常生活並不是沒有變化，而是一直變動不居著，尼采即以閃電來形容（Nietzsche, 1968:288-289, §531; 294, §548）。

於是，在無能力改變絕對存有之永恆輪回迴路本身玩弄著命運際遇的情形下，人們所能夠掌握的，只是掙扎在永恆輪回的深淵之中，以酒神精神展現強烈的（權能）意志，努力創造超脫的精進契機。具體地說，當尼采運用此一概念做為基礎來回應人們因架空道德後之虛無主義所面臨的虛空狀態（或如齊克果〔Kierkegaard〕所說的焦慮）、並進而肯確自我克服的努力是必要的時候，永恆輪回做為一種狀態提供了存有論（但也是現實情境結構）的基石，同時更是為虛無做為存在的本質灌注了信心的養分——即永恆輪回的必然形式構作了（既無特定意義與價值，也沒有無意義和無價值的）虛空所內涵具機緣特質的內容。尼采相當有智慧地提醒著，個人是命運的一部分，前後一樣，對一切將要到來和已成形之事，這更是一條法則，一種必然

（Nietzsche, 2007d:74）。說來，正是這樣之永恆輪迴的存有狀態給予人類「穩固」的必然空間，在無確切之既定目的的虛無當中，讓人們透過「良質」意志的凝聚來為自己的行動追求與確認目的，帶來一種追求具超越性之新生命意義的實驗自由，而這正是喜悅的根本。

　　不管怎麼說，永恆輪迴與意志之間具有著的是一種「既相嵌又相剋」的弔詭關係，呈現出正負情愫交融的現象❿。更具體、但卻是衍生性地說，這體現的是命運與偶然、也是記憶與遺忘之間的內在矛盾狀態，更是永恆輪迴既制約又促動意志，反過來，意志既強化支撐又撤銷瓦解永恆輪迴的弔詭現象，可以說是人之生存處境的基本特徵。在這樣的狀態下，承認虛空的本質性，並承認人具有催動能量予以應對的作用（因此，人的能動性），乃在永恆輪迴做為其存在狀態的前提下摩盪搓糅著。這也就是說，在原是混沌之迷宮般的星系世界裡，人需要以權能意志來為自己確立方向，並追求自我精進（參看 Nietzsche,1974:254,§322;2009:238-244）。因此，權能意志滋養了永恆輪迴，而且，也只有對永恆輪迴賦予意志的力道，它才會被肯定著。

　　情形顯得特別精采的是，在現實的生活情境裡，人們總是有著各自的特殊際遇（如某天手指被熱水燙到、或出了車禍、或樂透中了獎），既難以完全相同，更是不時變異著。種種如此一般的偶發殊異，正是需要意志特別加持和予以誘發的關鍵。它既是促使人回歸自然以成就真誠之生成的樞紐，更是讓永恆輪迴的意志超脫自然，也超脫永恆輪迴自身的結構理路以臻至超克人之境界的際遇。因此，永恆輪迴有著雙重的意涵，它既意味著人的生活世界裡種種事件與事物的

---

❿ 這樣之相嵌又相剋的弔詭情形，尼采當然是意識到了，絕不是如羅森所說的，是尼采因針對不同聽眾所施用的一種雙重修辭學嘗試而已（Rusen,2003:263）。

通性，也同時意涵著人所具有之心志感應（尤其意志）狀態的特質❿。在此，讓我不厭其煩地重述一遍：無疑的，永恆輪回的權能意志以某種方式征服永恆輪回自身的結構理路，乃是超克人所欲成就的事業。

在混沌生成的世界裡，畢竟，異中還是有同的。人在世間經歷相同的至少有一樣：摧毀與創造總是永恆地循環發生著，意志也因而永恆輪回地起起落落。通過這種循環，混沌生成使得人自己有著形成幻覺、無固定條理地超越命運的嘗試機會，縱然這只是表面上的瞬間攝動而已。這麼一來，所謂的秩序其實永遠只是一種個別混亂中暫時呈現的樣態，權能意志因此是積聚人（當然特別指涉著超克人）之存在價值的動能，一種具永恆回歸意涵之（相同）追尋創造的力道。追求本身即是價值的創造，但是，同時也是摧毀，亦即一種具不斷摧毀性質的創造。特別值得注意的是，對有著思想與感受之活生生的人來說，只有這樣的創造過程（而非由停滯的先驗理念所界定的「真理」不停獨斷地予以強化和衍生），才是真實的。對此，尼采特別強調談話和聲音，認為它們是創造的道具，也是表現形式，它像彩虹一般把虛幻的混沌原景給予搭架起來，儘管它自身還是虛幻的，但至少經常是可以振奮人的心靈、並帶給人一種精神的感動（參看 Nietzsche, 2009:359）。

或許正如羅森對尼采所提出的詮釋企圖告訴我們的：在週而復始的情況下，運用權能意志來成就超克人的精神狀態，即是讓「……把起淨化作用的或積極的虛無主義確定為永恆輪回；這種危機的價值是

---

❿ 尼采即提示著，例如人所具有的永恆生機性（eternal liveliness）即是一種永恆輪回（Nietzsche,1999a:299, §408）。

它淨化了。而且,永恆輪回是虛無主義最極端的形式;虛空(『無意義』)即永恆」(Rosen,2003:3)。因此,人們不是對抗永恆輪回的惰性,而是以永恆輪回做為身處偶然而無特定終極意義之歷史處境下的人們所面對的一種不可逆轉的命運形式,在「存在即生成而生成即混沌」之看似荒謬(absurd)的現實當中,對人的自我進行精神性的證成與提升⓫。它是一種具自我克服性質之生活態度的選擇與判斷,而且是一種有品質的良性(且多元而變異的)價值選擇和判斷。準此,尼采所強調的永恆輪回最終意指的,並不是確立了特定價值(如理性、聲望)後勇往直前的線性努力,而是對永恆命運處境之一種因地制宜、且高度受意志決定的緣便實踐。尤其,它並不只是前面提到之海德格所確立的「諸思想中的思想」而已,而是以權能意志推動著酒神精神的感性藝術行動⓬。同時,這更進一步地意味著,自我精進之努力是、也必然是一種以週而復始方式進行的狂喜(ecstatic)樣態(Klossowki,1985)。

第六節　權能意志的得與用

在上一節中曾經提到過,權能意志滋養了永恆輪回,而且也只有人們對永恆輪回賦予意志的力道,它才會被肯定。只不過,兩者之間具有的是一種「既相嵌又相剋」的弔詭關係,經常呈現出正負情愫交融的現象。那麼,到底權能意志所意涵的是什麼呢?這是理解尼采思

⓫ 即尼采所說的:「我所以相信,那是因為它是荒謬的」(*credo quia absurdum*),「推動世界的是矛盾(contradiction),所有的事物本身即是矛盾的——因為甚至在邏輯的領域裡,我們還是悲觀主義者」(Nietzsche,1997:4)。顯然的,尼采不是強調邏輯一致的認知(知識)性確認,而是透過行動實踐來促動具「證成」性質的自我肯確。

⓬ 參看奎爾(Krell,1984:270)的評論。

想的重心，需要予以關注。

首先要指出的是，尼采否定他那個時代一般心理學所謂的「意志」說法，他即這麼說道：「心理學的意志迄今一直就是不具正當性的一般概則，這樣的意志根本就不存在」（Nietzsche,1968:369,§692;同時參看 269-270,§488,354,§671,397,§715）。這也就是說，在尼采的觀念裡，人並沒有單純的意志，乃至也無進行中的意志本身。它不像追逐著、欲求著或要求著等等具命令感受性質之慾望（或驅力）的心理狀態一般，有著一定的實在性。事實上，當使用意志一概念時，我們不能把行事的目的從整個條件中剔除掉，有的應當是對某種事施以意志力量而已。因此，意志本身只是一種純粹的虛構，任何所謂施以意志（willing）指涉的，必然是一種指向特定目的的活動，本質上是具關係性質的。

在這樣的認知架構下，所謂物自身的說法顯然是無稽的，因為去除了所有的關係，事物的特質事實上即難以被認定的⓭（Nietzsche,1968:302,§558,353,§668）。準此，尼采借用著物理學的概念，主張以「力」的能量形式來表現意志的概念，但是，就心理學的立場來說，這則是一種具激情特質的感情呈顯⓮（Nietzsche,1968:366-367,§688）。同時，誠如德勒茲指出的，既然力有主動（active）與反動（reactive）的區分，意志（因而權能意志）跟著有了肯定與否定的分別，它涉及的不只是解釋，而且是評估（Deleuze,2006:54）。如此一來，意志力的展現其實即是人所具有之一種內在能量的釋放，此一能

⓭ 尼采即明白地說道：「聯繫有機或無機世界的，必然是在於每個力原子所施及的推動力當中。『生命』應當被視為是一種形塑力量過程的持久形式，於其中不同的競爭者不對等地成長著」（Nietzsche,1968:342,§642）。

⓮ 尼采即說道：「意志：一種令人注目的感覺，十分愉悅！它是所有之能量釋放的附帶現象」（引自 Heidegger,1979:49）。

量即權能。於是，「權能意志不是意志與權能融會的結果，其情形正相反著：意志與權能，經常只是權能意志之原本單一的本質，以人為方式被割裂的概念片段」（Heidegger,1987:151,194）。準此，對尼采而言，意志只是一個具駕馭（commanding）意思的詞彙，用來披露人之存有所具有多面意涵的本質❿。對此一具有著「去實體本質化」的字彙，尼采即做了相當明白的說明：「初始（它）代表一個大的錯誤災害——即意志是實際生效（effective）的一種東西，是一種官能。…… 今天，我們知道，它只不過是一個字彙而已」（間接引自Heidegger,1987:152）。

　　總結來說，人們若有意志的話，有的只是一種人所具的內在權能力量永恆不斷地釋放而已。於是乎，生命本身（或謂存有的最內在本質）說穿了即是權能意志的施放（Nietzsche,1968:148,§254;369,§693）。易言之，沒有所謂意志的本身，它只是人體現在一種「東西」（包含人際互動關係）上的權能力量表現，而這即是尼采用來刻畫人的行動（乃至存有狀態的維持）時所具有（也必然要具有）的所謂權能意志。說得更深刻一點，這即意味著，權能意志是人做為完整的主

---

❿尼采即曾經從生理學的角度指出，任何生命有機體均需要釋放能量，因此，生命本身即是權能意志，自我保全只是這樣狀態的一種間接且最常見到的結果而已（Nietzsche, 2002:15,§13,152-153,§259）。安塞爾‧皮爾遜（1991:174-175）即把尼采在其諸多作品中曾對過去西方哲學中有關「意志」一概念的看法做個簡單的整理，總結為五點：（一）在環繞著「自我」一概念的哲學神話學之中，意志被認為是靈魂的一種官能（參看參看 Nietzsche,2007d:58-60）；（二）擁有著自由意志的主體概念乃是在道德意識裡處於奴隸地位者用來反抗的一種革命性武器（參看參看 Nietzsche,1994a:28-29,I,§13）；（三）叔本華之生命意志（will to life）其實只是權能意志的一種形式（參看 Nietzsche,1968:368,§692）；（四）假若我們堅信著意志的因果律的話，權能意志即可理解為具有著效能因果性（參看 Nietzsche,2000:35-36,§36）；（五）權能意志不等於只是追求權力，否則的話，諸求權力的慾望就有如功利主義者之追求快樂的慾望一般。毋寧的，權能意志的外衍意涵是一種具駕馭性質的意志（參看 Nietzsche,1968:353,§668）。

體所展現的一種能動狀態⓰，而人之所為「人」即在於他與世界（包含其他人與想像中的世界在內）互動的過程之中，尤其是不斷變易中，權能意志所顯現的效果。因此，事物的特質乃體現在其與環境互動所產生的效果，而所有的的效果即是此一權能意志的效果（參看Nehamas,1985:81）。

假若我們接受海德格之存有的概念來詮釋尼采的思想的話，那麼，權能意志具有著推動一個人之生成的賦能作用，亦即：它具有著讓恆定安置之生成得以永恆呈現（permanentizing becoming into presence）的賦能作用（Heidegger,1987:156），而這恰恰是使得做為行動主體之人的生命得以積極（或德勒茲所謂的主動）地不斷流轉所必要的動力。於是，權能意志讓人保持年輕的永生慾望和期待，形塑了主觀意願、並起了充滿希望的鼓舞作用⓱（Nietzsche,2007a:227,229）。這也就是說，權能意志的作用，乃「絕一存有之最內在核心的本質」（the innermost essence of Being），可以說是人產生價值行動的最原始動力來源，也是快樂的泉源（參看Nietzsche,1968:369,§693）。於是，以絕一存有的特性來為絕一生成銘刻，即是至高之權能意志的充分運作，這有著以不變之本質（即永恆輪回）來應萬變的意思。無怪乎，瓦蒂莫會特別提示我們，只有完全快樂的人才會對

⓰ 這樣的意志說基本上乃承襲自叔本華，但是，不同的是尼采並不從人所具有之體質性材質的角度來詮釋意志。就人類學的角度來看，尼采認為這是來自古老宗教中假設任何東西均具「意志」之信仰的一種返祖現象（atavism）（Nietzsche,1974:183,§127），但是，這並非尼采所認定的。

⓱ 在這樣的狀況下，形塑超克人即是尼采心目中的偉大理想。所謂超克人代表的是「較高等之人類的理想類型，半聖人半天才」。他既非達爾文所倡言之演化論的進化人類，也非卡萊爾（Thomas Carlyle）所說之被崇拜的英雄，因為這只是為了達成維持社會秩序之工具價值所創造出來的人物，其特點還是在於順從社會既有的價值與規範（Nietzsche,2007b:37-38）。易言之，對尼采而言，人的價值不是在於他是否有用（Nietzsche,1968:469,§877）。

永恆輪回感到有所喜欲（Vattimo,2002:107,108）。同時，這也才會涉及到德勒茲所提之主動與反動區分的問題——具主動性的權能意志驅使人們從永恆輪回之中找到生命的樂趣（Deleuze,2006）。簡言之，只有懂得修養貞定的人才有條件領會永恆輪回，得以讓它並非單純地只是一種如瓦蒂莫所強調的詮釋，或乃至決定而已（Vattimo,2002:125），也非如海德格所評論的：對存在做為整體的發展而言，永恆輪回是一種具決定性的負擔（burden）（Heidegger,1984:22）。情形毋寧地更應當是：它是人類無可超越、也不需超越的命運存在狀態，乃權能意志得以發揮能動性的唯一生命際遇。倘若允許我們再次借用海德格的說法來描繪的話，那麼，權能意志與相同的永恆輪回涉及的是存有整體的基礎，前者涉及的是存有是什麼（what-being）的賦能問題，而後者指涉的則是一個有關長置生成得以呈現的「那個」存有（that-being）樣態（Heidegger,1987:168,170）。

　　情形顯得相當明白的，尼采乃採取著相當具有著實徵風格的論證立場來探究權能意志的動力來源。在上文中，我們已經得知，尼采一向即力圖避免採取任何抽象的形上預設，而是採取心理學立場回到日常生活世界裡的實際生命狀態來構思的人問題與尋找化解方案⓲。推

⓲ 在《人性，太人性》一書的一開始，尼采則提出，哲學的宗旨乃對諸如道德、宗教與美學等等的概念與感覺進行化學式的成分分析（Nietzsche,1999a:12,§1）。其實，在十九世紀末至二十世紀初，在歐洲的心理學界裡，本能說可以說是極為流行的學說，如英國的麥克道格爾（McDougall,1908,1912,1920）以及法國的勒龐（LeBon,1921）即是明例。同時，在《輕盈科學》一書中尼采就這麼提過：「無論如何，我們要成為如是的我們（those we are）——人類是新穎、獨特、無從比較、給予自己法則、並創造自己的。為了達致這樣的目的，我們必須變成為是，對這個世界中任何具法則性與必然性之事物的最佳的學習者與發現者：為了成為具此意志的創造者，我們必須成為物理學家（physicists）」（Nietzsche,1974:266,§335; 同時參看 219,§270）。於是，尼采高呼「物理學萬歲」。為此，《輕盈科學》一書的譯者考夫曼作了這樣的註解：尼采在此並不是思及道德感覺與判斷的物理學，而是企圖告訴我們，人們必須知道任何事物所以產生背後的理路，才可能使得自己成為具自主性的人，而這樣的物理學宣稱無疑地是意圖証成「自然」乃是理解人之存有狀態的終極歸依（即希臘文中的 physis）（參看

到極點，這也就是說，我們必須回到人所具最低程度之存有狀態——動物性中去尋找答案，肉體可以說是最為根本的考慮對象，乃是具意志、富創意、做評價之「我」的存在基礎。進而，這個以肉身成就的「我」本身是評判一切事物的標尺和價值歸依（Nietzsche, 2009:65）。在《查拉圖斯特拉如是說》一書之第一卷的「論蔑視肉體者」中，尼采就這麼說道：

> 「我是肉體，也是靈魂。」——小孩這樣說。可人們為何不像孩子們一樣說話？但醒者和知者說：我完全是肉體，而再非其他；靈魂只是肉體上某個東西的代名詞罷了。肉體是一種偉大的理性，是具有一種意義的一個複合體，是一場戰爭與一次和平，是一個畜群和一位牧人。我的兄弟，被稱為「精神」的小理性也是肉體的工具，是你的偉大理性的小工具和小玩具（Nietzsche,2009:68）。

於是乎，在尼采的心目中，驅動人的行為的最基本動力，是依附在肉身內人所具有種種相互牽扯的本能（instinct,*instinkt*）官能❶❶❾。它

Nietzsche,1974:266-267, 註 67）。因此，整個尼采的論述似乎沾染著實徵色彩，只是，其重點並不在於証成物理學本身在認識論上的特殊重要性，而是強調揚棄形上學，讓對人之存在的理解回到人的自身，特別是人的基本心理樣態（參看 Nietzsche,1968:333-334,§623,339-340,§ 636;1999a:14-15,§6;15-16,§9;21-22,§18;2002:15-16,§14;22 -23,§22）。因此，物理學的說法只是一種認識論上的比擬，心理學才是依據的重點。

❶❶❾ 尼采使用本能一概念始於一八六九年五月二十八日在巴塞爾大學以「荷馬與古典語源學」（Homer and classical philology）為題的就職演說中。在該演說中，尼采指出，（語言）文獻學乃是由科學與倫理—審美（ethico-aesthetic）等多重的本能糾結而成的一門學問。其中，有關古希臘史詩伊利亞德（Illiad）與奧狄賽（Odyssey）的所謂「荷馬問題」，基本上乃涉及到荷馬的人格問題，而這又觸及到天賦異稟者與大眾的詩性靈魂（尤其中介者）的內在人格問題——尤指體現希臘意識的言說本能（speech instinct, *Sprachinstinkt*）問題（Nietzsche,1910）。之後，本能一概念陸續出現在其著

足以產生能量，在人的潛意識中形塑了具有爆發作用的驅力（drive,*trieb*）。假若本能是一個人在日常生活中不斷產生作用之一股平靜且持續的力量的話，那麼，驅力則是在特定情境下所產生具動態性的爆發力，兩者一齊形成為對所有行為表現的心理（與生理）支撐（*Träger*）（參看 Assoun,2000:55,80）。但是，更重要的，它必須轉化為具鼓舞人活動的強烈意志化力量，才可能發揮實質的作用；這也就是說，重要的是意志化的效果（亦即權能意志展現的效果問題）才是重點⑳（Nietzsche,2002:35-36,§36）。

　　針對人類所具有的本能，尼采發現其所體現出來的是多元、多變、且多層，但是，這些基本上都是為了自我保全㉑，因而可以說是自利的（參看 Nietzsche,1974:291-292,§349）。即使在道德倫理規範上常見的利他要求，說穿了，其實也只不過是利己的一種轉型表現而已 ㉒（參看 Nietzsche,1994,1999,2002）。再者，不同於其後之佛洛依德的原欲本能觀強調的是人做為有機體所具有之生理體質性的基礎，

作之中，如寫於早期之一八七一至一八七二年間的〈希臘國家〉（*The Greek state*）（1994b）以及〈荷馬論競爭〉（*Homer on competition*）（1994c）和《悲劇的誕生》以及後來的《人性、太人性》、《輕盈科學》與《道德系譜學》，乃至貫穿著整部後人（他的妹妹）為他編撰的《權能意志》一書，成為整個尼采思想的核心基礎概念。

⑳ 對權能意志，尼采提出了一個相對精簡的說法：「……只要效果被認定了，意志即是具效力作用的意志，即任何力道活潑作用著的機械性事件就是意志的力道和效果。最後，我們即可設定已成功地把我們整個驅力生命解釋為意志之一個基本形式的組織和成長，此即權能意志」（Nietzsche,2002:36,§36）。

㉑ 海德格認為，有關生命的本質問題，尼采探究的不單純是霍布斯強調的自我保全本能，而是有關個體之自我超越（self-overcome）的強化（enhancement）問題，甚至，我們可以說，自我超越的強化本身即是自我保全（Heidegger,1987:15）。這樣的詮釋相當有見地，但是，尼采似乎還是肯定著霍布斯命題所意圖強調的前置性，以至於認為權能意志基本上乃與自我保全和追求快樂的動物本能無法完全脫離著（Nietzsche,1999a:99,I,§104;112-116,I,§111）。

㉒ 亞舜認為，尼采此一觀點乃承繼自十七世紀法國的拉羅什富科（La Rochefoucauld）之人具自愛（self-love）與自利（self-interest）本能的說法（Assoun,2000:212-214,註35）。

尼采的本能（或驅力）觀毋寧地是以人具有之生理結構為基礎所衍生的歷史─文化特質做為論述的內容。根據亞舜的研究，這乃與尼采所處之時代與社會的文化表現模式有著密切的關係（Assoun,2000）。

就西歐社會思想發展史的角度來看，在浪漫主義盛行之前，尼采所意圖意指的本能與驅力二概念的核心意涵其實早已形成了。早在發生於一七六〇年末至一七八〇年初的狂飆運動（Storm and Stress, *Sturm und Drang*）⑫之時，驅力的概念已出現在德語裡頭，乃意指施及人類存在的實在世界（尤其體現在有關文學、詩歌和音樂的論述、甚至政治領域 ⑭）時，所必要予以投注的一種動力機置（motor）。與此同時，本能的概念也被提出來，並與天賦（*genius*）的概念一齊來看待著（參看 Assoun,2000:63-67,206-211 之註 27,47,52）。易言之，這些概念乃與浪漫主義做為一種對啟蒙理性進行批判的反思運動有關。當時的歐洲（尤指德國）知識分子體認到，除了理性之外，人

⑫ 字面的意思是騷亂和緊急驅策。於一七七六年，克林格（Friedrich Maximilian Klinger）撰寫了一本有關正展開之美國革命的劇本，即以此為名稱，而首見於世。對抗著當時居優勢的理性主義，作者於劇本中以極為強烈的語言描繪人類難以處理的情緒，並頌揚著個體性與主體性。總之，此一運動的特色在於針對啟蒙運動所強調的理性（不管是來自理性主義、經驗主義或普遍主義）予以反彈，特別是指向早期巴洛克時期強調理性調和的法國新古典主義。他們認為人的主體性，尤其是極端強烈之情緒與感情的經驗表達，應當予以重視，而這表現在文學與音樂上面更是不可或缺。哲學家哈曼（Johann Georg Hamann）與赫爾德（Herder）是此一運動的重要理論家，歌德則是最著名的支持者。簡單地說，此一運動可以說為德國知識界（包含文學與音樂）樹立了特殊風格，並蔚成傳統。直到歌德與席勒才把此一運動帶入另一個新境界，與所謂的威瑪古典主義（Weimar classicism）接筍。

⑭ 如論及諸多政治制度（如共產主義、社會主義、自由主義下的民主體制等等）時，尼采總是喜歡拿古希臘的城邦政治體制所彰顯極具藝術質性的所謂「希臘本能」（如重視生活藝術、文化素養、政治的明智能力〔prudence〕）來對比批判。於此，尼采除了同情古希臘人鄙視「工作」的態度之外，甚至認為，縱然奴隸制度是蒙羞，但卻是必需的，有值得肯定的地方。同時，尼采更認為，倘若沒有依賴國家來處理霍布斯所說的「人們彼此之間處於永恆戰爭」狀態，社會是無法跨越家庭的範疇而發展，具有天賦的人也無以充分發揮其能力（尤其是文化素養的昇揚）（Nietzsche,1994c:177,178,181,182,185;同時參看 Nietzsche,1999a:161-178,266-270）。

自身具有之激情感受的本性是不應當被否認的。因為本能、驅力、慾念等等代表的正是人的自然狀態，於是乎也就被用來作為證成人所具這樣之激情特質的核心概念，尤其是涉及到審美的範疇。翻譯成為一般人的日常語言，最典型的說法即是：藝術（或文學）的天才是本能所天賦的特殊秀異表現。準此，尼采乃從倫理—審美的角度以具創造肯確的意涵來平準化這些表現著自然❿之本能、驅力與慾念等等的概念，因此是「人文化」❿ 了自然的概念，使得自然成為人世界的事實，也是人的問題。顯然的，這絕非單純地等同於如佛洛依德立基於生理官能的物質性功能立場（尤其是以「闕如」的角度）來實質化這些概念的。

　　既然自然與本能是同體異構，本能自身是一種源自人所具之生理特徵自然引發的動能，那麼，它基本上與意識是背對的，潛意識則可以說是本能最具代表性的特質，於是，本能和潛意識乃與自然掛搭上。這也就是說，在尼采的心目中，潛意識是比意識更加接近自然的，也因此在論述上更具有著優位❿。總之，在尼采的心目中，「意識是有機體最近、也是最後發展階段的產物，因此也是最不完備、也最不堅強的。意識帶來無以計數的錯誤，導致動物或人類比原本必然的提早面對著滅亡，……」（Nietzsche,1974:84,§11）。因此，「任何

❿ 對尼采來說，人文性（humanity）並不是如一般所認為是脫離自然而孕生著。正相反的，他主張讓人文性鑲嵌在自然特質之中，兩者相互搓揉摩盪著。譬如，古希臘人既是具備殘酷的特質，喜好老虎般的摧殘（如亞歷山大），但也有著細緻的文化素養。於是乎，「人之最高、最細緻的權能乃是其所具的自然（本能），並且能夠把其所具神奇的二元性在其自身之中貫徹著」（Nietzsche,1994c:187）。

❿ 引自亞舜（Assoun,2000:74）。

❿ 誠如註❿所指出的，早在前引之一八六九年以「荷馬與古典語源學」為題的就職演說中，尼采即使用了本能一概念，而這其實即已意涵著潛意識的意思了（參看 Nietzsche,1910）。在《悲劇的誕生》中，尼采更是一再地強調酒神戴奧尼修斯的精神，其所代言的其實即是本能、潛意識的力量（參看 Nietzsche, 1999b）。

變成意識的只是一種終極現象、一個目的，帶來的是空無；任何意識之連續而來的現象則是不折不扣的原子式樣」（Nietzsche,1968:265,§478）。在這樣的情況下，變成意識的只是為展開和延展生命權能所添加的一種手段而已，不能當成最高的價值，因為最高價值來自具潛意識本能性的酒神精神（參看 Nietzsche,1968:376,§707）。

　　然而，現實上，活在人群之中的人們，是不可能完全避免文化與歷史傳統的制約，意識的存在既是必然，也是需要的。對此，尼采主張，單就個體存有體本身而言，意識本可以不存在，它只存在於群聚的情境裡。因此，單對獨立個體的本質性來說，意識的存在是額外的（superfluous），它的敏感性與強度總是與人們的溝通能力成一定的比例關係，而此一溝通能力又與人的溝通需求有著一定的比例關係。準此，只有在溝通需求的壓力下，透過符碼（口語、姿勢或文字等等）的交換，意識才得以發展出來（Nietzsche,1974:297-300,§354）。這亦即意味著，單獨意識本身是不可能存在的，它是潛意識的衍生物，只不過，潛意識經常以隱形姿態呈現其自身，彷彿總是不在場一般。尤有進之的，意識（特別是道德意識）以各種名目把潛意識原有近乎無限的寬廣可能性予以濃縮，挾持製造痛苦感受的種種道德律令與禁欲作為即扮演著這樣的功能，特別是指向社會裡的弱者❿（參看 Nietzsche,1994a）。於是乎，審諸道德做為一種深具意識化的社會集體產物，潛意識做為人類這樣之存有體的一種特殊心理機制，自然地是更接近純潔的。

　　說得更具體一點，對尼采而言，任何的道德都是為了保護類屬

---

❿ 對尼采而言，怨憤是弱者對一切道德的反應，乃與弱者與生共具的，只有勇者才是以意志克服萬難來成就自我（Nietzsche,2007b:14）。

（species）之存在的群盲本能（herd instinct）所驅使，而且，諸多本能更是必得有著一定的協作，人才得以有足夠能量應對環境（如反映著持具〔possessions〕本能的性愛、貪婪等等），以免被消滅掉（Nietzsche, 1974:74, §1;84, §11;88, §14;174-75, §116,117）。以至於所有的德性也只不過是被精緻化的激情與被強化之身心狀態的披掛，任何的道德評價於焉變成為只是一種註釋（an exegesis）而已（Nietzsche,1968: 86, §136;148, §254）。無怪乎，尼采會認為，標榜利他的道德其實只是具核心本質（即利己本能）之不可分離個體（*individuum*）的一種分離混合個體（*dividuum*）表現而已，相當地弔詭❷（Nietzsche, 1999a:42, §57）。這也就是如同亞舜所評論的，人類原本具有之浮動的自利潛意識本能，總是被自稱是解放、但實際上是以狹隘的意識化過程所掩遮、扭曲、變形（Assoun,2000:109）。因此，意識總是顯出病態，而潛意識的才是健康的，或者，換個角度來說，「所有完美的行止是潛意識的，不必屈從於意志；意識是不完美的表現，經常是一個人的病態。……一個程度的意識使得完美不可能」（Nietzsche,1968: 163, §289）。說來，這一切才正是做為「認識你自己」之生成本質（而非已成狀態）的所有科學應當正視的地方（Nietzsche, 2007c:85-89, §48-50）。

　　顯然的，尼采高度欣賞著任何由潛意識所引發的本能行為，因為只有這樣才是最為素樸而純潔。相反的，被意識化的任何道德，尤其是所謂善的表現，都經過了人為有意的修飾，充滿著虛偽與扭曲，這讓人們總是帶著面具而從不可能說真話，以至於「不管謗世者能造成何種損害，但善人造成的損害最為嚴重」（Nietzsche, 2009:351, §

---

❷ 看註❸。

26）。無怪乎，尼采會「離經叛道」地說道：「毫無疑問的，當涉及到發現真理的某一面向時，邪惡而不快樂的人們總是比較幸運，有著較大的成功機率（尚不論那些道德家不討論那既邪惡又快樂的人種）」（Nietzsche, 2002:37, §39）。

在這樣的感知架構下，尼采並非完全否定道德存在的必要，而是否定了某種特殊道德的歷史形式。尼采即明白地表示著：「我否定道德，猶如我否定煉金術，那是因為我否定它們的前提。但是，我不否認有些煉金者相信這些前提，並且依此行事。我也否定不道德，不是因為有著數不清的人們感覺自己是不道德，而是有著任何的真實理由這麼感覺著。除非我是笨人，否則，我不會否認許多被稱為不道德的行動是應當避免與抗拒的，或許多被冠以道德的是必須做到與鼓勵的。但是，我想，該鼓勵與該避免的，應當有著不同於上述的其他理由」（Nietzsche, 1997:103, §103）。這個理由是什麼，無疑地是重要的課題。

在此，需要特別提示的是，基本上，尼采並沒有完全否認道德的現實價值，以及其所可能具有的社會意義。他無法認同的毋寧地是那種具絕對支配性之道德論述的一些前提⓼ 罷了（Nietzsche, 1997:103, §103）。譬如，誠如第二節之第二小節中所提示的，基督教道德即企圖利用人類的群盲本能，以罪與罰的概念為核心來經營「愚民」化的控制形式⓽（參看 Nietzsche, 1994a:12-13, I, §2）。因此，不管以神聖

⓼ 如來自怨憤或害怕等等心理情結（參看 Nietzsche, 2007c:140，尤其 Nietzsche, 1994a: 38-71）。

⓽ 尼采認為，在遠古時代，人是害怕孤獨無助的個別生存狀態的。當是時，立基於群盲本能的道德意識，基本上乃把個體訓練成為只是群體的功能，也把價值形容為只是一種功能。在這樣的情形下，人們是懼怕自由，視孤立自處為一種悲慘狀態（Nietzsche, 1974:174-175, §116, 117）。顯然的，這樣以群體為基礎所塑造的道德意識，就其歷史基礎而言，是不同於由強者所定義之基督教的道德律令的。

神祇世界來駕馭世俗子民世界或以形而上（本質、自然）世界駕馭形而下（表象、文化）世界的二分說法來架出道德倫理意識，都是不恰當的，因為這些都是箝制人們之基本生存需要的精心設計，是殘酷的。

　　顯然的，尼采心目中想的是，人需要的，不是上帝的鍾愛和憐憫，也不是諸如社會主義者訴諸對弱者的宿命性憐憫的「人類苦難宗教」，而是形塑一種特殊的人格特質——有著旺盛的自信，由自己的心中來釋放神聖崇高的精神，並只對自己的行為負責任，即使是要接受懲罰，也只是針對著責任的一定歸屬認定而來（參看Nietzsche,1994a:28-29,I,§13,67-69,II,§21,§22;2002:22）。倘若借用伯恩斯坦（J. M. Bernstein）的說法，情形可以說即是，尼采無法認同的是具他律性的（heteronomous）道德，任何的信仰必須是來自於人的自我反思，乃是自律的（autonomous）（Bernstein,1991:196-198）。因此，人們必須學習的是態度的問題，懂得以不同的思維與感覺方式來面對道德倫理問題，而最為根本的即是回到人的實際日常生活世界，以超越善／惡以及此岸／彼岸的嚴格二分形式，審視人所以存在而予以珍惜的價值（或謂美德）。對尼采而言，這乃是透過道德的自我揚棄方式來重新引發人的激情以塑造美德，其中，有四種美德是重要的：正直（*Redlich*）、勇敢（*tapfer*）、寬恕（*großmütig*）與優雅（*höflich*）⓲（Nietzsche,2007c:427-428,§556）。

　　既然道德實際需要的常常只是欺騙，而人們又總是仰賴欺騙生活著，生命本身自然也就不應該是道德的產物，人們必須改弦易轍，學

⓲ 在另外的地方，尼采提及四種德行：勇氣、洞識、同情與孤獨（Nietzsche,2002:171,§284）。

習以另外一種態度來經營生活。對尼采來說，這種另類態度即是以藝術品味來培養適當的德行（如前面提及之正直、勇敢、寬恕與優雅等四種美德），因此，如何形塑具自我特色的高尚品格是至為重要的（參看 Nietzsche,1974:232-233,§290,316-317,§361）。這也就是說，情形誠如雅斯培所評論的，尼采所以極力抨擊（某種）道德，並不是意圖把「道德」完全逐出人的世界，而是為了創造某種更高尚的道德（Jaspers,2001:362）。尤有進之的，假若藝術態度的養成是一種意識活動的話，顯然的，此一意識必須是立基於強化權能（而且是以潛意識本能推衍出來的權能意志）的基礎上面（Nietzsche,1968:378-379,§711,470,§880;1999a:6）。張伯倫即認為，當尼采企圖以藝術的形式展現酒神戴奧尼修斯的精神時，他是懷有著一種特殊的意涵，即理性不是解決悲慘與不理性的良方，因為這無需解釋，也無以解釋，有的只有昇華，或減輕它們所可能帶來狂暴的攻擊。痛苦與不理性只能以生命力來面對，別無他途（Chamberlain, 2000:59）。這也就是說，在尼采的眼中，生命的本身不是透過道德來保證，而是在於人力圖謀求自我保全❸與自我成長（或謂強化〔enhancement〕），而這正是權能意志的表現，也是把世界當成藝術品以賦予它本身生命的關鍵（Nietzsche,1968:290,§534,417,§796,548 -549,§1066）。更具體地說，人們的慾望和激情世界才是唯一被當成真實而給予的東西，因此，唯有兼顧了太陽神與酒神的精神來讓藝術與權能意志充分結合，自由人才可能被創造出來（Nietzsche,2002:35-36,§36）。換個角度、並借用雅

---

❸ 在談到他自己做為一種生物有機體時，尼采特別強調營養、居地、氣候與休憩，認為這即是自我保全本能在運作著，表現出不折不扣的自我防衛本能。然而，在人的世界裡，最需要的自我保全表現卻是品味的養成，乃自我主義形成的根本（Nietzsche,2007b: 30-31）。

斯培的觀點來說，尼采意圖向人們提出的，即是創造一個兼具正派高尚品格、英雄氣概和戴奧尼修斯心靈的人類（Jaspers,2001:367）。

　　以上的論述乃傳遞著一項重要的訊息，即立基於慾望和激情的意志運作才得以是一種具有著權能效應的起因❶❸❹，「它相信『我』，相信我是存在，相信我是實體，並且把對於我是實體的信仰，投射到萬物之上──它借此才創造了『事物』這個概念……」（Nietzsche, 2007d:58-59）。即使是真理，它也不是絕對單一的，也不是先驗預設的（不管以上帝或道德等等之名）❶❸❺，而是以價值的姿態浮現，其判準在於權能感的強化。尤有進之的，「真理尚不能算是價值的至高標準，更遠不足以充當至高的權能」（Nietzsche,1968:452-452,§853, III）。在這樣的理解架構下，假若我們接受生成是人存在的一種基本樣態的話，這個生成只不過是一座橋樑，而非目的本身，因為它總是不斷流動著（參看 Nietzsche,2009:330）。因此，人生並沒有一項被設定的終極目標（如基督教的救贖），人世間也沒有什麼絕對不變的真理，「真理是一種幻覺或錯誤」，但是，弔詭的是，它卻又不能不存在著，因為若不是如此，「某種活生的存有體是不可能活著的」

---

❶❸❹ 在此，或許再提醒一次前面正文中指陳的一個論點是有必要的，那是：對尼采而言，意志只能作用於另一種意志，而不是對任何實質物質性東西（如神經）產生直接作用（Nietzsche,2002:36,§36）。

❶❸❺ 對基督教與柏拉圖主義籠罩下的哲學傳統，尼采歸納出四個定律（Nietzsche,2007d: 61）。但是，基督教與（柏拉圖）哲學做為一種意識狀態的基礎是不同的。尼采認為，「古代哲人以理性之名要求人們遠離情感，基督教卻重新將這一情感歸還給人們。出於這一目的，它否認哲人心目中的美德──理智勝過情感──有任何道德價值，全面譴責理性，同時以最堂皇和最強烈的形式表現情感：如上帝之愛、上帝之畏、上帝之狂熱信和上帝之盲目望」（Nietzsche,2007d:94,§58）。針對此一對上帝的情感表現，尼采無法接受基督教把人所具有之作為行動的理想化原始動力的情慾（Eros）當成凶惡的魔鬼和幽靈，亦即將人類必然且經常持具的這種原始情感變成為承受著內在良知譴責的痛苦源泉，並視之為罪惡。對尼采而言，還有什麼會比這更加可怕呢（Nietzsche,2007c: 112-113,§76）？

（Nietzsche,1968:272,§493）。對尼采來說，代表此一真理的至高價值是公正（justice），它扮演著超越善與惡的狹隘觀點❸以及施用於特定人物的一種全景權能（panoramic power）的功能，也是生命本身的至高養育（breeding）表現，而此一全景權能基本上即是一種自我宣稱的權能意志（間接引自 Heidegger,1987: 244）。從此角度來看，權能意志不只是一種具「能量」性質之「力」的展現，它的存在更是證成了人是一種具有自我詮釋能力之主體性的存有體，生命本身必須透過人之權能意志的運作不斷地予以詮釋。說來，這正是「透過修養貞定來成就超克人」所以被認定是證成人之存在意義的基礎（參看Jaspers,2001:312-340），而維持孑然一身的孤獨狀態來進行自我反思的自律貞定功夫則是必備的要件（參看 Nietzsche,2002:163-166,§268,§269,171,§284,172-173,§289; 同時參看 Bernstein,1991:212-214）。

第七節　　孤獨、修養和超克人的形象

人的社會自我沒有什麼整體可言，有的只是不斷的生成精進而已；聯帶的，無所謂世界既有的整體價值，所有價值都是人給予的。人要超越，不論就溯因或成果而言，永遠是屬於個人，而且是不斷地在生成構作之中。這也就是說，在人的世界裡，人是不應當、也不可能完全控制別人的❸。然而，倘若生命本身無法透過道德（乃至真理

---

❸ 特別指涉立基於過去之基督宗教與柏拉圖絕對觀念論的單一具形上學意涵的價值。

❸ 這即是下面將提及之超克人的基本質性。回到尼采的著作《查拉圖斯特拉如是說》中所提示的，情形即是：如果人們成為查拉圖斯特拉的信徒，他就不是超克人；如果人們成為超克人，他們就會拒絕查拉圖斯特拉，或者甚至變成為他的敵人。儘管這樣的情形是相當具理想性，與現實的社會場景可能是脫離的，但是，就是在這樣的情形之下，尼采

宣稱）來保證，那麼，在面對著種種永恆輪回的內在理路不斷挑戰時，情形或許就如尼采所宣稱的，人只能把生命當成藝術品，運用權能意志來謀求自我保全與自我成長，並刻意地為生命本身創造出至高的意義。或者，換個角度來說，人既是被創造的物，但也是創造者，生命本就需要如以鎚子敲打般地不斷自我提煉。套用尼采的用語，這涉及的是精神的基本意志（fundamental will of the spirit），即如何從既有的東西之中注入新經驗，而有著成長與增加強力的感覺（Nietzsche,2002:116-117,§225;121-122,§230）。基本上，這是一項藝術經營的功夫。

尤其，一旦接受了「人的生命存在必然是要忍受種種的痛苦」這樣的命題之後，我們就不能不設法去化解除苦楚的。若說苦楚是包圍著人類的一種詛咒的話，詛咒並不是來自忍受苦楚本身，而是源於沒有意義地忍受著苦楚。這也就是說，面對著生命的苦楚，人需要為自己尋找意義的出路。就此，儘管尼采一向以極盡刻薄的諷刺言詞批判著基督教的禁慾理念，但是，他還是懇切地告訴我們，適當的禁慾理念可以給予人們生命意義的──至少是一種強過沒有意義的唯一意義（Nietzsche, 1994a:127,§28）。在尼采的心目中，適當的禁慾理念是指向許多通往獨立之橋樑的道路，而這又恰恰是「哲學家」所特別樂於追求的，因為，對任何出現在他們眼前的東西，他們欣賞的是平和、冷靜、高貴、保有距離、且是過去的，亦即：一些不會讓靈魂被迫必須防衛與偽裝自己、且又可以讓自己不必大聲交談的東西❸。說

才會暗示著，查拉圖斯特拉頂多只是一個預言家（或謂鏡子），而不是創造、並企圖壟斷地主導一切假想與思想的上帝（Nietzsche,2009:152-156）。

❸ 尼采稱此一強調人之心理狀態的禁慾描繪為美學生理學（Nietzsche,1994a:85,§8）。他即以如此的說法來定義禁慾理想：禁慾理想乃源於一個業已衰退生命的保護和療癒本能。他企圖使用所有的手段來維持自身、並為自身的存在鬥爭著，而這意味著部分的生

得更加積極一點，如此的禁慾主義是一種出於良質意志所引發之衷心、堅定的棄絕，對塑造最高精神性的基本意志，可以說是最有利條件之一，也是最自然不過的結果（Nietzsche,1994a:80-89,§7-11）。基本上，它們至少具有著尼采所認定之禁慾的三種美德⑬（即貧窮、謙虛和純潔）中的謙虛和純潔。

　　很明顯的，尼采強調禁慾三美德給了我們一項重要的提示，即：追求存在意義本身即是一種極具藝術性的活動。尼采即說道，在追求人生存在意義的過程中，藝術家一向即比思想家較不具有著道德意識。縱然藝術還是脫離不了需要思想的滋養，但是，藝術在生命情景上面覆蓋上的那一層思想，總是不那麼清晰，以至於使得整個生命情景變得可以忍受。這一切之所以可能，主要是因為藝術總是仰賴情意感受（特別是忍受痛苦）所孕生的一時靈感來予以營造的緣故吧⑭（Nietzsche,1999a: 80,§146;82,§151;83-84,§155-157）。於是，至少從行動的角度來看，當藝術以逼近比擬真理的神聖姿態出現在人們的日常生活世界時，特別是在具酒神戴奧尼修斯精神的激情本能沖激下，它是帶有著些許之準道德性的意涵的，因為它總是可以提供人們較清晰的契機來處理不斷流動迭變之生命中苦楚的陰暗面向。

　　理狀況受到壓抑、並已耗竭。為了對抗這樣的狀況，生命中早已處於停滯之最深層的本能則繼續地以新方式來鬥爭，禁慾理想即是此一尋求自我保全的方式之一（Nietzsche,1994a:93,§13）。顯然的，尼采在此所說的哲學家特別指涉的是，那些以哲學做為指導生命（因而，生活）意義之經營的人們，而非時下專門經營抽象概念與詮釋諸多哲學大師之著作的哲學教授。

⑬ 參看尼采（1994a:82,§7）。再者，在此，我所以有著這樣的引述，用意不是意圖證成禁慾主義對生命經營的至高正當性，而是禁慾主義所可能蘊涵的另一層深刻意義，即修養貞定的社會學意義。

⑭ 於是乎，對於他那個時代的藝術（包含音樂、詩歌、繪畫等等）所體現愈來愈知性化和象徵化的現象，尼采始終有著微辭，感慨著其中流失了具緬懷過去之節慶性的愉悅成份（Nietzsche,1999a:91-106）。無疑的，這樣的感慨乃意味著，在尼采的心目中，愉悅的情緒感受始終是界定人之所以存在，也是文明所以展現的心理基石。

　　對著生命不斷地流動迭變，尼采認為，人們只鍾愛短暫的習慣，唾棄著持久的習慣，因為只有前者才可能提供人們瞭解許多事物與狀態的無價手段，但又不至於完全壟斷一個人的認知和感覺（Nietzsche,1974:236-237,§295）。這樣一項座右銘般的見解再次地提醒著我們，在不斷生成（包含成長與削弱）的過程中，以藝術形式撐出的生命基本上就是需要一直保持著不斷流變的樣態，否則，就無以有所精進。同理可推，在這樣不斷緣便生成的過程裡，我們更是沒有理由特別抬高因果律的固定常軌效用，也沒有堅實的理由需要對實在與表象之間予以嚴格區分，甚至不必承認人做為主體的自我有著完整的單一整體性。我們看重的毋寧地應當是，在權能意志推動下，人做為行動主體所引發之行為的實際總效果到底是什麼的問題（Nietzsche, 1968:268-269,§485,269-270,§488）。這樣深具實用主義色彩的立論，使得尼采對真理有著另外的看法，他說道：「『真理』……並非可以尋獲或發現的某種既在東西，而是必須經過創造、並對此過程賦予名號的某種東西，或毋寧地是一種本身並無固定目的之從事克服的意志──真理乃被視為是一個無止境的過程，一種不斷進行著的積極決定──不是對某種本身是確定且被決定之東西的生成意識狀態」（Nietzsche, 1968:298,§552）。這樣的真理觀，看起來，與強調「初始狀態」並由此引發生成過程的混沌理論，頗有著異曲同工的妙蘊，而這也正是闡明上述「藝術以逼近比擬真理的姿態」呈現之積極意涵的關鍵所在。

　　接著來的問題是，人們如何以藝術的姿態（透過禁慾美德的實踐）來處理苦楚忍受的心理狀態？要回應這個問題，就得回到前文中已經提到過尼采對他所處之歐洲場景有著怎樣看法的課題上面。基本上，尼采對他所生逢那個時代之歐洲世界已經相當普遍民主化現象，

一直持著保留的批判態度。他認為，在這樣一個表面上看似平等的大眾社會場景裡，固然一切平準化了，但是，卻使得強者必須比過去的強者需要更強、更富，因為一切平等而開放的表象使得人們需要更多的奮鬥，才能夠充分掌握機會；換句話說，只有為自己創造更多的有利條件，才有更好的生存機會。於是，尼采得到一個相當刺激性的結論：民主同時乃在（包含精神上的）暴君的培育中非自願地運作著（Nietzsche, 2002:132,§241;134,§242）。

　　尼采更是一直詬病著自由民主所「啟蒙」之人民（與大眾）「均值人」至上的作為**❹**。他認為，這樣的作為具有著煽動的特質，使得政客們成為「氣候製造者」（意即不時地預測民意的「氣候」），而這終必導使人類普遍因循、墮落和低俗化的歷史根源**❹**（Nietzsche,199

---

❹ 尼采即曾這麼提到：「哦，在我看來，當今群盲丑角是何等悲哀！當今卻是群盲的時代」（Nietzsche,2009:475）。同時參看《查拉圖斯特拉》一書第四卷中之〈與國王們的談話〉一章（Nietzsche,2009:397-403）。他更揶揄他那個時代在民主社會裡已獲得了具至高權（sovereignity）特質的大眾（人民），認為內涵在這種形態的本能（他稱之為群盲本能〔herd instinct〕）乃不同於貴族社會的本能。借用數學概念來說，量度的單位決定了總和的涵意，因為前者一直是「零」，再多相加一起還是一樣的，總和始終只是「零」，不會增多或減少的（Nietzsche,1968:33,§53）。同時，尼采在《不合時宜》一書中也曾有過這麼的說法：

　　……群眾僅僅在三個方面值得一顧：一是做為偉大人物的複印件，被印在劣質的紙上，而且是用磨損的雕版印的，其次是做為對偉人的阻抗，最後是做為偉人的工具，此外就讓魔鬼和統計學把他們帶走吧！什麼，統計學證明歷史中有法則？法則嗎？是的，它證明群眾是多麼平庸和令人噁心地千篇一律：人們應當把愚蠢、模仿、愛和飢餓這些重力的作用稱為法則嗎？那麼好吧，我們願意承認這一點，但這樣一來如下命題也就是確定不移的：只要歷史中有法則，法則就是一文不值，歷史也就一文不值的。但現在恰恰是這樣一種歷史學普遍受到欣賞，它把廣大的群眾活動當做歷史上的重要的和主要的東西，把一切偉大的人物僅僅看做最清晰的表達，彷彿是看做洪水上面變得可見的小水泡。這樣群眾就應當從自身生產出偉大，混沌就應當從自身生產出秩序；最後，當然就對生產著的群眾唱起頌歌了。……最高貴的和最高尚的東西根本影響不到群眾……（Nietzsche,2007a:224,第二篇,§9）

❹ 尼采即曾引述伏爾泰的話，說道：「當暴眾加入並添增了他們的聲音，一切即喪失掉了」（Nietzsche,1999a:161,§438）。他甚至認為，假解救被壓迫階級為名的社會主義者，為的不是正義的問題，而是權力。其假正義之名的革命精神比明白地宣稱為自己之利益

9a:161,§438;164-165,§449）。他指出，在當代（當然指的是尼采那個時代）商業發達的時代裡，大眾喜愛刺激多於維持生存所必需的東西（如食物），這種喜愛「並不是民眾中間土生土長的，它是一種移植植物，只不過在這裡它長得更茂盛罷了」（Nietzsche, 2007c:225-226）。總地來說，這是一個向群眾媚俗的時代，也是讓人「墮落」的時代。人們總是向著均值的思想靠攏，讓群聚性的思想平準化人們的心智。於是，尼采譴責在他那個時代活躍的許多種人（如政府官員、商人、或學者），認為他們事實上只是奴隸，因為他們整天有四分之三的時間受到既有社會結構與價值系統（最重要的是來自職業結構）所拘限，沒有讓自己的生活有著閒散的機會，以至於人們無法自由地體驗生命（特別透過藝術）的意義（Nietzsche, 1999a:132-133,§283-286）。在這樣的場景裡，假若沒有一種更高階的文化來予以薰陶的話，人類將普遍喪失了探究真理的興趣，只追求單純的愉悅、幻覺與幻想等等，重陷野蠻狀態⓹（Nietzsche,1999a:119,§251）。尼采這樣的說法實即意味著，人必須學習超越，超越反映在均值人上面的群盲特質⓺。這樣的超越首在於實踐自我克服與自我精進，也就是成就超克人經營自我超克的修養貞定功夫。於是，超克人首先需要從道

者還更加危險，也更具反動的專制特質（Nietzsche,1999a:163-164,§446;165-166,§451,452,454;173-174,§473）。同時，尼采已注意到他那個時代許多歐洲國家（特別德國）所面對的政治問題──社會主義與民族主義的狂飆。這兩種看似相對立的主義其實有一個共同的樣態，即都以大眾為考量基礎，嫉妒與懶惰是兩股動力。尼采認定，社會主義是儘可能少用手去做，而民族主義則是儘可能少用頭腦去做。尤有進之的，前者使得社會裡生產優質文化價值者的內在生活更加難以經營，也更形痛苦。至於後者，則是怨恨、並嫉妒著卓越而有自我轉型能力者不願意讓自己參與生產社會大眾效應的行列（Nietzsche,1999a:177,§480）。

⓹ 尼采此一見解用來刻畫當前符號消費社會的場景，還真可以說是相當貼切的。

⓺ 尼采即認為，對當代只讓群盲本能支配著的人們來說，他們頂多只有表象的品味，意志卻是被稀釋掉（Nietzsche,2002:107,§212）。這正可說明著，何以當代不需要哲學，只要藝術，而且只是搬弄技巧、取巧討好大眾之缺乏靈魂的小藝術──風尚。

德意識的制約中掙扎而出，且必須又是凌駕超越其上⑭，才可能獲得真正的自主與自由（Nietzsche,2007d: 67）。

　　推到極端來看，顯然的，讓我再重複前面已經陳述過的論點，即：所謂「自由人」是一個不斷地以至高權能意志來成就自己的經驗與感受生成⑯的個體人，絕非如英法自由主義者企圖透過社會性的制度機制來保障（具法律質性）的外在自由⑰（不管是所謂的積極或消極自由）（參看 Nietzsche, 2007c:159-161,IX,§38）。尼采即曾這麼說過：「不想屬於群眾的人，只需要不再對自己感到愜意，他追隨自己的良心，這良心向他喊道：『要是你自己！你現在所做、所認為、所欲求的一切都不是你』」⑱（Nietzsche, 2007a:244,III,§1）。「做你自己所是」並不是有個確定之本來的存有做為具「物自身」性質的典範來證成自我。尼采即明確地告訴我們，在生成的背後，並沒有「存有」這樣之更深層的層面，「在作為、其效果和所以生成的背後，並沒有任何的『存有』；『施為者』（the doer）只是被創造出來的一種思想後的虛構物（an after-thought）而已──作為才是一切」（Nietzsche, 1994a:28,I,§13）。於是乎，「做你自己所是」只是一種以具酒神精神的熱愛方式迎接著命運，並且以緣便的態度進行著不斷生成的作育過程──一種表現生命藝術的自我努力過程。在這樣的過程中，人需

---

⑭ 相對的，基督教卻是以扭曲、壓抑和折磨人的身體（如耶穌被釘在十字架上）來正當化其解說（Nietzsche,2007c:124）。

⑯ 尼采特別強調，此一生成是一種發明、賦予意志、自我否定、自我克服。它不是臣服，而是行動，是一種自我安頓、創造，沒有定型的因果規律（Nietzsche,1968:331,§617）。

⑰ 參看柏林（1986）。

⑱ 在《輕盈科學》一書中，尼采甚至以更直接了當的方式說道：「你的意識說些什麼？──你必須成為你是什麼的那個樣子」（Nietzsche,1974:219,§270,266,§335; 2009:389,第4卷，第1篇）。

要做的是以不斷自我反思與克服的方式來「虛空」化既有的種種具體作為，以使得靈魂有著獲致更多精進的契機⑭。這麼一來，此一虛空（包含死亡）可以說是人生命歷程中最精采、也是最重要的永恆輪回狀態。尼采不就這麼敘說著查拉圖斯特拉嗎？──「『這曾是──生命麼？』我要對死亡說。『那好！再來一次』」；「快樂希求所有事物的永恆，希求深沈的、深沈的永恆！」（Nietzsche,2009: 509,517）。

尼采以生理學（或謂心理學）還原論的立場來詮釋自我精進的過程，而非讓人的精神完全脫離其所依托的肉身官能作用。或者，稍微保守地說，他一再強調人所具動物性的自然表徵對人的存在（包含道德現象）所可能彰顯的隱喻性意涵⑮。假若展現人文性的超克人是人存在的最高期待的話，人始終是有著野蠻、但卻是自然的動物性此一另外的面向，因而，本能的釋放是人存在的基本體質條件⑮。

於是，人正像一個行走於搭在野獸（自然）與超克人之間的鋼索

⑭ 緣此說法，內哈瑪斯以一向西方哲學傳統肯確「存有」自身做為必然前提的立場，批評尼采此一具緣便生成性質的「做你自己」與其他相關的說法（參看 Nehamas,1985: 第 6 章）。這樣的論述無疑地忽略了「虛空」一概念在理解尼采思想中可能扮演的關鍵角色，因此，內哈瑪斯所提出的種種批評著實值得進一步商榷。

⑮ 在《朝霞》一書的普茲版註中編者指出，尼采發展一種生理學還原法，在其晚期作品《善惡的彼岸》與《道德系譜學》中充分地運用著。對最高原則的觀念、真理理念、倫理與美學的價值概念、邏輯、語法和風格等等，尼采都追溯到身體與其體質、人種、本能以及特定之生命形式的保存原則上面（Nietzsche,2007c:65, 註 1 與 §26）。而且，與此一自我調節和生命維持一起產生作用的還有外在的條件，如飲食和金錢、甚至氣候也可以成為道德性的（Nietzsche,2007c:162-166, §119;249-250, §203;307, §320）。普茲版註中編者進而指出，尼采這樣的生物主義基本上仍然擺蕩在概念和隱喻之間（參看 Nietzsche, 2007c:162-166, §119）。

⑮ 誠如艾里遜所明示的，以透過所謂客觀之因果律、理性邏輯思維與實驗方法等等經營的科學研究所呈現的自然，並非尼采眼中的自然。對尼采而言，為了變成自然一些，人應當學習擁抱天真而素樸且是混沌而充滿著必然性的「自然」（Allison,2001:105; 同時參看 Nietzsche,1974:167-169, §109）。這也就是說，透過人之諸多衝動與本能所感知到的素樸經驗才是自然的，而且，這樣之混沌的自然狀態總是一再循環地呈現著，如此之永恆輪回的自然狀態，尼采稱之具有著「至極的重量」（the greatest weight, *Das grösste Schwergewicht*）（Nietzsche,1974,273-274: §341）。

上的走索人，必須戰戰兢兢地走著。走索代表著戰勝、超越、與攻克，不只需要走出野獸的範疇，更是必須從「最後的人」❷過渡出來以成就超克人（Nietzsche,2009:42, 前言 ,§5; 45,§6）。然而，人卻總是遊走在兩者之間，彳亍趑趄躊躇著。

沒錯，在尼采的心目中，人唯有能夠突破種種傳統藩籬的約束，才可能獲得充分的自由，而只有心中沒有最終固定目的地的飄泊者才可能獲得這樣的自由❸。然而，這樣的飄泊者的自由精神只是形塑了代表開端的「晨間哲學」（the philosophy of morning），並非成熟的哲學（Nietzsche,1999a:108,§225;203-204,§638）。因為此刻陽光一直是斜照著，所以，無論飄泊者走到那兒，總是有影子跟隨著❹；或者，具體地來說，這即意味著歷史的影子始終相隨著。然而，真正的飄泊者是沒有固定的歸屬，他是超越特定歷史的。就文化心態而言，他更是一個純淨，沒有受到文化污染，也不必承擔記憶之折磨的「嬰兒」（參看 Nietzsche,2007a: 第二篇 ;2009:57-58）。因而，早已受到歷史污染的人類需要學習遺忘（即成為「非歷史的」，若套用佛家的說法，則是「捨」），才得以有機會讓歷史殘毒漸漸消淡。在第三節中，我們提及尼采主張以非歷史（或超歷史）來解救各種歷史質性加

---

❷ 最為典型的是具堅定特定宗教（道德）信仰的聖者。推演來說，這也包含堅信科學至上的科學家。在《查拉圖斯特拉如是說》第四卷中，尼采列舉了一些人物，如國王，科學家（讓水蛭吸血做實驗的人）、魔術家、遜位的教皇、最醜陋的人（承受基督教洗禮的種種「高尚」人）、乞丐或所謂更高的人等等，可以說均是指涉到這個「最後的人」（Nietzsche,2009: 第 4 卷）。

❸ 考量尼采的思想乃是針對他所處那個時代主導歐洲世界的種種道德、宗教與哲學傳統而來，我們就很容易理解何以他對飄泊者有著一份充滿著幻想的誇旎期待。

❹ 擺回尼采所處的歐洲情境，這乃意味著，種種的消極虛無主義鬼魅總是如影相隨著，逃脫不了（參看 Nietzsche,2009:441-445）。在這樣的情況下，飄泊者一直以孤獨姿態與其影子不斷地對話，直到以查拉圖斯特拉當成影子，並在查拉圖斯特拉之永恆輪回的「正午哲學」教誨下，人做為飄泊者才得以有所精進，成就了成熟的哲學——積極的虛無主義（參看 Nietzsche,1999a: 第 2 卷，第 2 部分 ;2009:257-261）。

諸於人類（特別是歐洲）文明的毒害。他即曾提示著：「治療歷史學的對症藥叫做非歷史的和超歷史的。借助這些名字，我們返回到我們的沉思的開端，返回到它的寧靜」（Nietzsche,2007a:235）。這也就是說，唯有依靠著遺忘（歷史）——不斷地遺忘，不斷地篩汰和過濾，人的純性才可能彰顯，也才可能透過人所具有的潛能來成就人格。對尼采來說，在飄泊者身上最容易找到這樣的契機，因為他們沒有歷史包袱的負擔。於是，就在這樣的感知架構下，尼采對處於正午時份的飄泊者有著極高的特殊期待。

在尼采的觀念裡，時間是循環著的，但是，對人們，正午可以說是陰影最短（或甚至沒有陰影）的時刻，反映的是一個幾乎等於「零」的小點，是最長久之謬誤的終結。這是最佳的時刻，是人類的頂峰，也是人淪為野獸或成為超克人之分離路上的中心點——一個極其曖昧模糊的弔詭小點。尼采即認為，此時真正的世界與表象世界的界線模糊掉，真實與虛假分不清，也不必分清，以至於最終一切均成為寓言（fable）⑮（Nietzsche,2007d:62-64）。既然是寓言，一切自然就不必求證，也不必肯確，有的只是想像、感受、陶醉，帶來之最為頂端的，當然是絕對孤獨的自我欣賞和品味，沒有牽掛的完全獨立自主，更是一種回歸自然的努力。對尼采而言，這一切代表的當然不是退步，而是一種提昇，上升到崇高與自由的境界。

往前更推一步地來說，沒有陰影（即沒有任何加諸於上的傳統）的正午是永恆，是最純淨、最光輝，也是決定新生命的當下此刻，正是洗煉人性的一個關鍵點（參看 Heidegger,1984:79,105,139-140;

---

⑮在這兒，我們又見識到尼采思想所蘊涵豐富的想像力與洞識力，他預言了為圖像化主導、且符碼中空化的「後現代狀況」。

Jaspers,2001:382）。洛維特即認為，在正午此一最高時刻，知識的太陽直接站在所有事物的頭頂，乃意味著「飄泊者的自由精神已經讓一種永恆浮現出來了」（Löwith,1997:31）。倘若我們借用波赫士的說法，那就是：「永恆是純粹的今天，是無限的即刻和光明的結果」（Borges,2002:478）。那麼，正午正是這樣的最高時刻，而且，正是在這個時候，尼采讓飄泊人懷著期待的心情迎接著他的朋友——查拉圖斯特拉，成就了充滿喜悅之超克人的生命境界❺（Nietzsche,2007d: 175; 同時參看 Nietzsche,2002:178-180）。

　　進而，尼采以極為睿智的口吻開示著，正是在這個時刻，自然界的一切與飄泊者一樣，都陷入沈睡之中，臉上呈現著永恆的表情，他沒有任何要求，也無所困擾，心是寂靜的，只有他的眼睛是活著的 —— 這是睜著眼的死亡（Nietzsche,1999a:387,§308;2009:226-231,446-450）。對此，洛維特再次地提出了相當具啟發性的詮釋：正午乃象徵著直立不動、時間暫停與完美的最高時刻，但是，更重要的，它又意涵著最極端痛苦與危險的最高時刻，也是把人帶入（上帝已死之）未來時必須自己做決定的中心關鍵點，因為，在此時，它不只促使人們致力於自我克服，也可能導使人們自我滿足，端看人們自己怎樣做判斷（Löwith,1997: 9-10,44,100,104-105）。

　　無疑的，在實際的現實世界裡，時間（清晨、正午、黃昏和深夜）一直是循環著，沒有任何人可以逃避時間的永恆輪回。那麼，我們如何在這樣的現實永恆輪回之中保住正午時份而有著「睜著眼的死亡」感受呢？顯然的，尼采的正午哲學並不是意圖真的把時間凍結在正午，而是讓人的精神狀態永恆地輪回到正午樣態，以成就超克人

───────────

❺但是，當黑夜來臨後，光沒有了，影子也就跟著與飄泊者一齊消失無蹤了，一切成空。

所具有的一種至高存在境界，即具有著不可分割之本質的「個體性」
（即「不可分離的個體」），而不是如體現在道德中那樣地只是一種
「分離混合物」（即「可分離的個體」）❺（參看 Nietzsche,1999a:42）。

　　於是乎，在尼采的心目中，超克人基本上並不是實際存在著的，
也不是一個生命形式的終極點，而是一種被塑造的理想個體性，乃指
涉著人對自己之存在條件的認識與人性可能實踐自我精進轉型的能力
表現（參看 Allison,2001:119）。因此，超克人所展現之不可分割的
「個體性」，並沒有具終極且穩固之整體性的基礎，只有不斷突破的
生成。這麼一來，超克人的世界是一個安置著多元和自由的世界，也
是使得人的存在充滿著實驗（或借用佛家的說法，即精進）性質的世
界（Vattimo,2006: 164）。在這樣的世界裡，人學習自己做選擇與決
定。於是，超克人是一種在經驗價值時有能力主動地把它完全轉化進
入其存在自身的人。他是一種異於均值人的高貴類屬──一種具有超
越永恆輪回（而避免有著墮落的平庸性）的特殊人種。他有著更多的
勇敢，得以讓「一個人能夠自我克制，於是離開，以便保存自己，以
對付更堪匹敵的敵人」（Nietzsche,2009:346）。更具體地說，這種勇
敢即表現在超克世俗引誘與壓力之不斷自我創造的權能意志上面❻。

　　進而，尼采認為，人們的自我肯定與不斷超克必須是以緩慢漸進
的方式來進行，如以小劑量、但長期不斷服用藥物的方式來改善體
質，或如寶石一般一點一滴慢慢地凝固、結晶而變堅硬，最後獲得的

---

❺ 即前文中提到的 *individuum* 與 *dividuum*，參看註❸。

❻ 瓦蒂莫透過十九世紀以來發生在歐洲的前衛（avant-gardes）運動（不論是表現在藝
　文、哲學或政治上面）來檢視超克人的概念。他認為，即使到了今天，這樣之歷史性的
　考察還是理解尼采此一概念的重要基準點（Vattimo,2006:83-95）。在此，我沒有能力
　回應這樣的立論，事實上，也非我討論超克人此一概念的考慮面向。我關心的毋寧地是
　在於成就自我完整性的個人面向，而這在當前高度被「個體化」的後現代場景裡應當是
　更加具有著意義，也更顯得貼切人們所關心的課題。

才可能是歡樂、寧靜與永恆，而不是像十八世紀法國大革命以驟然劇烈的方式來改變體制，帶來的是更多更難以應付的創傷（Nietzsche, 2007c:403,408）。準此，考慮到如今天這樣之大眾社會型態早已具體成型的歷史場景，誠如瓦蒂莫所指出的，這樣的超克人似乎必得是活在具平等要求的多元大眾之中的一種大眾超克人（mass overman）（Vattimo, 2006:131-132）。顯然的，這將只是諸多人種中的一種，頂多是比較高貴而已。然而，對西方長期以來肯定人做為獨立個體的期待而言，這則是一種對著命運從事著具歷史—文化反思性的創造所努力獲致的文明結晶。這樣的大眾超克人如何自存？與身處十九世紀現代化剛剛發皇之歷史處境中的尼采所可能想像（與期待）的超克人是否有著不同的質地，在在值得讓我們細思。為了回應這樣的提問，讓我們先對尼采心目中的超克人形象有著更多的認識，或許是必要的。

儘管尼采所企圖呈現給我們的超克人是一種抒情的幻影，一種力圖超越物種極限的完美期待想像，但是，這無疑地是對人自身存在所以可以肯定的一種最高、也是最根本的形式，必須落實在大地的，尼采即這麼說道：「……（超克人）必定是大地的意義」（Nietzsche, 2009: 35）。這也就是說，它不是某一個特殊先驗理念的表現或成果，而是在充滿腐敗污泥與雜草叢生之踏實的土地上，人透過行動實踐而孕育出來的一種可能成果。因而，人的情形與樹一般，「它愈想升向高處和明亮處，它的根愈要猛烈地向下，向泥土，向黑暗處，向深淵——向惡」（Nietzsche,2009:82）。如此，超克人並非以扣除（subtraction）方式追求自我解放，而是一項自我形塑經營的藝術作品，具有著活鮮生動的完形（Gestalt）特質⑲。

---

⑲ 瓦蒂莫從十九世紀末以來之前衛藝術與文學運動獲得靈感，並採取後現代的立場，認為

　　話說到此，先讓我們回到尼采自身的生命歷程來看，做為一個思想上與主流背道而馳、且勇於發聲的異端分子，尼采的生命可以說是勇敢，也必然是孤獨的。他自己即這麼說道：「錯誤（理想的信仰）不是盲目，錯誤是懦弱。……知識上的任何成就與任何往前推進的一步都是勇氣、堅強地往自己邁進與對自己真誠的結果。……我不排斥理想，只是對著它們我需要有著自我保護」（Nietzsche,2007b:4）。人們經常以理性之名編織了一個無形的天蠶絲網往自己（更多是往別人）的身上罩，甚至因此自詡獲得了自由與肯定，宗教如此、道德律令如此，科學亦復如此。然而，對一個強調學習獨立自主之自我判斷的個體來說，不斷自我反省批判以及批判外在世界是需要的，而這不只是仰賴知識與見地，更需要擁有堅韌的心志（勇氣）。這一切需要的是孤獨的自我心靈支撐，因為只有它可以使得一個人不會任意地從眾。尼采即說道：「我所以隱退到孤獨之中，就是為了不從眾人飲水的水池飲水。當我生活在人群中，我的生活恰恰如他們的生活，我的思想也不像是我自己的思想；在他們中間生活過一段時間以後，我總是覺得，所有人都在設法使我離開我自己，奪走我的靈魂──我對所有人都感到憤怒，並且恐懼他們。因此，我必須走進荒野，以便恢復正常」（Nietzsche,2007c:383）。施及於超克人正也是一樣的，他是一個現實上必須活在俗世之中、但卻有著崇高之自我形象的孤獨靈魂，他的靈魂只有依靠自我的實踐來形構，也才可能從原始的混沌狀態中

尼采的超克人乃是力圖以扣除方式追求解放，也是以滑動與飄蕩的方式致力於從屈從中解放出來（Vattimo,2006:165-166）。依我個人的見解，瓦蒂莫這樣對超克人的詮釋，似乎是為了遷就尼采之以藝術來拯救人類的主張，抬高了十九世紀末以來之前衛藝術與文學運動的歷史存有論地位，以後現代人的「典範」表現來供奉超克人。這樣的詮釋是值得商榷的。

獲得到（自我）拯救❿。

尤有進之的，在尼采的心目中，超克人是相對著「人類」，尤其
是那些永遠不變的「最後的人」（或謂「末人」）⓯而來的（Nietzsche,
2009:42）。他是偏離者、索群者，更是英雄，而當超克人是凌駕在
芸芸眾生之上時，他則是領導者，也是統治者⓰。於是，當此刻，他
是在意俗人的，這樣的崇高孤獨帶來的是寂寞與壓迫，是承當、是忍
受，不是自在瀟灑而淨脫。但是，當超克人是一個修道者，他則是隱
埋在芸芸眾生中的「平凡人」，毫不起眼。此刻，孤獨是他存在的本
質意義，是欣賞的質素⓱，儘管他需要朋友，但這些朋友不是烏合之
眾的人類，更不是已死的屍體（如從高空摔下的走繩表演者），卻是
代表太陽（亦即自然）底下最驕傲（並展示殘忍之高貴）的動物——
老鷹與最具狡猾與欺詐之智力（低級的智慧）的動物——蛇，牠們是
可以共同創造、尋找收穫與歡慶的同伴（Nietzsche,2009:51-52）。尼
采所以選擇了鷹與蛇這兩種動物來與他的超克人元型——查拉圖斯特

---

❿ 根據亞舜的綜合整理，尼采對自我的拯救（或謂治療），提出了六種方法：（一）以某
　種禁慾的方式消滅本能，這是最極端而激進的作法；（二）以組織化的規訓機制來管理
　慾望滿足；（三）讓本能慾望無限制地滿足，以產生有效的反胃作用；（四）把對某種
　危險的本能與某種不喜悅的思想相貫聯，以產生不喜悅的感覺；（五）以只能透過某種
　艱困的勞動方式才能滿足本能慾望的方式來轉移本能的強度，或使之屈從於另一種新的
　愉悅感；（六）以最堅決的禁慾方式完全摧毀整個本能機制（Assoun,2000:172-174; 同
　時參看 Nietzsche,1997:109-110,§109）。

⓯ 參看註⓮。

⓰ 在尼采的眼中，現實世界裡的大眾總是「無知、盲從、容易受煽動」的，於是，「民眾
　不瞭解何謂偉大，就是說，不瞭解何謂創造。但民眾對偉大事業之引獻者和表演者，卻
　頗有興味」。這些「偉人」總是顛倒是非，製造混亂，他們只不過是市場裡「充滿莊重
　的小丑」，更是有如「市場的（毒）蒼蠅」，總是喧鬧地嗡嗡叫（Nietzsche,2009:96-
　97）。在此，我們可以看出，在精神上，尼采持有著貴族式之情操的神韻，對於民主社
　會裡的主人——人民，則保留著一定的鄙視意思，至少是缺乏敬意的。

⓱ 尼采在自傳《瞧，這個人》中之〈我為什麼這麼有智慧〉中即曾提到，整部『查拉圖斯
　特拉如是說』即是一不讚頌孤獨的酒神頌歌（Nietzsche,2007b:16,Why I am so wise,§
　8）。

拉──做朋友，乃因自然賦予鷹與蛇的特質即代表著原始的品性，是人類難以超越的元性⓮。既然這是人做為動物所具備的一種元性，而人類又總是期待著生成長進，於是乎，驕傲和狡詐必然是永恆輪回般地不斷蛻化著，而這就成為權能意志發功的基本指向或著力點了。

　　在尼采的心目中，自我克制是一種精神變形的功夫，需要經過「精神三變」的過程來予以成就（Nietzsche,2009:55-58）。首先，超克人並非只是忍辱負重地擔起無比沈重之所有文化傳統（當然包含道德）包袱，以「你應」忍辱負重的姿態走入荒漠的駱駝，而是像具掠奪性的勇猛獅子，與總說著「你應」之代表著主人或上帝的巨龍相搏鬥著，並一再地顛覆著古老的戒律與價值，因為他說的是具創造新價值之自由契機的「我要」。最後，當人們以行動完成了這種具創造新價值之自由契機的「我要」動力後，登上舞台的成為是代表著「一個新的開始、一種遊戲、一個自轉的輪子、一種初始運動、一種神聖的肯定」之完美無邪的嬰兒──即具嶄新「我是」姿態的超克人問世了⓯（同時參看 Löwith,2006:261;Safranski,2007:324-325）。誠如考夫曼

⓮ 參看註⓭。

⓯ 羅森對「精神的三種變形」，特別是有關駱駝（與沙漠）的隱喻，有著甚富想像力的細緻詮釋，其中的一些觀點似乎相當誇張，令人難以完全信服（Rosen,2003:88-95）。由於本文的主旨並非在於對尼采之整體思想進行細部的文本分析，所以，在此存而不論。瓦蒂莫認為，尼采的精神三變刻劃的是有關西方文明傳統從古至今，以至於他所期待的未來的轉變。駱駝反映的是強調自我強制之順服的禁欲主義、柏拉圖主義和基督教思想，而獅子代表的是過渡到現代性，有如黑格爾在其現象學中所提及的現代精神。至於嬰兒指涉的則是尼采所期待的嶄新人物──超克人（Vattimo,2006:176-177）。艾里遜則特別指出，尼采所以提出精神三變乃與他自己一直身處於有如沙漠一般的孤獨處境有關，他需要的是對冷漠的現實堅定地對抗使然的（Allison,2001:139）。在之後的著作《道德系譜學》之中，尼采即花了相當篇幅以「沙漠」為形容來討論哲學家偏好禁慾主義的可能緣由（Nietzsche,1994a:80-85,III,§7-8）。對尼采而言，把這樣以「沙漠」來隱喻人（特別做為哲學家）的心理狀態擺回整個歐洲的歷史來看，可以說確實是呼應著瓦蒂莫的見解，乃針對柏拉圖主義與基督教道德觀（甚至包含當代科學主義）而來之一種對於人之存在的期待。簡單地說，第一變是要求人要有耐心來尋回自己的尊嚴，之後，第二變則是勇敢地突破所有具有自我貶抑（特別指涉基督教的原罪觀）之慣性的道德

指出的，這樣的超克人具有著明顯而完整的個體性，拒絕向單一規範順從，乃對反著偽善與僵固，並不斷地與自己的既有存在狀態鬥爭著。因此，超克人是一個自我超越的人，其具有的權能本質上即是目的，儘管始終是未確定著❻❻。呼應著前面曾經提及的，這乃意味著，人有如走在搭架在具野性之動物與具人文性之超克人兩個峭壁間之深淵的繩索上面（Kaufmann,1974a:309,310）。如此，「人類之所以偉大，是因為他是一種橋樑，而非目的；人類之所以可愛，是因為他是一種過渡，一種墮落」。因此之故，「我愛那為未來辯護並救贖逝者的人，因為他決意為今人而毀滅」。於是，超克人是「閃電」，閃耀在當下此刻的「現在」（Nietzsche, 2009:38,40,41,§4）。準此，尼采高度推崇歌德，並視為超克人的典範。他認為，歌德是一個堅強、有高度修養、體態動作靈巧輕盈，具自制力、敬畏自身的人，充分運用了自由遊走人間的繩索上面。「這樣的一個實現了自由的英才，帶著快樂和信賴的宿命論站在宇宙的中央，心懷信仰，唯獨個體卑劣，而在整體中一切得到拯救和肯定──他不再否定。……可是，這樣一種信仰在所有可能的信仰中層次最高：我用狄俄尼索斯（按：即戴奧尼修斯）的名字為它舉行洗禮」（Nietzsche,2007d: 178）。總地來說，超克人不是一個擁有超乎一般人之能力的「超人」，更不是一個被塑造成型的特定理想人格典範，而是人可能發揮的潛在可能趨勢，或者說，頂多是對「未來人」的一種期待而已（參看 Ansell-pearson,2005:

傳統，讓自己有了自我反省與思考的機會，並進而學習對自己負責，如此才可能讓自我獲得到自由。最後，人應當學習的是把一切虛空化，有著一個嬰兒所具有的天真無邪與丟卻傳統包袱（innocence and forgetting）的特質，如此，才得以讓人們有著創造新價值的重生契機，而這樣之強調遺忘過去正是尼采以創造未來為導向之「未來哲學」的特點（同時參看 Allison,2001:141-153）。

❻❻ 海德格即認為，尼采的存有論基本上是一種道德性的解釋（Heidegger,1982:69-84）。

167-172;Haar,1985:24-28;Pippin,1988:52;Lampert,1987:24）。

　　這樣把人生看成是一條跨越著動物性與人文性兩個峭壁間之深淵的繩索，而人們就像走索人一般，無疑地使得尼采在勾勒人做為存有體的形象時具有著濃厚的實在感。他相當強調由肉體（而非精神）開始來引導人們的判斷（也是信仰），並且深切地體認到，只有這樣才得以讓人們有著較豐富而多元的現象可供更清楚的觀察（Nietzsche,1968,§532:289）。準此，超克人乃在關照到人之基本需求的前提下，以肉體化的權能意志來圓滿主體性，並以之做為在大地上實踐超越的存有根源❻ 。上面提及之如處在正午無任何陰影的狀態，即是超克人顯現超越來體現永恆原質的基本存在狀態。於是，人們沒有歷史記憶的負擔，對自己擁有了裁判權，沒有更高的法庭在其上方宣判任何的「罪行」❻（參考 Nietzsche,1968:505,§962,2009:140-141）。

　　特別值得提醒的是，在尼采的心坎裡，超越只有被安頓在現實社會世界裡（即大地）中、且以落實在肉軀之具自由選擇機會的實踐行動（而非僅只是論述而已）來貫徹，才是真摯的。因此，超越做為重生的一種表現，它是人以肉體做為根基在塵世大地從事以精神提昇靈魂的一種自我戰鬥。上文一再提過，這樣的戰鬥純然屬於個人（儘管具社會性）、且必然是孤獨的修養體驗，絕非涉及制度體制的改革（或乃至革命），而且，這種的努力永遠取決於「當下片刻」的大門，它不是過去的記憶，也不是未來的期待。但是，尼采意識到，人

---

❻ 參看海德格（1987:225）。

❻ 尼采即假借查拉圖斯特拉向其信徒開示的方式說道：「請你們像我一樣，把飛逝的道德引回人間——對，引回到肉體和生命：讓它賦予大地以意義，人的意義」、「軀體要自覺清洗，要竭力用知識提昇。對求知者來說，一切本能慾望均是自我聖化；對於昇華者來說，靈魂將變得快樂」（Nietzsche, 2009:140）。

們其實經常把自己視為只不過是一座橋樑，而非目的本身，總是欣喜於接受他的正午和傍晚，以為是邁向一個嶄新的美好朝霞，以至於人們總是無法充分掌握如此的場景——即生命總是在「當下此刻」的永恆輪回中被證成，只要你有著足夠堅強的意志來創造與決定。結果，人們總是依循著慣性墮落而頹退地存活著，無法有著任何的超越（參看 Nietzsche,2009: 330）。

很明顯的，為了不讓過去的記憶（即歷史）或未來的期待（基督教的救贖觀念或柏拉圖式的絕對形上理念，如理性）成為主導人的生命意識，唯有掌握「當下此刻」、經營「當下此刻」、也生活在「當下此刻」，才足以讓人們有著主動而自主的契機掌握、並證成人存在的基本生命步調。在「當下此刻」成就「正午哲學」於是乎成為造就超克人的基本要件。準此，接著來的問題是：如何掌握與證成呢？對此，尼采主張，在「當下此刻」以精神提昇來讓人心靈底處的靈魂獲得超越性的重生，需得透過節慶的形式來完成，因為只有節慶的形式才能把酒神精神，尤其其所內涵之正負情愫交融的感受充分地彰揚出來。在談論節慶所常彰顯的正負情愫交融心理之前，讓我先對前面已提過有關尼采經歷的社會背景與他的思想之間可能具有的關係略微表示一點意見。

活在十九世紀後半葉的尼采，是體認到「平等」已成為西方人之普世價值的「社會事實」的。不管他是否有意或是否有能力對抗這樣的信念，至少他似乎是不得不貫徹他「熱愛命運」的主張，接受這樣的歷史命運的。處在這樣的歷史格局裡，人們自然是無法以古代的高貴人做為楷模來形塑多元道德觀，必須要有著一定的調整。於是，在維持原有多元化之基本精神的情況下，尼采把整個期待主軸轉到個體化上面，而這也正是他所以一直強調超克人的人格形塑的重要理由。

我們可以從他對哲學家⓰的期待得到一定的佐證：

　　偉大的概念承擔起（過去的⓱）高貴概念，（這乃）要求單憑自己，足以有所差異，自己單獨撐著、且獨立地生活著。當哲學家們做底下的斷定時，他們將把他們的一些理念顯洩出來，這個斷定是：一個人以最孤獨、隱晦、且不同的姿態超越善與惡，成為一個充滿豐盈的意志、且又能夠充分掌握自己之德性的主人。就正因為他們的存有能夠一再地展現出具整體性與充滿著廣袤豐富性，這才將被稱為偉大（Nietzsche,2002:107,§212）。

　　這也就意味著，對現代人而言，重要的在於成就個體⓲之人格的高貴，即成就超克人，而這過程必然是需要讓人的心智意識與生命品味經過極為嚴酷的試煉，人們需要的於是乎是勇氣（如嘗試著誠實行事）（Nietzsche, 2002:121-123,§230）。顯然的，當道德（或絕對的形上理念）以一元化方式由上而下施加於人們身上的情況下，人們基本上是不必經過嚴酷試煉的，因為善和惡早已經被確立了。但是，一旦善與惡一起被懸擱起來而以正負情愫交融的方式被呈現的時候，內心情感的交錯煎熬將使得人們的心智接受著嚴酷的試煉。此時，「我們要的是有一天不再有任何東西令人感到害怕」（Nietzsche, 2002:89,§201）。再強調一遍：最能展現這樣的正負情愫交融特質的即莫過於是具酒神激情特質的藝術家，而這也說明著藝術所以被視為是成就超克人的基本典範的根本原因（參看 Nietzsche,1968:419,§797,432,§816,539,§1048;1974:239-240,§299）。

⓰ 在尼采心目中，這等同於古代的高貴人。

⓱ 乃作者自加，以幫助讀者有著更好的瞭解。

⓲ 參看尼采（Nietzsche,1968:153-154,§269;2007c:166,IX,§41）。

在西方世界裡，長期以來，正負情愫交融即被認定為是人存在的基本心理樣態，尼采亦如是。譬如，他就這麼說過：「愛與恨、感恩與報復、溫柔與暴怒、肯確行止與否定行止乃相互歸屬著。某某是善良的乃以同時知道如何才是邪惡為條件；某某是邪惡乃因否則的話人們不知道如何才是善良的」（Nietzsche,1968:191,§351）。對尼采而言，問題的關鍵乃在於人們怎麼處理這樣的心理狀態。誠如上文中所昭示的，基督教即以絕對互斥對絕的二分態度來區隔善與惡，以至於單元化了道德意識，缺乏了正負情愫的交融作用，而這正是尼采詬病的焦點。他即批評這樣的道德意識展現的是「最拙劣的品味，也是一種無條件的品味」，它培養的只是奴隸意識（推衍到現代社會即是具群盲特質的均值人），「奴隸要的是無條件，瞭解的也只是道德上的暴虐東西而已」（Nietzsche, 2002: 44-45,§46，同時參看 199,§199）。準此。尼采之所以欣賞古代西方（特別希臘）的高貴人，並不是因為他們殘忍，而是他們沒有善惡絕對分明的一元化道德觀，總是能在正負情愫的兩極間找到一個交融的平衡點，得以體現出多元的價值觀（Nietzsche,1994a:12-13,I,§2;1999a:35-37,I,§45）。前文中提到的「深邃思想」所以是深邃，可以說即在於善於處理正負情愫交融的存在狀態。

在《查拉圖斯特拉如是說》一書中，尼采提到，查拉圖斯特拉在高山上向著深淵釣人魚。按人世間的常理來看，這是極端荒謬的，高山與河邊（或海邊）原是不可化約或融通地相對反著，垂釣應當是在河邊或海邊，絕不可能在高山上的（除非剛好有個湖泊）。如今，尼采安排書中的主角——查拉圖斯特拉在地理的一端——高山上，向著地理上的另一端——深淵釣著人魚，讓這樣兩個絕對對立的空間荒謬地融會在一齊，無疑地是詭異，但卻是有著深刻的意涵。說穿了，尼

采特別想彰顯表達的，可以說即是企圖化解對人所常面臨之正負情愫交融的存在狀態所彰顯的弔詭性，而且是帶著嘲諷嬉戲的閃爍詭譎態度（所以是「玩笑」、是「行惡」）來面對著。對此，尼采這麼寫著：

> 直到它們咬了我那隱藏的釣鉤，不得不來到我的高處，這樣，所有垂釣人魚的人中，最惡毒的一位才會釣到那些色澤最絢麗的深淵之魚。
>
> 根本上，我生來就是這樣的人，拉起（釣竿），拉近，向上拉，拉上來，我就是拉拽者、培育者和管教的大師，當時我沒有白對自己說：成為你所是的那種人吧！……
>
> 真的，我在山上善待我的永恆命運，因為它不催逼我，給我時間玩笑、行惡，所以，我今天登上這座高山垂釣。……
>
> 站在永恆的土地上，堅硬的原始石頭上，站在最高最堅硬的原始山脈上，所有的風都吹向這裡，猶如天氣的分界線，風兒問道，在何方？從何來？向何去？
>
> 在這裡，我那光明而健康的惡在笑，在笑！從高山扔下你那閃爍的嘲諷哄笑吧！用你的閃爍為我誘惑最美麗的人魚吧！（Nietzsche, 2009:389-391）

尤有進之的，查拉圖斯特拉釣的不是單純的魚，而是與人類有某種相通特徵的人魚，而且，只有最惡毒的一位才會釣到色澤最絢麗的深淵之魚，讓「最惡毒」（而非最善良）與「最絢麗」此二一般人認為語意內涵完全對反的形容詞緊緊地連在一齊。同樣的，在前面曾經引述之尼采的「詭論」──稱呼具頂顛之「天」是「光明的深淵」（the abyss of light），實即意味著融合了光明與黑暗，突破了二元互斥對

彰的慣性認知模式，這意圖反映的亦即是正負情愫交融與曖昧模糊之存在場景的必然性。同樣的，在這樣之正負情愫交融的情況下，對尼采來說，正午與深夜具有著相同等的意義。

顯然的，身處於這樣之總是對反並存著的處境裡，人是有著正負情愫交融的心理感受困境。對尼采來說，在任何人的生命歷程中，這樣的正負情愫交融永遠循環而生，是人必須面對的命運。更進一步的，人們需得學會不仰賴上帝的意旨（或恩典）或任何特定形而上的信念，只依著自己的意志，於其所可能引發的矛盾感受困境當中謀求某種的融通，而這樣追求自我承擔的努力，可以說正是人最偉大的成就❼❷。對尼采而言，這樣的融通之所以可能與其之得以成就的必要社會機制即是透過節慶的形式，因為節慶是以歡愉、乃至亢奮而出神的整盤情緒來迎接正負情愫交融的心理情境（如感受到生與死的交融）。在《查拉圖斯特拉如是說》一書中，當尼采敘述著那些更高的人在「覺醒」後而企圖邁向超克人的境界❼❸時，除了以對驢子此一動物膜拜來隱喻對一種等候永恆輪回之精神的高度嚮往之外，他們與查拉圖斯特拉在一齊「愛著大地」，即一再地強調節慶氛圍的必要（參看 Nietzsche, 2009:502-517）。情形所以如此，乃因為節慶的氛圍所

---

❼❷ 針對尼采如何安頓正負情愫交融的現象，安塞爾‧皮爾遜曾經這麼說過：「當然，我知道尼采是一個因熱愛自相矛盾而聞名的思想家，然而，這個本性的衝突對於尼采整個哲學規劃的一致性以及我們對他的哲學的規劃的接受來說，都是致命的」（Ansell-Pearson,2005:114）。安塞爾‧皮爾遜這樣的評論可以說是以為行為需具邏輯一致性、解釋也必須是如是的典型見解，相當程度地反映著啟蒙時期以來之理性思維的基調。因此，難怪，他會認為尼采的思想模式是「致命的」，我個人認為，以這樣的認知模式來理解尼采的思想，才是真正的「致命」，無法掌握正負情愫交融現象所內涵之人類學上的深邃文化─歷史意義。

❼❸ 儘管似乎並沒有成功，因為他們最後聽到獅子的咆哮聲時就逃得消失匿跡了（Nietzsche,2009:521）。因而，查拉圖斯特拉真正等待的並不是他們，他即說道：「可是，我還缺乏真正的人啊！」（Nietzsche,2009:519）

經營的是在永恆輪迴中孕育著是以產生超越痛苦之喜樂的酒神精神⓲，而這恰恰是整個人之精神狀態的完全投入，絕非是理性所要求之片面人格以有分寸的分化選擇性方式來涉入的。推到端點，精神狀態的完全投入絕不是狂妄的虛脫，而是有如佛陀拈花微笑之「不可說」所蘊涵緘默的深意⓳。

　　薗田宗人（Muneto Sonoda,1991:238）即指出，對尼采來說，緘默可以說是人們面對著正負情愫交融之永恆輪迴存在狀態的最佳策略，因為任何企圖以理性方式回歸「正」或「負」面的情愫與認知，都是線性的思維與行事理路，並不足以反映人類存在處境的基本特質，唯有以充滿「非線性」意味的緘默做為一種溝通語言來同時接受「正」與「負」的心理感受狀態，才是正道。意志不可能往過去施用，我們只能在現在「當下此刻」把過去施以意志的經驗當「如是」地予以意志化來行事，讓它與時間永恆輪迴地推進，這或許與佛家所

⓲ 尼采即說道：「……她在夢中反芻自己的痛苦，這古老而深沈的午夜呀，更反芻自己的快樂。因為快樂，儘管痛苦深沈：快樂比心中的痛苦更加深沈」、「快樂想要它自己，想要永恆，想要復返，要一切永遠相同」、「一切快樂都希求它們自己，故而也要心中的痛苦！……快樂希求永恆」（Nietzsche, 2009:514,515,516）。

⓳ 參看菲格爾（Johann Figl ,1991）、胡林（Michel Hulin ,1991）、史培隆格（Mervyn Sprung,1983,1991）、格倫·馬丁（Glen T. Martin,1991）、薗田宗人（Muneto Sonoda,1991）。基本上，尼采曾受到東方（特別印度）思想（其中特別是婆羅門教與佛教）的影響，其中，除了間接來自叔本華的作品之外，他對古印度思想的認識主要來自 Deussen，特別表現在《善與惡的彼岸》及以後的作品（Sprung,1991）。薗田宗人即指出，尼采在一八八四年夏秋之際閱讀杜森（Paul Deussen）與奧登柏格（Oldenberg Hermann）所寫有關印度佛教的書籍，而此時與他之後撰寫《查拉圖斯特拉如是說》第四部（與前言）的時間有著一定的巧合（Sonoda,1991:227-228）。當然，影響到怎樣的程度，則是可以斟酌的。至少，內涵在佛家思想之有關「禁欲」的智慧曾經吸引著尼采，他相當程度地推崇佛家的虛無主義精神，認為可以彌補基督教（尤其歐洲虛無主義）的失敗，並宣稱它所觸的時代將是新佛教成熟的時刻。他即說過：「在佛家觀念裡，去除善與惡的嚴格區分看起來是核心的：它竭力地推敲著與完美的自性巧合著之道德的細緻趨越」。尼采甚至宣稱自己將是歐洲的佛陀（間接引自 Hulin,1991:73）。然而，整體來說，我們並沒有充分而明顯的證據顯示尼采對印度哲學有一定深刻的造詣，當然，這並不單純是因為他對印度哲學的理解多有不當與誤解的緣故。

說的精進是相通著⑯。

第八節　結語

在一八九四年莎樂美女士曾為尼采的《查拉圖斯特拉如是說》一書下了這樣的結論：尼采所企圖作為的是，為已死的上帝尋找另一個替代的自我神格化（self-divinization）形式（間接引自 Löwith,1997: 197）。就思想發展史的角度來看，這樣的評論有著一定的意義，理由是：整個尼采思想的焦點首在對過去為柏拉圖理念主義與基督教信念所完全壟斷的歐洲思想傳統進行批判，以上帝與耶穌基督為本的神格化宗教思想做為主導優勢的思想核心，自然成為關心的焦點。因而，若說神格化是形構尼采思想的基本座架，應當是不為過的，因為尼采用來做為取代之這一部分的基本神韻亦復如是（即均具有宗教與倫理底蘊的色彩），只是做了某種特定的轉移而已（如由上帝轉至人

---

⑯ 薗田宗人相當看重尼采在《查拉圖斯特拉如是說》一書中運用緘默背後所可能開顯的意義，只是他特別重視的是因為缺乏適當的聽眾、或因為聽眾不夠成熟、或言者的不夠成熟、或思想意涵的曖昧、或無法以言語溝通等等基於語言本身之虛構性與多變性的特質使然（而他認為這正是尼采所特別強調的）（Sonoda,1991:238）。然而，不管如何，更重要的顯然是，這同時說明了何以查拉圖斯特拉一直寧願用「唱」，也不願用「說」的緣由。所以這麼說，那是因為「說」（尤其是「寫」）基本上是線性的、邏輯的，預期的，也是精確、可名、可溝通的等等，儘管語言本身只不過是一種虛構的東西。但是，「唱」則既可以是非線性，也可以是非邏輯的，充分地超越理性，展現虛構的感應本性，可謂是不得已的作法。所以，尼采會認為，對初癒者，歌唱最為適宜，「歌唱於初癒者相宜；健康的人才可以說話。即使健康的人想唱歌，他想唱的歌曲也與初癒者迥異」（Nietzsche,2009:362）。易言之，在不得已的情況下，用唱的至少比用說的更加適宜，更遑論與用寫的相比較了。只有健康者（如超克人）才可以使用語言，因為他們才懂得避免為語言的意義陷阱所殘害，也才懂得體會語言之虛構曖昧中的隱喻精髓。其實，尼采這樣特別重視「唱」乃呼應著他早期在《悲劇的誕生》一書中透過酒神與太陽神所具有的分殊特性來分辨非造型的藝術形式（音樂）與造型藝術形式（雕塑）的基本態度——強調其音樂性的吟唱（特別回到古希臘的吟唱詩人）彰顯了酒神所特有之激情與陶醉的生命意涵（參看 Nietzsche,1999b）。

自身）⓱。即使查拉圖斯特拉，依舊是以使者的身分出現在信徒之前，只是以不同於基督教使者的姿態出現（不是代替上帝發言，而是「天」本身，且不具牧羊人的特質）而已。或者，更恰當地說，他是以宣揚「天」道的傳道師角色出現在人們面前（參看 Stmbaugh, 1991）。

　　倘若上面所陳述的有點道理的話，那麼，尼采的思想與整個西方主流思想傳統，既是斷裂，又是延續，在斷裂中有延續，在延續中有斷裂。這特別可以從他企圖以具感性的美學取代具神性的宗教道德（甚至理性的哲學與科學）做為確立神聖性的基礎這樣的不懈努力中看出端倪。在這中間，尼采向我們展示了一個相當特殊的弔詭情形──「去神聖性即是神聖性」的弔詭性，而這恰恰即是所謂後現代性的基調。在這兒，我們看到人本的人文主義精神，也看到自由主義的多元化色調，但是，這樣之人本的人文主義精神不是以人為至高中心之具征服性的專制獨裁思想，而是從人身上出發、且以回歸自然為考量的謙卑人文思想。再者，若說尼采有著自由主義的情懷，那也不是立基於以具政治意涵之外在權利形式來形構的自由思想（如英法自由主義的政治思想），而是關心著人之整體精神解放的自由思想，重視的是如何透過心靈的洗滌獲得了具內在自由的靈魂解放。在這樣的情況下，非（超）歷史質性滲透進入歷史質性，並且發揮著重塑歷史質性的任務，相對的，歷史質性做為支撐非（超）歷史質性的現實生

⓱ 艾里遜認為，科學與技術的快速興起以及宗教改革乃是促使尼采提出「上帝已死」之說法的兩個最主要歷史動力。他進一步地綜合了尼采對「上帝已死」的見解，提出四點可能意涵的結果：一、去除了道德的普遍基礎，它只是特殊歷史─文化條件的產物；二、縱使「上帝已死」，但是，上帝以其他的姿態（如形上學、科學主義、對成長與進步的彌賽亞迷思等等）繼續出現在人的世界裡；三、人類文明進入曖昧與過渡的時代，對文明的早期產生懷舊情懷；四、自由精神被創造出來，逐漸體認到新人類的誕生（如尼采自己強調的超克人）（Allison, 2001: 96-100）。

命質地，同時也是引發和確立存在超越的基本分離點。這也就是說，若說非（超）歷史質性是永恆輪回著的話，歷史質性即是輪回運作之實際場域的文化質地，更是輪回指向的標的。在這中間，平凡例行與非凡例外不斷地相互搓糅摩盪著，靈性的精進也因而由中而生。

　　然而，就實際的論述內容而言，對反著強調平等、且屈從於多數平凡例行化（人民大眾）群盲之庸俗個人自由主義的時代潮流，尼采看重的是如何形塑非凡例外的人格特質（即超克人的基本精神），這著實帶有著濃厚的貴族主義色彩⑱。這樣抬高「非凡例外」的哲學必得是接納著「多元化乃是具正當性的原則」做為前提，儘管可能特別推崇著所謂的高貴品質（不管我們如何界定它）。同時，它也必得是還原到人自身的存在處境，特別是強調當下此刻的作為來關照人的問題的，因為任何的行動只發生在當下此刻，不是過去，也不是未來，儘管過去的記憶經驗與未來的期待展望可以影響到人在當下此刻的情緒、感情與認知。

　　從前面一路鋪陳下來的討論，我們已很清楚地看出，尼采並非一個以極端抽象化概念來架構思想的哲學家，事實上，這正是他所反對、且不遺餘力予以批判的。因此，他絕非一個始終在天上飛的哲學教授，相反的，他是一個在地上行走的實踐哲學家。如霍布斯一般，尼采肯定自我保全是人所賦有的一項本能驅力，他也接受著人先天所具有的種種生理（與心理）特質具有著決定人之行動的作用，但是，

---

⑱ 誠如克洛索夫斯基所做的評論，尼采的貴族主義並不是對過去的社會階層次序有著懷舊情結，也非訴求讓經濟條件倒退，而是承認經濟對著情感（affects）有著不可逆的支配作用（Klossowski,1997:150）。在這樣的前提之下，尼采認為，人類文明不應一直以朝向經濟發展為目的，尤其是均值人以平等的口號來推動，這終究會帶來災難的。人類需要的，毋寧地是足以提高個人生命品質的訓練（training）與選擇（selection），而非單純之制度性的馴化（taming）功夫而已（引自 Klossowski,1997:152-153）。

他並不像霍布斯關心的是人類如何從動物性跳躍到人文性的問題，而是在接受動物性是不可避免的前提下，人文性是（也應該）如何被經營，才可能使得人的存在意義被證成、精神得以被提昇的條件（或機制）問題。

在這樣的認知命題催動下，對尼采而言，若是人生有惡魔的話，它不是來自需求和慾望本身，而是來自對於權力的愛好。尼采的理由是：即使給人們所有東西——健康、食物、住所、娛樂，他們還總覺得不幸和不痛快，因為權力的魔鬼始終是不滿足，但卻仍然還要求著滿足（Nietzsche, 2007c:285）。因此，人所面對的問題基本上即在於安頓權力的課題上面，而正是他所以強調權能意志（或謂權能予以意志化）的關鍵所在。這即宣告著人類所面對之問題的根本癥結不在於人身外的制度結構本身，而是人自身可能有的應對態度（特別是生命態度）。

在此，我不敢遽然論斷隱藏在尼采之權能意志後的「力」概念，在概念史上，乃與霍布斯的基本概念分享著共同的歷史想像，有著一定的關係，但是，此一夾纏著生理能量意涵的「力」概念⑰，無疑地意味著，在人性當中，存有一個潛在的可能，即「力」的量與質是可塑的，隨制於人的因緣際會，其強弱至少部分地取決於人本身所可能引發之權能意志力道的大小。因而，如何灌溉和滋養權能意志的力道乃是尼采重視的課題，也是後人所以認定尼采採取的是心理學觀點的關鍵所在，更是他用來經營超克人之作育的根本動力基石。

這樣把整個人類文明的問題予以「心理學」化可以說是尼采之觀

---

⑰不過，海德格則以古希臘之亞里斯多德的概念（如 *dynamis*、*energeia*、*entelecheia* 等）來解讀尼采的「力」概念，儘管他自己承認如此作法相當鬆散、未確定（Heidegger, 1979:63-65）。

點論的自然衍生產物。其所涉及的無關正確與否,也絕非是否經得起經驗實徵證據考驗的問題,有的只是,對理解當代人與當代社會,是否有著激發足夠之想像力、感受力和啟發空間的問題而已,而這也恰恰是尼采之鎚子哲學的精髓所在,其特色即是以實際行動來實踐,目標指向的是未來。

其實,馬克思的社會理論也一樣地具有著這樣目標指向創造未來的實踐理論特點,稱之為另類鎚子哲學,應當是不為過的。然而,對他所處那資本主義日漸興盛的西歐世界,尼采並非如馬克思一般地以無產階級做為歷史主體對資本主義社會的異化交換價值進行嚴厲批判。尼采確實是看到了他所處那個時代之歐洲世界中工人無產者的工具化處境,但是,他不認為交換價值被異化是整個問題的關鍵,問題的核心毋寧地是,在像資本主義社會這樣拼命而瘋狂地追求外在(物質)目標的一般情形下,人們的內在價值(*inneren Wertes*)嚴重受損。以這樣的認知做為前提,尼采於是乎並不像馬克思一般地承認,就人性的體現來說,資本主義社會具有著結構性的邪惡特質(如壓迫、宰制與剝削著無產階級)、並接受成為討論人之存在意義的核心問題。

在尼采的心目中,固然貧窮、快樂與受奴役三者可以不悖逆地相對著,貧窮、快樂與獨立自由卻是可以並行(Nietzsche, 2007c: 254)。就西方社會思想史的角度來看,這樣的見解乃意味著,尼采並不同意功利主義者(特別是邊沁的享樂主義〔hedonism〕)所持有的道德觀──貧窮是社會的恥辱。相反的,在尼采的眼中,貧窮既非恥辱,甚至不具有任何更為深刻的道德倫理意涵。這也就是說,施之於探討人的存在(尤指自我保全)意義的時候,深具功利主義意味的道德信念,並沒有足夠的正當性用來做為判定公平正義原則的最終價

值依據——不管這是否可以歸咎於結構性的理路。令人感到特別有趣的是，尼采甚至主張，可以讓四分之一的人口從歐洲遷出（尤其遷往新大陸的美國與加拿大）去過著「解放」的生活（Nietzsche, 2007c: 255）。空出的這些人力不足的空間，可以招來大批中國人充當勞工，因為「他們將帶來與工作螞蟻相適應的生活方式和思想方式，他們或許還會有助於為這忿忿不平和躁動不安的歐洲注入某種亞洲式的平靜和沉思以及——也許是最需要的——亞洲式的堅忍」（Nietzsche, 2007c:256）。就以主張「人生而自由平等」之自由主義為本的人道精神而言，尼采這樣的主張顯得是乖戾，許多人是無法接受的。

　　顯而易見的，尼采主張以這樣的方式化解歐洲人所面對的社會問題，乃意味著問題的根本癥結並非在於社會制度本身內涵的結構性缺陷，而是在於選擇適當價值觀來安頓人性的妥當性問題上面。易言之，譬如，貧窮被視為是奴役、壓迫、宰制與剝削等等的結果性狀態，也會導使人們不快樂，可以說是向肯確物質需求具優位性之享樂主義價值傾斜的論證結果，對貧窮是一種詛咒，也是一種褻瀆。難怪，尼采會認為，貧窮、快樂與獨立自由可以並行不悖。總地來說，在此，所以引述尼采如此的論點，目的不在於對其社會思想從事總體性的評論，更不在於「駁斥」其對中國人的「不當」看法（或甚至是致命的侮辱），或質疑其以反諷的手法讚賞貧窮的「冷酷」心態，而是企圖藉此進一步地指出他對人（尤其現代人）之處境予以價值評估的基本參酌點何在的問題。很清楚的，尼采強調的是有關以身體為本之自我意識覺醒與實踐的權能意志經營，也就是以人之慾望情感本能表現於身體為基礎之人文性的細緻經營課題。這樣的心理學主義自然是難以與肯確批判、並謀求具體社會體制之結構性變革的社會學主義

⑱ 相容的。

　　既然尼采終生所宣揚的是人做為存有體的最重要價值是透過具自發、進取性的反省批判來超克現實的種種壓迫、誘惑、規訓以完成精神的精進，生命的存在與推進於是乎就並非在於謀求如何適應外在的環境，而是人自身以強烈的權能意志作後盾主動地從事不斷的精神創造努力（Nietzsche,1994a:56）。對此，尼采發現，在遠古時代裡人們常處於恐懼之中，比較能夠忍受悲慘的際遇，因而經營出一套處理悲慘的知識（如重視修養術）。但是，由於整個環境缺乏創造極端恐懼經驗的條件，現代人基本上並不知道怎樣做才得以適當地安頓悲慘際遇的。其結果是，處理悲慘際遇的秘訣即在於「悲慘」自身，而且，因為不知怎麼處理自己的苦楚，以至於把它轉化成為悲痛的感受（the feeling of distress），並且把別人的悲痛塗繪在牆上，一直表現出需要著別人，無法接受孤獨的喜悅（Nietzsche,1974:112-113,§48;118,§56）。

　　針對著這樣的歷史情境，尼采認為，對現代人而言，精神的經營與轉進，不應是對著單一固定信念有著無條件的信奉，而是必須學習懂得伴隨著事件與情境的轉變來謀求精進。因此，生命的深度不是來自對抽象性原則的一再肯確，而是生命的直接實踐體驗。誠如張伯倫所做的評論，尼采的困境即在於徘徊於自我客觀化、權能意志與內在生命涅盤之間，表現著一種激進的謙遜。在笛卡兒以「我思故我在」之自我為中心的西方思想傳統中，這樣的思想模式是相當新奇的，創造出極為獨特的後基督藝術觀，儘管因為尚無法完全逃脫基督的束縛

---

⑱ 在尼采的眼裡，在後者這樣的情境中，我們「再也看不到道德的任何身體影響可以證明某一道德命令，道德已經逃到『理想』中」（Nietzsche,2007c:50, 註1）。

而顯得有點不夠透徹（參看 Chamberlain, 2000:140,147,169）。不管如何，總結一句話，在尼采的眼中，人只能透過克服自己，才可能克服虛無主義，而這正是鋪陳永恆輪回之預言（也是成就超克人）的先決條件。這也就是說，永恆輪回的預言透過自我克服的（永恆）努力來回應虛無主義面臨的危機，而它展現的是把任何事物帶到突開點的「最高時刻」之際（即前面提到的「正午」）。

　　然而，當意義（與價值）以一再流失的方式永恆輪回著的時候，虛空是一種永恆的存在形式。此時，人們更加難以絕對真理的形式來支撐，只能把一切主導權回歸到人自身上面，以克服自己來成就虛無的克服（參看 Nietzsche,1974:342-343,§380）。尼采進而以為，此時，人自己以虛空懸擱一切特定價值來決定自己的前途，並進而證成了具「一再回歸到永恆的絕一存有」⑱、且對虛空進行著不斷自我超克（不斷地進行價值的重估與設定）的熱愛命運要求。於是，意志的雙重作用表現是同一的：其所克服的與克服的人是同一，追求的是把否定轉化成為肯確而合一，像查拉圖斯特拉一般，讓峰頂與深淵等同合一成為永恆，正負情愫交融的永恆輪回於是塑造了超克人的基本體質。在此，永恆輪回的教誨涉及了兩造：一是人做為追求目的實現的意志執行者；另一則是世界之非目的性的不斷輪轉（參看 Löwith, 1997: 63）。這樣的意志與命運不斷地交集會結著，就人做為行動的存有體而言，需要的或許正是佛家所說的，透過修養貞定的洗煉，從心靈底處引發充分的覺悟（不管是漸悟或頓悟）（參看 Nietzsche, 2009:262-268）。

　　在尼采的世界裡，人總是以帶著影子的飄泊者姿態漫步在虛空的

---

⑱ 就尼采而言，其原神可以說即是酒神戴奧尼修斯。

邊緣，渴求著自我的精進。之後，他以亦是飄泊者的查拉圖斯特拉當影子，進而再讓酒神替代了查拉圖斯特拉的位置，成為所有靈魂的導師，並跨越了善與惡的邊界（而非好與壞）（參看 Löwith,1997:25-26;同時參看 Nietzsche,2002:176,§295）。「於是，在尼采的熱愛命運的訓誨下，讓永恆輪回著之絕一存有的自我肯定，得以與一個人自身的存在對整個絕一存有有著永恆的肯碻相結合在一齊」（the self-affirmation of eternally recurring Being thus unites with an eternal Yes of one's own existence to the whole of Being）（Löwith,1997: 26）。在此，讓我特別引用一首出現在洛維特之著作中的詩來為「肯碻」予以肯碻。

> 必然的盾牌！
> 絕一存有（Being）的至高星星！
> ——在這兒，沒有獲得什麼願望，
> 也沒有任何的「否定」（No）來玷污，
> 絕一存有的永恆「肯碻」（Yes）
> 我永遠是你的「肯碻」：因為我愛著你，喔！永恆！（間接引自 Löwith,1997:26）

既然人是以帶著影子的飄泊者姿態漫步在虛空的邊緣，那麼，針對著情操不斷進行著嚴峻的自我考驗與追求精進，自然就成為一個人為了安頓自己的存在時必要不斷琢磨的功課，而這正是尼采畢生關懷的志業。尼采以激情與孤獨取代了柏拉圖所重視的節制與正義，追求的美德則是對自然冠以高貴的名號，讓高貴的自然取代了神性的自然，而這得由少數哲人帶頭來加冕（Nietzsche, 2002:77-79,§

188,171,§284; 同時參看 Strauss, 2002:50; Lampert, 2009:4）。

　　誠如雅斯培所提出的評論，尼采一生貫穿著一個必然的矛盾，「即在於他作為一個人想要做什麼與他作為自身使命的承擔者想要做什麼之間的矛盾。例如他抱怨孤寂卻又希望孤寂，忍受自己缺乏一切人之常情的東西，似乎想要改善這種情況，卻又意識地去領略例外者的生活」（Jaspers, 2001:87）。顯然的，就現實來講，基於一些因緣際會的生命遭遇，尼采讓自己一直處於正負情愫交融的心理感受狀況之中，這無形之中構成了他在掙扎的困境中有著不斷尋求掙脫、超越的基本動力（參看 Jaspers, 2001:101-104）。然而，不管怎麼說，誠如前面已提過的，窮其一生，尼采深刻地體味到，孤獨是讓人產生自我反思之動力的生存狀態❷。在必然承擔命運之死亡警訊的情況下，它讓人們可以孕育出智者的活生動能，迸放生命的火花光芒。孤獨狀態下迸放出來的生命火花，不是狂熱得令人眩暈的眾聲喧嘩，而是安詳寧靜中剔透熱情的生命修養貞定。修養貞定是一種寧靜的冶鑄砌積，要的不是真理，是具有良意的美感。此時，人有的，已非狂熱的酒神精神，而是帶著甘醇的微醺醉意——怡然自得的清淡茶醉，非意亂情迷的濃郁酒醉。針對著正負情愫交融的境遇，酒醉是對必然痛苦掙扎困局的麻痺抗拒，可是，茶醉帶來的則是悠然淨滌的成熟昇華作用，總是有著一份淡然隨緣的無比喜悅，一切在不執著、但誠懇地用上心的緣份中流動著。

　　最後，讓我們以最簡扼的方式來勾勒西方文明的演化過程，以俾

---

❷ 尼采即這麼說過：「如果說認識就是生活本身，則孤寂就在於認識得實質：『如果人們有權說，生命的意義在於認識』，認識則包含有『異樣、陌生感，或許還有冷漠感』」（間接引自 Jaspers, 2001: 89）。就現實來講，尼采所以處於孤獨狀態之中，若說身體狀況是重要因素的話，那麼，具有著追求「與同一水準的人來往」之曲高和寡的性格，可以說是另一個重要的關鍵因素（Jaspers, 2001:89-90）。

進而證成超克人對現代人所可能彰顯的社會學意義。至少,從十九世紀以來,具聚合性質的生產面向被視為是形塑歷史質性的主軸,由此所衍生的諸多特定社會認同意識(諸如節儉、儲蓄、再投資等等代表著資本主義的精神)乃被認定是用來刻劃自我之主體性的最佳效果特徵。於是,(被安頓在生產體制中之)勞動(與工作)被賦以幾近絕對的神聖意義❸ 。然而,對身處在今天這樣一個以個體化為結構主軸之消費社會的現代人而言,人的處境是離散的,強調獨立和自主的個體意識成為最主要的集體意識,兩者有著極為弔詭的微妙關係:前者緩慢地侵蝕消融後者,讓它產生著自我內耗現象,以至於讓它的作用達到最低臨界點。當然,個體永遠無法以絕對孤立的單一體呈現在這個世界上的,現實上,人類一直就是過著具社會性的共同生活。在這樣的現實條件下,一則,如馬費索利(Maffesoli,1996)所說之具高度流動性的新部落(neo-tribe)共同體形式或許即是當代人所經營之共同社會生活情境的最低臨界面。二則,在此社會形態下,具主動而積極性質的人類「類型」或許可以說即是尼采一再提示之具自我創造能量的新人類──超克人了。

在尼采的心目中,無疑的,體現在超克人身上那種微醺醉意(特別是來自茶醉而非酒醉)散發出來的甘醇喜悅,正是身處在高度個體化之結構型態中的現代人特別需要的。格倫‧馬丁即認為,尼采的思想乃企圖提出一套適用於現代人的煉金術以成就超克人的生命境界(Martin,1991:95)。在一八八八年寫給布蘭德斯(George Brandes)

---

❸ 最為典型的莫過於是馬克思的理論,又,涂爾幹的分工論亦如是,至於韋伯對新教倫理與資本主義精神之歷史觀近性的闡述分析,更是另一個最具代表性的例證。誠如在上文中多次提到的,尼采認為,如此的看待人的存在,乃把人牢銬在一種社會機置當中,乃是對本質不可分離的個體性(*individuum*)的一種嚴重侵蝕(Nietzsche,1997:174,§173)。

的一封信中，尼采就曾經這麼說過：「煉金者是所有存在之人們中最有價值的一種人：我意思是說，他可以從少量無價值、甚至是可鄙的東西之中創造出有價值的東西，如黃金。他一個人即豐富了世界，而其他人則只是從事交換而已」（間接引自 Martin,1991:95-96）。這意思是說，尼采是從人之可能、可為、甚至必須如此的立場來勾勒人的生命圖像，強調透過自我克服的「修養貞定」煉金術來濃縮凝聚對人所具有的存在意義，其中最為重要的精神要素即是具塑造具酒神特性的詩人質素與嬰兒的純樸感知，而這本質上是一種本身即是目的（即具無任何其他目的）的遊戲（play）形式（Nietzsche,1968:419,§797,434-435,§821,549-550,§1067）。

　　尼采真的是一位驚世駭俗的異類先知──先是查拉圖斯特拉，爾後是酒神戴奧尼修斯，最後是一個純潔天真樸實的嬰兒，不是嗎？

參考文獻

Allison, David B.
    2001   *Reading the New Nietzsche*. New York: Rowman & Littlefield Publishers, Inc..

Altizer, Thomas J. J.
    1985   " Eternal recurrence and kingdom of God," in David B. Allison（ed.）*The New Nietzsche: Contemporary Styles of Interpretation*. New York: Delta Books,232-246.

Ansell-Pearson, Keith
    1991   "Nietzsche and the problem of the will in modernity," in Keith Ansell-Pearson（ed.）*Nietzsche and Modern German Thought*. London: Routledge,165-191.
    1994   "Introduction: Nietzsche's overcoming of morality," in *On the Geneealogy of Morality*. Ed. by Keith Ansell-Pearson. Translated by Carol Diethe. Cambridge: Cambridge University Press, ix-xxiii.
    2005   《尼采反盧梭 —— 尼采的道德 —— 政治思想研究》（*Nietzsche contra Rousseau*）。（宗成河等譯）北京：華夏出版社。

Assoun, Paul-Laurent
    2000   *Freud and Nietzsche*. Translated by Richard L. Collier Jr. London: Continuum.

Bataille, Georges
    1992   *On Nietzsche*. Translated by Bruce Boone. New York: Paragon House.

Berlin, Isaiah
    1986   《自由四論》。台北：聯經。

Bernstein, J. M.
    1991   "Autonomy and solitude," in Keith Ansell-Pearson（ed.）*Nietzsche and Modern German Thought*. London: Routledge,192-215.

Borges, Jorge Luis
    2002   《波赫士全集 I》（*Obras Completas I:1923-1949*）。台北：

台灣商務印書館。

Chamberlain, Lesley
　　2000　《激情尼采──飄泊在度林的靈魂》(*Nietzsche in Turin: The End of the Future*)。(李文瑞等譯)台北：究竟。

Danto, Arthur C.
　　1965　*Nietzsche as Philosopher*. New York: Macmillan.

Deleuze, Gilles
　　2006　*Nietzsche and Philosophy*. Translated by Hugh Tomlinson. New York: Columbia University Press.

Derrida, Jacques
　　1979　*Spurs: Nietzsche Styles*. Tranlated by Barbara Harlow. Chicago, Ill.: The University of Chicago Press.

Edmundson, Mark
　　2007　《佛洛依德的最後歲月：他晚年的思緒》(*The Death of Sigmund Freud: The Legacy of His Last Days*)。(王莉娜、楊萬斌 譯)上海：華東師範大學出版社。

Figl, Johann
　　1991　"Nietzsche's early encounters with Asian thought," in Graham Parkes (ed.) *Nietzsche and Asian Thought*. Chicago, Ill.: The University of Chicago Press,51-63.

Forbes, Ian
　　1991　"Marx and Nietzsche: the individual in history," in Keith Ansell-Pearson (ed.) *Nietzsche and Modern German Thought*. London: Routledge,143-164.

Giddens, Anthony
　　1979　*Central Problems in Social Theory*. Berkeley, Ca.: University of California University.

Haar,Michel
　　1985　"Nietzsche and metaphysical language," in David B. Allison (ed.) *The New Nietzsche: Contemporary Styles of Interpretation*. New York: Delta Books, 6

Hadot, Pierre
　　1995　*Philosophy as a Way of Life: Spiritual Exercises from Socrates to Foucault*. Oxford: Blackwell.

Heidegger, Martin
　　1979　*Nietzsche. Volume I: The Will to Power as Art*. Translated by David F. Krell. New York: Harper & Row.
　　1982　*Nietzsche , Volume IV:Nihilism*. Translated by Frank A. Capuzzi; edited, with notes and an analysis by David F. Krell. San Francisco, Ca.: Harper & Row.

1984 *Nietzsche , Volume II: The Eternal Recurrence of the Same.* Translated by David F. Krell. San Francisco, Ca.: Harper & Row.

1987 *Nietzsche , Volume III: The Will to Power as Knowledge and as Metaphysics.* Translated by Joan Stambaugh, David F. Krell & Frank A. Capuzzi. San Francisco, Ca.: Harper & Row.

Horstmann, Rolf-Peter

2002 "Introduction," in Friedrich Nietzsche *Beyond Good and Evil.* Eds. by Rolf-Peter Horstmann & Judith Norman, Translated by Judith Norman. Cambridge: Cambridge University Press,vii-xxviii.

Hulin, Michel

1991 "Nietzsche and the suffering of the Indian ascetic," in Graham Parkes（ed.）*Nietzsche and Asian Thought.* Chicago, Ill.: The University of Chicago Press,64-75.

Jaspers, Karl

2001 《尼采——其人其說》（*Nietzsche: Einführung in das Verständnis seines Philosophierens*）。（魯路譯）北京：社會科學文獻出版社。

Kaufmann, Walter

1974a *Nietzsche: Philosopher, Psychologist, Antichrist.*（4th ed.）Princeton, New Jersey: Princeton University Press.

1974b "Translator's introduction," in Friedrich Nietzsche *The Gay Science.* Translated by Walter Kaufmann. New York: Vintage Books, 4-26.

Klossowski, Pierre

1985 "Nietzsche's experience of the eternal return," crucified," in Allison, David B.（ed.）*The New Nietzsche: Contemporary Styles of Interpretation.* Cambridge, Mass.: The MIT Press,107-120.

1997 *Nietzsche and the Vicious Circle.* Translated by Daniel W. Smith. London: Athlone Press.

Krell, David F.

1982 "Analysis," in Martin Heidegger *Nietzsche , Volume IV:Nihilism.* Translated by Frank A. Capuzzi; edited, with notes and an analysis by David F. Krell. San Francisco, Ca.: Harper & Row, 253-294.

1984 "Analysis," in Martin Heidegger *Nietzsche , Volume II: The Eternal Recurrence of the Same.* Translated by David F. Krell. San Franscisco, Ca.: Harper & Row, 237-281.

1987 "Analysis," in Martin Heidegger *Nietzsche , Volume III: The Will to Power as Knowledge and as Metaphysics.* Translated by Joan Stambaugh, David F. Krell & Frank A. Capuzzi. San Francisco, Ca.:

Harper & Row,255-276.

Lampert, Laurence
1987 *Nietzsche's Teaching*. New Haven, Conn.: Yale University Press.
2009 《尼采的使命——〈善惡的彼岸〉繹讀》（*Nietzsche's Task: An Interpretation of Beyond Good and Evil*）。（李致遠與李小均譯）北京：華夏出版社。

Le Bon, Gustave
1921 *The Crowd: A Study of the Popular Mind*. London: T.F. Unwin.

Löwith, Karl
1997 *Nietzsche's Philosophy of the Eternal Recurrence of the Same*. Translated by Harvey Lomax. Berkeley, Ca.: University of California Press.
2006 《從黑格爾到尼采》（*Von Hegel zu Nietzsche*）。（李秋零譯）北京：三聯。

MacIntyre, Alasdair
1981 *After Virtue: A Study in Moral Theory*. Notre Dame, Indiana: University of Notre Dame Press.

Maffesoli, Michel
1996 *The Time of the Tribes: The Decline of Individualism in Mass Society*. Translated by Don Smith. London: Sage.

Martin, Glen T.
1991 "Deconstruction and breakthrough in Nietzsche and Nāgārjuna," in Graham Parkes（ed.）*Nietzsche and Asian Thought*. Chicago, Ill.: The University of Chicago Press,91-111.

McDougall, William
1908 *An Introduction to Social Psychology*. London: Methuen & Co..
1912 *Psychology: The Study of Behaviour*. London: Williams and Norgate.
1920 *The Group Mind*. New York: Putnam's Sons.

Myerson, George
2008 《尼采與查拉圖斯特拉如是說》（*Nietzsche's Thus Spake Zarathustra*）。（沈春花譯）大連：大連理工大學出版社。

Nehamas, Alexander
1985 *Nietzsche: Life as Literature*. Cambridge, Mass.: Harvard University Press.

Nietzsche, Friedrich
1910 "Homer and classical philology," in Oscar Levy（ed.）*The*

Complete Works of Friedrich Nietzsche. Translated by J. M. Kennedy. New York: Edinburgh.

1968 　*The will to Power*. Translated by Walter Kaufmann & R. J. Hollingdale. New York: Vintage Books.

1974 　*The Gay Science*. Translated by Walter Kaufmann. New York: Vintage Books.

1994a 　*On the Genealogy of Morality*. Ed. by Keith Ansell-Pearson. Translated by Carol Diethe. Cambridge: Cambridge University Press.

1994b 　"The Greek state," in Keith Ansell-Pearson（ed.）*On the Genealogy of Morality*. Translated by Carol Diethe. Cambridge: Cambridge University Press,176-186.

1994c 　"Homer on competition," in Keith Ansell-Pearson（ed.）*On the Genealogy of Morality*. Translated by Carol Diethe. Cambridge: Cambridge University Press, 187-194.

1997 　*Daybreak: Thoughts on the Prejudices of Morality*. Ed. by Maudemarie Clark & Brian Leiter; Translated by R. J. Hollingdale. Cambridge: Cambridge University Press.

1999a 　*Human, All Too Human*. Translated by R. J. Hollingdale. Cambridge: Cambridge University Press.

1999b 　*The Birth of Tragedy and Other Writings*. Eds. by Raymond Geuss and Ronald Speirs. Trans. by Ronald Speirs. Cambridge: Cambridge University Press.

1999c 　"The Dionysiac world view," in *The Birth of Tragedy and Other Writings*. Eds. by Raymond Geuss and Ronald Speirs. Trans. by Ronald Speirs. Cambridge: Cambridge University Press, 117-138.

1999d 　"On truth and lying in anon-moral sense," *The Birth of Tragedy and Other Writings*. Eds. by Raymond Geuss and Ronald Speirs. Trans. by Ronald Speirs. Cambridge: Cambridge University Press, 139-153.

2002 　*Beyond Good and Evil*. Eds. by Rolf-Peter Horstmann & Judith Norman, translated by Judith Norman. Cambridge: Cambridge University Press.

2004 　《歷史的用途與濫用》（*Vom Nutzen und Nachteil der Historie für das Leben*）。（陳濤、周輝榮譯）上海：上海人民出版社。

2005 　*The Anti-Christ, Ecce Homo, Twiligh of the Idols*. Edited by Aaron Ridley & Judith Norman. Cambridge, England: Cambridge University Press.

2006 　《希臘悲劇時代的哲學》（*Die Philosophie im Tragischen Zeitalter der Griechen*）。（李超杰譯）北京：商務印書館。

2007a 　《不合時宜的沉思》（*Unzeitgemäße Betrachtungen*）。（李

秋零譯）上海：華東師範大學出版社。

2007b   *Ecce Homo.* Translated by Duncan Large. New York: Oxford University Press.

2007c   《朝霞》（*Morgenröte*）。（田立年譯）上海：華東師範大學出版社。

2007d   《偶像的黃昏》（*Götzen-Dämmerung*）。（衛茂平譯）上海：華東師範大學出版社。

2007e   《瓦格納事件／尼采反瓦格納》（*Der Fall Wagner/ Nietzsche contra Wagner*）。（衛茂平譯）上海：華東師範大學出版社。

2009   《扎拉圖斯特拉如是說》（*Also Sprach Zarathustra*）。（黃明嘉、樓林譯）上海：華東師範大學出版社。

2010a   《1885 — 1887 年遺稿——尼采著作全集（第十二卷）》。（孫周興譯）北京：商務印書館。

2010b   《1887 — 1889 年遺稿——尼采著作全集（第十三卷）》。（孫周興譯）北京：商務印書館。

Pippin, R. B.

    1988   "Irony and affirmation in Nietzsche's Thus Spoke Zarathustra," in M. A. Gillespie and T. B. Strong（eds.）*Nietzsche's New Ideas*. Chicago, Ill.: University of Chicago Press,45-71.

Rosen, Stenley

    2003   《啟蒙的面具：尼采的〈扎拉圖斯特拉如是說〉》（*The Mask of Enlightenment*）。（吳松江、陳衛斌譯）上海：華東師範大學出版社。

Safranski, Rüdiger

    2007   《尼采思想傳記》（*Nietzsche: Biographie seines Denkens*）。（衛茂平譯）瀋陽：遼寧教育出版社。

Schacht, R.

    1988   "Nietzsche's *Gay Science*, or, how to naturalize cheerfully," in R. C. Solomon & K. M. Higgins（eds.）*Reading Nietzsche*. Oxford: Oxford University Press, 68-86.

Scheiffele, Eberhard

    1991   "Questioning one's 'own' from the perspective of the foreign," in Graham Parkes（ed.）*Nietzsche and Asian Thought*. Chicago, Ill.: The University of Chicago Press,31-47.

Small, R.

    1983   "Eternal Recurrence," *Canadian Journal of Philosophy* 13（4）:585-605.

Sonoda, Muneto（薗田宗人）

    1991   "The eloquent silence of Zarathustra," in Graham Parkes（ed.）

Nietzsche and Asian Thought. Chicago, Ill.: The University of Chicago Press,226-243.

Sprung, Mervyn
    1983 "Nietzsche's interest in and knowledge of Indian thought," in David Goicoechea（ed.）*The Great Year of Zarathustra（1881-1981）.* Lanham, Md.: University Press of America,166-180.
    1991 "Nietzsche's trans-European eye," in Graham Parkes（ed.）*Nietzsche and Asian Thought.* Chicago, Ill.: The University of Chicago Press,76-90.

Stambaugh, Joan
    1991 "The other Nietzsche," in Graham Parkes（ed.）*Nietzsche and Asian Thought.* Chicago, Ill.: The University of Chicago Press,20-30.

Strauss, Leo
    2002 〈注意尼采《善惡的彼岸》的謀篇〉，見劉小楓與倪為國選編《尼采在西方》。上海：上海三聯，26-50。

Strong, Tracy B.
    1975 *Friedrich Nietzsche and the Politics of Transfiguration.* Berkelry, Ca.: University of California Press.

Weber, Max
    1949 *The Methodology of the Social Sciences.* Translated and edited by Edward A. Shils and Henry A. Finch. New York: Free Press.
    1978 *Economy and Society: An Outline of Interpretive Sociology.* Edited by Guenther Roth & Claus Wittich. Berkeley, Ca.: University of California Press.

Valadier, Paul
    1985 "Dionysus versus the crucified," in David B. Allison（ed.）*The New Nietzsche: Contemporary Styles of Interpretation.* Cambridge, Mass.: The MIT Press,247-261.

Vattimo, Gianni
    1992 *The Transparent Society.* Translated by David Webb. Cambridge, England: Polity Press.
    2002 *Nietzsche: An Introduction.* London: The Athone Press.
    2006 *Dialogue with Nietzsche.* Translated by William McCuaig. New York: Columbia University Press.

Zuboff, Arnold
    1973 "Nietzsche and eternal recurrence," in Robert Solomon（ed.）*Nietzsche: A Collection of Critical Essays.* Garden City, N. Y.: Doubleday,343-357.

第 **4** 章
「大眾」雲團的氤氳霧靄與液化的共同體

　　在我們這個時代裡，「群眾之人」（mass-man）❶是社會的引導者，是他在作抉擇，作決定，……在普選權力底下，群眾並不作任何決定，他們祇是支持少數人或其他的所作的抉擇與決定，這是他們在社會中所扮演的角色，這也是他們所必須表演的「節目表」……。事實上，現在，這張節目表就是集體生活的的節目表；於其中，群眾卻是決定者，是主角（Ortega,1989:71）。

第一節　　前言

　　任何社會學家使用的概念都受制於特定的歷史條件，反應著一個地區的人們在一段歷史進程中的特定認知需求和感受樣態，總是有著特殊的文化意涵。就人做為被研究的對象，尤其是從行動主體❷的立

---

❶ 基於尊重譯者的用語，此處所說的「群眾的人」的群眾即本文所指的大眾。奧提嘉（Jose Ortega y Gasset）所謂的「群（大）眾的人」乃意指具有著大眾的特質或由大眾所引導而行的人。但是，就其討論之大眾的內容來看，奧提嘉企圖意涵的似乎包含（甚至是側重）群眾（crowd）現象的（參看 Ortega,1989:102-103）。

❷ 譬如，此處所說的「主體」概念就反映著西方世界（特別是自啟蒙運動以來）對人之存在的一種期待性主張與認知模式。

場來看，源起於十九世紀的西方社會學探索一開始即隱涵著，由帶著濃厚政治（特別是革命）意涵的「人民」（people）概念來反映「人」做為社會存有體的特質。借用紀登斯（Authong Giddens,1976）的說法，情形即是，自從十九世紀社會學問世以來，社會學家的研究對象——社會（society）指涉的，最為重要的其實就是民族國家（nation state）。具政治意涵的人民一概念，無疑地是構成此一重要社會實體的基本元素（即「人」）最具體而微的歷史指涉形式，也是社會做為實體企圖意涵並展現的核心概念對象❸。在這樣的情況下，呼應著馬克思的論述，資產階級與無產階級做為新興、且接續著的歷史主體，社會學的思考一開始可以說即是以政治社會學為主調，或更恰確地說，是古典政治經濟學的衍生知識體系。

經過一段時間，特別是轉換到美國社會學的論述場域，在實證主義方法論（尤其是運用統計概念的量化社會學）的催化下，自一九五〇年代以降，（美國）社會學者逐漸企圖以被認定為具中性、表象化、且可予以變項化的人口（population）一概念來經營研究之最重要的概念對象❹。這無形中逼使「人民」這個概念做為經營社會學分

---

❸ 基本上，「人民」一概念是十八世紀美國革命與法國大革命之後才真正被人們提出來。它乃環繞著至高性（sovereignty）而被形塑著，成為一個帶有著濃厚政治社會學意涵的概念（參看 Morgan,1988）。在法國，由於此一概念被提出時，正是處於革命動盪的時代，此概念於是乎乃與大眾，甚至群眾與暴眾相連地看待著。或許，由於有著這樣的歷史背景，馬費索利即認為，人民的概念是一個被定義得相當蹩腳的大眾實在，其內涵軟趴趴的，既無行動性，也非邏輯的，更是缺乏堅實的經驗基礎（Maffesoli, 1996a:156）。當然，情形是否可以如此看待，實有討論的空間，在此，暫且不論。不過，不管怎麼說，使用至今，相對於人民做為具政治社會學意涵的概念，大眾則有著彰顯文化社會學的意思。有關的討論，參看葉啟政（2005a:92-100;2008:29-39）。

❹ 有關此一概念在美國社會學中發展之歷史性的簡拓討論，參看葉啟政（2004:135-147）。在此，附帶地提出，活動在二十世紀前半段的法國社會學家霍布瓦克（Maurice Halbwachs），透過其著作《人口與社會》（*Population and Society*）（1960）一書，對美國社會學家致力於從「人口」一概念出發來進行社會研究，甚具影響。柯塞（Lewis Coser, 1992:2）即指出，雖然霍布瓦克的最重要貢獻在於有關集體記憶的研究，而且

析之核心對象的地位大大地降低，也因此削減了「政治」在整個社會學研究中一向彰顯的至高意涵。只不過，雖說政治在社會學中的論述地位容或有被貶抑（或至少是扯平）的趨勢，但是，古典政治經濟學中「經濟」的意思卻依舊保有著核心地位，在整個社會學的思維中一直扮演著重要的角色。情形所以如此，或許是與資本主義之經濟體制的發展與持續發皇以及做為反制思想之馬克思主義的風行，有著密切的關係而使然。

在這樣的概念轉折發展過程中，隨著彰顯時空之特質的更迭，在十九世紀已浮現的「大眾」（mass）概念，今天似乎則是更加被發揚光大，廣為社會學家所重視，且成為時尚的名詞，儘管這個概念本身缺乏明確的主體能動意涵，並無法用來展現當代西方社會學特別看重「人做為行動主體」這樣之命題的基本內涵❺。不過，不管怎麼說，伴隨著大眾此一詞彙而來的諸多現象，諸如大眾社會、大眾文化、大眾消費、大眾傳播媒體等等，遂成為社會學家研究與討論的熱門課題。

第二節　對「大眾」一概念之生成的簡扼回顧

大眾與其有關的現象所以成為社會學研究的熱門課題，自有一定的歷史條件做為後盾。對此，既有的社會學文獻討論者堪稱汗牛充棟，沒有理由在此再進行更多的論述，否則，就顯得只不過是野人獻

後來也被英語世界的社會學家所承認，但是，在一開始，他為美國社會學家注意到的卻是有關人口的論述。柯塞認為，這是因為當時的美國社會學重視的是都市與人口的問題，因而，在選擇瞭解對象時有了偏好。

❺ 其實，也正因為如此，大眾的現象才成為社會學家更加關心的課題。

曝的作為而已。但是，對大眾與相關現象所以產生的社會與歷史條件
有所交代，畢竟是有益於我們瞭解底下將進行討論的課題的。況且，
就知識社會學的角度而言，即使單純地針對大眾的概念內涵適當地予
以釐清的立場來說，這樣的交代更是具有著一定的實質意義的。因
此，在這兒，讓我首先透過過去已有的一些論述來為大眾現象所以產
生的歷史背景與其在社會學上的基本內涵進行簡單的闡述。

　　卡內提（Elias Canetti, 1984）曾提示著，群眾（crowd）（以及暴
眾〔mob〕）一概念指涉的，基本上是一群在空間與時間上以特殊方
式緊密接近的人們。然而，依當代的習慣用法，做為一種具總稱指涉
性的概念，大眾此一概念則不同，它涉及的是一群在空間上（乃至在
時間上）可以是分離開的人群，他們的身體是否直接接觸或乃至是相
互接近著，並不是定義此一概念的必要條件❻。毋寧的，既無形狀、
且又無以區分著（something amorphous and indistinguishable）的特
質，才是確立大眾此一概念的核心意涵❼（Williams,1983:159）。

　　儘管，就上述如此之概念設定的內涵本身來看，顯然的，大眾與
暴眾之間在概念上有著不可跨越的鴻溝，然而，根據威廉斯
（Raymond Williams）的意見，從歷史的角度來說，一開始，大眾一
辭卻是由暴眾轉衍出來的新詞彙（Williams,1963:287，同時參看
Williams, 1983:158-163）。這樣的說法原有著照顧到西歐社會發展所

---

❻ 有關西方政治思想史中對群眾與暴眾的討論，參看麥克里蘭（John McClelland, 1989）。

❼ 威廉斯認為，大眾尚有另外一個特徵，即稠密的聚合（dense aggregate）。以本文企圖意指的內涵而言，此一特徵顯然是難以當成界定大眾（如電視機前的觀眾、網路上的網友、或消費者）的必要條件。對此，布希亞（Jean Baudrillard,1983:4,5）也分享著作者這樣的看法（這將在下文中論及）。依我個人的意見，威廉斯所以也把「稠密的聚合」特徵當成界定大眾的要件，應當是基於底下將提到之此概念與群眾和暴眾二概念在歐洲社會發展過程中有著歷史親近性的考量吧（同時參看 Williams,1983）！或許，他意圖以大眾做為具通稱性的概念來涵蓋「群眾」和「暴眾」等相關現象。

彰顯的特殊歷史意義的意思；簡單說，它乃企圖對十八世紀末法國大革命後（特別在法國社會）由人民發動之一連串具革命性的暴動歷史有所反應，而在概念上進行著具演化意涵的一種具選擇親近性的連接。無疑的，這確實是有著顯著的社會學意義的。譬如，法國的勒龐（Gustave LeBon）在一八九五年出版了《群眾》（The Crowd）一書，即有意識地企圖反映當時法國社會所承受之歷史經歷累積起來的社會現象❽。

當然，當法國社會進入十九世紀（特別中後葉）之後，縱然群眾暴動現象尚時有發生，但是，卻已不再頻仍屢現了。倒是大眾做為一種日漸浮現的現象，變得更加明顯，且普遍存在於西歐世界裡，於是，更加具有著時代意義。延續至今，這個現象甚至可以說是變本加厲，更形重要了。

回顧西方社會發展的歷史進程，威廉斯指出，大眾現象的浮現與十九世紀以來之產業革命的興起有關，其中有三個社會趨勢是重要的：（一）工業城鎮中的人口日益集中，形成都市化的現象（即群體聚集〔mass meeting〕）；（二）工廠的林立，尤其機器生產的形式，促使工人必須集中以進行集體生產（即大量生產〔mass production〕）；（三）具組織化、且是自我組織化的工人階級形成為一種具社會與政治行動意涵的群聚體（massing）（即群體行動〔mass-action〕）（Williams,1963:287）。在這樣的背景下，很明顯的，大眾指涉的對象一開始實際上即是屬於工人階層的人們。但是，單就英國來

---

❽ 勒龐對此即有簡扼的分析（參看 LeBon,1969:7-15）。在勒龐的眼中，除了本能（instinct）之外，促成群眾現象的浮現，乃來自整個社會情境所引發的感染（contagion）與暗示性（suggestibility），它使得人們的責任意識喪失。在幾乎同時期（1890）裡，塔爾德（Tarde,1903）則提出模仿法則（the law of imitation）來解釋群眾現象。

說，一七三〇至一七四〇年間出現大量的中產階級，特別在十九世紀
中識字率一再提高以後，就文化消費的角度來看，他們形成為諸種出
版品（如小說）的廣大讀者群。此時，大眾意謂的，已不能僅僅侷限
於工人階級，應當包含更為廣泛的人口了 ❾（Williams,1963:288,295-
296）。

　　順著這樣的歷史脈絡來看，如何有效地掌握大眾的概念，乃成為
不能不特別需要予以關心的課題。對此，讓我借用威廉斯的見解來開
題。在其著《文化與社會》（*Culture and Society*）一書中，威廉斯曾
經說過這麼一段話：

　　　　我並不把我的親戚、朋友、鄰居、同事、認識的人當成大
　　眾；我們沒有人可以這麼做，也會這麼做。大眾經常即是其他
　　人，是那些我們不知道，也不可能知道的其他人。然而，如今，
　　在我們這樣的社會裡，人們卻總是恆常地看到無數類別的這樣其
　　他人，並且身體鄰近地站在他們的身邊。他們就在這兒，而我們
　　也與他們一齊在這兒。正是我們與他們一齊，是整個關鍵的所
　　在。對其他人，我們也是大眾，因而，大眾即其他人。如此一
　　來，事實上，根本沒有大眾自身，只有種種將其他人視為大眾的
　　看法而已（Williams,1963:289）。

　　換句話說，不管大眾是不是身處我們可見或可觸及的四周，他們

---

❾ 在分析民主與大眾的關係時，威廉斯即就歷史發展的角度指出，把大眾的議題等同於
「不能流暢地等於大眾的大多數」以及等同於暴眾的議題，是不能忍受的作法。同時，
包含工人與低層的中產階級的大眾，更是不能與暴眾混為一談（Williams,1963:289,
296）。

都是陌生人。威廉斯這麼說並沒有錯，然而，卻似乎無法把我們身處的這個時代對大眾此一概念所可能展衍的意涵剔透出來。就此，依我個人的觀點，倒不若轉個角度來說，可能會顯得更為貼切些：大眾一辭乃用來泛指具某種特質的人口（如聽眾、觀眾、消費者等等）；簡單地說，即是他們分享著具某種特殊質性的社會生活情境，而共同受制於具結構性的社會力量。基本上，正是這個結構性力量的制約在人們的身上所可能蘊涵（與衍生）之因果權能（causal power）的效應特質，成為關注（也是定義）大眾現象時必要追問的課題。至於，做為大眾的每個個體人的實際認知模式與反應會是如何、彼此之間是否有著互動的關係等等的問題，並非界定大眾此一概念的基本內涵時絕對必要考慮的了。因此，對大眾一概念的分析，基本上即是一種有關結構理路內涵之因果權能的效應特質的剖析，在一般的情況下，這往往有賴社會學者（或相關學者）提供說法來予以釐清與詮釋。

　　活躍於二十世紀前半葉的西班牙思想家奧提嘉曾經指出，相對於過去的十二個世紀，從十九世紀中一直至一九三〇年代（即奧提嘉提出此說的年代），歐洲人口驟增。尤其，科學技術發展、自由民主政體與工業資本主義的生產形式等等嶄新的社會形式浮現，造就了一群有著安逸物質生活之中產階級的人口。基本上，這些人即構成為大眾的主體，形塑了所謂的「大眾形態的人」（mass-man）❿。前面提到威廉斯所說「只有種種將其他人視為大眾的看法」這樣的說法，事實上就是呼應著奧提嘉所說之這個「大眾形態的人」的概念，描繪的正是那群被同一樣之社會結構條件所制約而彰顯相同「命運」樣態的陌

---

❿ 如本文一開始所引述的文字中提到的，此書之中文譯者把此一名詞譯為「群眾之人」，在此，我所以沒有援引此一用語，乃因認為「大眾形態的人」應當會是更貼切作者所欲表達的意涵。為了簡化表達，底下，「大眾形態」一辭乃被視為等同「大眾形態的人」。

生他人。在此,需要特別指出的是,奧提嘉所指出之以中產階級為主體的「大眾形態的人」,無疑地更強化了前面威廉斯提到大眾的對象由工人擴及中產階級之具歷史發展性的說法。

正是在十九世紀這樣一個受著革命洗禮的時代裡,大眾的形態特徵不但形塑了足以涵蓋地刻劃大多數人的集體人格,甚至,也同時意味著少數的精英人物(如民主體制下透過選舉而生的政治人物、媒體明星、乃至學術人)亦必得是分享著同樣的歷史性格特質。更恰確地說,少數的精英份子經常需要在迎合(與掌握)大眾的典型品味、態度、價值、視野等等的一般情形之下,才得以脫穎而出。易言之,倘若獲取誘人的種種社會資源——經濟利潤、政治權力、社會聲望等等乃是形塑精英的現實社會基礎,而其正當性又是來自於居多數之大眾「均值人」(average man)⓫予以肯定的時候,諸如順乎民意、或謂迎合大眾口味、態度與價值等等的作為,乃成為少數菁英份子必須學習的功課。就此,倘若我們說他們亦是大眾形態的產物,應當不為過的。只是,大眾形態之特質的形成總是使得芸芸眾生在其所處的日常生活世界裡以「無名」的沉默姿態展示著,而少數的菁英份子卻總是以特殊例外、且經常是極其喧嘩的「有名」方式展現(或披露)其自身。除此之外,不管有名與否,人們其實展示著本質上相同的東西(與意涵),其所展示的基本上是具有著表象性之「有」⓬的符號形式(如體諸於地位、聲望、財富、權力、容貌、身軀、衣飾、舉止等等上面的符號)。在當代的世界裡,這形構出一幅看起來極其豐饒而多變的有趣世俗浮世圖。

⓫ 有關此一概念將在隨即而來的下文中提到。

⓬ 此一「有」乃以具外塑且外控性之諸如擁有、享有、據有、佔有、持有等等的形式來表現與證成。有關的討論,參看葉啟政(2004:483-491)。

　　順著這樣的思維理路來看，大眾此一概念的核心內涵顯然地乃在於大眾形態所可能開展之結構性的特質為何的問題上面，而正是這樣的特質可以看成是現代人共同承擔之優勢文化的典範（Ortega,1989: 72-73,78,80），甚至，可說是一種歷史命運。於是，大眾概念只能透過大眾形態之具結構性的文化（與心理）特徵來捕捉、並予以定性，除此之外，別無他途。情形若是如此的話，那麼，大眾形態實際意涵的文化（與心理）內容到底為何，成為不能不追問的課題了。

第三節　　大眾形態乃具「受體」意涵之「均值人」的一種表徵典範

　　在回答大眾形態可能彰顯的文化（與心理）典範特質為何的問題之前，或許，我們必須先對它內涵之一個最根本的結構特質有所提示。簡單說，這個結構特質就是隱藏在其背後之具多數的意涵的「均值人」概念了。

　　在現代西方的社會思想裡，「假定人是理性、且有著相當近似的資質稟性，尤其，他們總是有條件採取獨立自主而主動積極的態度來行動，而且，甚至必須是如此的」這樣的說法，一直是一種潛藏的意識形態。對人的行為進行分析論述時，這樣的命題，在認知上，被認定具有著一定的本真性。尤其，這樣的理性（與同質性）被認為可以普遍地在一般人們的身上看到。顯然的，這樣的命題把以個人持具（individual possession）為本之自由主義對「人」的理解與期待的一種普全信念——即「均值人」❸的概念偷渡進來，假定著人人（只要

---

❸ 有關此一概念的社會學意涵，參看葉啟政（2005a: 第 1 章 ;2008: 第 2,3 章）。

是所謂的正常人）具有一樣的能力、契機，而且是各自獨立自主地存
在著。單就就政治面向來說，這則意味著人人生而自由且平等，權利
（與義務）基本上是一樣的。就歐洲的歷史發展進程來看，這樣之
「均值人」概念的文化有效性，則因諸如十八世紀末之法國大革命有
機會讓所謂「人民」這樣的多數人口發揮了實際的動員力量、隨後而
來之工業化與都市化帶來了甚大的同質群聚的人口現象、以及以選舉
制度落實以人民為本的民主政治理念等等之歷史事實的支撐，更加予
以證成與強化。

　　然而，除了如此一般地特別接受著十九世紀之道德統計（moral
statistics）的加持之外，人民（以及相繼而來之大眾）的概念內涵，
尚承受著特定社會機制的結構制約而蘊生出來。對此，假若允許我們
說「人民」與「大眾」這兩個概念都是針對「人口」此一意涵較廣
泛、且在歷史─文化意義上具中立性之概念的一種特殊指涉的話，那
麼，這兩個概念有一個共同的特點，即均指涉著相對於某一種制度性
之社會機制介體的受體對象。以當代社會所呈顯的一般狀況來說，人
民是一種承受著特定政治體制（特指民主的憲政體制）做為介體之具
政治性意涵的受體對象，而大眾則是依附在大眾傳播媒體（在此特指
電視）做為介體之下的一種具文化與心理意涵的受體對象。因此，不
管人民或大眾的概念，誠如上述的，基本上都是反映著它所承受之介
體的結構理路內涵的因果權能的效應特質。這也就是說，無論是人民
或大眾的概念，其所欲表達的，是根據介體之結構理路的因果權能性
而演繹出來的可能效應特質，因此，它為介體結構所內涵
（connotative）（而非外延〔denotative〕）著，我們只能從介體的特質
來衍申此一受體的基本屬性。尤有進之的，以某個（些）特定外顯屬
性搭架的「均值人」概念之所以能夠做為現實的指涉稱謂，且被認為

可以有效地運用來勾勒人民或大眾的概念意涵，其實即建立在這樣之介體的結構理路的因果權能所內涵的效應做為判準的基礎上面。

　　以上述的論點做為基礎來衍申布希亞的說法，或許可以讓我們對人民與大眾二概念的分殊獲得到較為清晰的認識，也因此有助於我們確立大眾的基本內涵。根據布希亞的意思，就政治體制做為機制介體的立場來看，人民（階級亦然）的概念有著具體表徵性的主體權威依托著（如行使選舉權、受法律保障等等），因而可能發生異化（alienation）**⓮** 的問題（Baudrillard,1983:22）。這也就是說，若說人民是具能動性（agency）的行動主體的話，這一特質本質上乃內涵在政治體制做為機制介體的結構理路之中，以至於讓人民有著社會學的實在（reality）做為依靠，其意涵或指涉的特質可以有效地施用於定義下的任何人**⓯**。但是，就其所承受之大眾傳播做為機制介體的結構特質而言，大眾的概念則不然，它缺乏人民一概念所彰顯的這種特質。情形是如此的話，那麼，在大眾傳播做為機制介體的前提下，大眾到底體現著怎樣之「均值人」的典型結構特質呢？

　　與前面曾經引述的學者分享著類似的看法，義大利社會學家費拉羅迪（Franco Ferrarotti）即曾宣告過：過去恆見之做為人與人之間自由交易區域的小團體已不復存在，如今有的只是平扁化、無形狀、無以區分、看起來溫順、軟糖般地柔軟的使用者大眾浮現著（Ferrarotti,1988:33）。針對著大眾所彰顯的如此一般特質，借用前面布希亞的說法來衍申，或許會更具有啟發性。誠如他說的，既然，大

⓮ 假若我們非有此一說法不可的話。

⓯ 顯然的，布希亞這樣的說法與註三所提示之馬費索利的見解：「人民的概念是一個被定義得相當蹩腳的大眾實在，其內涵軟趴趴的，既無行動性，也非邏輯的，更是缺乏堅實的經驗基礎」是有出入的。在此，我個人比較支持布希亞的立場，不主張把人民的概念化約成為大眾此一概念內涵的一種次類型，而當成是在指涉上相互獨立的兩個概念。

眾一辭不同於人民，乃缺乏一個概念（concept）本身所具有的實在基礎，它於是乎經常成為只不過是人們從事政治煽動的一種言說託詞的主調，有著柔軟、黏稠、缺乏分析性的意思（lumpenanalytical notion），並沒有明確而特定的「正面」屬性、述辭、品質與指涉對象。因此，固然大眾立基於一個個可以名狀之實際的獨立個體人，但卻是缺乏具體而固定的社會關係可以用來做為固著概念的堅實後盾。尤其，它更因為沒有可以明確指涉的真正人口母體（population）、身體、或特定的社會聚體（aggregate）來予以表現與保證，以至於找不到一個具社會學意義的具體實在可以充當妥貼的依靠。於是乎，這終至於導使大眾一辭本身即是其定義，或更恰確地說，它本身就是極端地缺乏定義（Baudrillard, 1983:4,5；Ferrarotti,1988:33-36）。

　　無疑的，大眾所彰顯之如此一般的特質，反映的其實正是大眾傳播（特別是電視）做為介體機制的基本結構理路所衍生的因果權能效應。這些效應、也是大眾做為一種受體概念所意涵的，我們可以使用三個特徵來表達：（一）構成大眾此一受體概念的成員彼此之間本質上具有著缺乏互動的陌生人特質，他們是同質（即具同一性）、且各自獨立而自主的。（二）對大眾傳播做為介體而言，大眾受體的成員幾乎沒有足以產生有效的反饋能力與契機；或甚至可以說，此一能力與契機並不是從大眾傳播做為介體出發來界定大眾的基本結構要件；（三）就大眾傳播做為介體的結構理路而言，大眾一概念沒有引發主體能動性、更無產生集體動員之契機的任何意涵，否則的話，就成為（諸如進行抗議示威的）群眾（或乃至暴眾）了。或者說，構成大眾的成員是否具有主體能動性，並不是由大眾傳播做為介體的結構理路

所衍展出來的必要特性⑯。

　　準此，從大眾傳播做為介體的立場來界定，大眾可以說是以無真正表徵做為依託的無指涉姿態存在著，是一種完全喪失明確指示對象的模擬（simulation）⑰。依布希亞的說法，它更是「社會的」（the social）⑱被剔除後的剩餘物，其本質是被動而冷漠的（passive and apathy），只能以進行著諸如民意調查時運用統計概念所釋放的擬像（simulacrum）形式（「均值人」即是典型的代表）來構作其樣態（Baudrillard, 1983:4,5,20,31）。晚近，呼應著統計學的中央趨勢與離散度這兩個概念，庫柏（Robert Cooper）即援引班雅明（Benjamin,1970）與瓦蒂莫（Vattimo,1992）視大眾為易變、不定型地呈現與沉隱的見解而指出，我們只能藉著特定事件（event）所產生之集合—離散（collection-dispersion）的現象來架搭與成就大眾此一概念的核心意涵（Cooper,2001:19,21）。簡言之，既然大眾是一種無真正表徵做為依託底蘊、且指涉對象為虛隱的概念，我們於是乎只能以迂迴而委婉的折射方式予以顯像（當然，只是虛像），同時，更是需要以特殊的具體事件（如最近發生之三聚氰氨毒奶事件）做為顯劑，並利用某種社會機制做為菱鏡來加以定性，之後，再透過某種介體來析透，大眾形態的特質才得以顯現出來。在此，讓我重複地再說

---

⑯ 儘管，就個別個體本身而言，這些大眾形態的特質並不是恆定地體現於所有的情境，而有著不變的實際意義。甚至，就個別個體人來說，即使處在面對「大眾傳播媒體」的情境，他還可能展現主體能動性，有著具某種形式之主願性的反應（如拒看電視或轉台）。對此一問題，在下文中，將提出簡扼的討論。

⑰ 至少相對人民的概念而言，情形是如此的。

⑱ 根據布希亞（Baudrillard,1990a,b）的意見，所謂「社會的」意指的是，一個具有著可相對明確指涉（如階級、地位、權力、制度、社會關係）的實際社會對象，乃由特定價值信念來導引、且形塑成為具極化（polarity）之終極性（finality）的社會形式。因而，它的社會理路基本上是線性的，有著起點，也經常有著終點（至少是具演繹性質的，譬如現代性所意涵的即是一例）。

一遍：在現代社會裡，大眾傳播媒體即是最主要的介體，而民意調查則是對事件所產生的「離散」現象進行「集合」（即分別以統計學中的離散度和中央趨勢二概念來表達）之最常見的一種具社會制度性的顯影機制。

假若整個現實的社會操作過程是如此的話，顯然的，以前面提過之特殊的大眾形態的表徵形式來為大眾的擬像進行社會性的定性顯影，只是一種單純以某種社會構作的模式實在（reality of model）而已，並非企圖對某種真實予以忠實刻劃的實在模式（model of reality）。借用布爾迪厄（Bourdieu,1988）所稱呼的，它基本上只是展現一種特定科技制或知識制的觀點（technocratic or epistemocratic vision）。一般，這是學者為社會世界勾勒的完全圖像，透過統計學所建構的「均值人」概念來予以證成，則是最典型的經營方式。其中，常態分配（normal distribution）則因被視為是人之經驗世界中的一種普遍現象，更是經常用來做為支撐此一概念得以具經驗正當性的有力基礎，剛才提過的所謂民意調查被用來做為實際的經驗檢證機制，恰恰可謂是其中最為典型的迷思作為⓳。因此，大眾的特質，是以機遇的概率方式，在「均值人」概念的支撐下，對特定社會生活情境內涵的結構特質可能反映在人身上的一種具心理與文化意義之因果權能效應力的適當估量。它涉及的是對人們的行動具有因果作用力之具結構化性質的可能效應潛勢，並無涉於是否必然內涵於每個人的行動裡頭，或是否足以（或必須）普遍有效地施及於每個人等等的問題。

⓳ 儘管實證取向的社會學家與政治學家經常也是以統計學的「均值人」概念來表現（或披露）人民（尤其是人口）的內涵。

第四節　　大眾傳播媒體做為形塑大眾形態之介體機制的政治經濟學意涵[20]

以上的分析提示著，倘若大眾一概念有著社會學意義的話，關鍵乃在於個體人以大眾形態的姿態來呈現自身，或大眾形態做為一種基本社會表徵而牽帶出來的擬像上面。在這樣的情形下，被視為大眾的個體人所以經常被認為是沉默的，並不是他們不說話，而是保持著拒絕以其名（即假大眾之名，而事實上也無法以此為名）來說話的沉默，或是他們自身的發聲微弱得被忽略了 [21]。或者，更具體地來說，在社會制約的作用下，「均值人」此一統計概念意涵的「人人是同質且等值」的本身，在自我指涉的意義體系驅動下，沉默地產生了強而有力的象徵概念性效果，把人均質化，也把意義掏空。一方面，它把個體的主體能動性予以剝離；另一方面，它則有效地滲透進入個別個體人的人形結構當中，形構著人們的感知模式與想像圖樣，以諸如消費者、閱聽人、觀眾、讀者等等具虛擬之迷思性質的全稱方式來統攝個體人的一切呈現。尤其，當這樣的全稱擬像為一種具真實感的社會性操作[22]予以轉化確認之後，它原本所具無明顯指涉之社會體、

---

[20] 作者深切地意識到，在網際網路現象已相當普及的今天，至少對某些特定人口（如壯、青少年）而言，此一現象所內涵的結構理路已經非本文所描繪的「古典」電子大眾傳播媒體所能涵蓋，而有著一定的踰越特質。至少，本文所界定的大眾就並不完全適用了，必須另定辭彙來指涉。再者，由於網際網路此一後來的現象方興未艾，尚未形塑出定向（因而，定論），更因本文所選擇的對話對象是立論已確立為「典範」的一些西方社會學者，又，「古典」的電子大眾傳播媒體在今天的社會裡尚具有一定的作用與意義，所以，把討論侷限在「古典」電子大眾傳播媒體的體系形式所內涵的結構理路為大眾形塑出來的可能效應與衍生的社會意義。

[21] 事實上，誠如上面提到過的，因為大眾是虛隱的，所以，根本就沒有論斷其自身是否沉默的問題會發生。誠如布希亞（Baudrillard,1990:94）指出的，既然大眾是一種擬像，它就無所謂被壓迫或操縱的問題，也沒有被解放的可能與必要了。

[22] 如透過民意調查的方式來確定廣告的效果，進而決定廣告的價碼，或透過民意調查來確

且缺乏肯確意義的虛幻模擬面貌會被懸擱起來,且經常被認為足以形成為一個具自生自衍能力、且能量不斷釋放的虛擬實在(virtual reality)❷。於是,大眾在語意的形式上所創造的擬像被實體化,而這也反過來強化了大眾的幻象,讓人們有著可以感受到其為「真」的作用。

倘若統計學塑造的人為「均值人」概念是確認大眾具體實然性的認知基礎的話,那麼,隱藏在統計學背後嚴肅之科學理性的終極神聖性,則是以一層漆黑而厚重的不透明布幕把學術本身做為一種技藝蘊涵之儀式性作為(特指邏輯、科學方法與研究程序本身)的迷思特質給掩遮住,甚至予以撤銷。於是,科學有了絕對權威基礎做為確立整個文明之導向的依托。然而,這畢竟只是人類自我創造的一種狂妄舉止,說它有了依托,其實是等於沒有依托的,因為,至少,就存有論的角度來看,所有的依托都必須是以特定的哲學人類學存有預設做為基礎,其中,自有一定的基本信念與迷思做為後盾。職是之故,一旦人們對此一依托現象的社會特質缺乏以謙虛的態度來進行自我反省,都將會導使一種狂妄的認知暴力現象產生出來,而這將註定使得人類的文明在志得意滿與趾高氣昂的飄然感受中逐漸「墮落」。

準此立場,當我們(特別透過所謂民意調查的操作)把大眾的擬像予以實體化為神聖托體之後,在統計學披著科學的神聖外衣的庇蔭下,它是取得到了證成與理解「社會事實」的正當性。但是,在這樣的情況下,人本身做為個體的獨特與自主性卻是被撤銷掉,至少變得

認所謂的民意背向,並進而決定施政方向。

❷ 所有布希亞使用來形容大眾的概念可以說都溢出了傳統西方社會學所慣見之具實質性的概念。這無疑地呼應著前面所提到布希亞的論點:過去承繼自十九世紀之歐洲歷史場景、且建立在具體而實質之表徵性的「社會的」概念已經變得無效了。

遲鈍，在社會學的認知架構中產生不了實質的作用與意義，因為人們既然變得同質且均等（相當符合民主原則），自然是難以看出隱藏在日常生活世界四周的個別危機與應對處方，更是難以顯現其對個體存在所具有的個別特殊意義，儘管這層的特殊意義正是個體人的存在所不可或缺的。

　　況且，縱然有些個體人的感覺依舊是敏銳的，但卻也因為大眾形態之「均值（質）」的人種意涵本身所彰顯的溷濁膠粘力量實在太大，以至於難以使之化解，更是無法讓它清淨透澈。因此，就概念的內涵而言，大眾本身是顯得相當無力、無助的，它甚至進一步地麻痺了整體人類行止的能動性（尤其，其可能呈現的多元與多變性）。難怪，在布希亞的心目中，大眾不是良質的導體，乃帶有著具中性特質的惰性，像癌細胞一般，不斷快速地增生著，以至於成為只是不斷吸納的沉默多數（the silent majority）（Baudrillard,1983:2-3;1990b:13）。於是，它有的只是讓內爆（implosion）㉔現象持續地發生，因為，此時，有關個體之主體能動性的議題原則上是被架空掉的。

　　雪圖（Michel de Certeau）曾經批評布希亞這樣的說法，認為這容易讓人們感覺到大眾只是一群幾近完全被動的惰性人㉕（Certeau,1984）。在雪圖的眼中，做為大眾的個體人本身其實並不是完全沉默的惰性人。毋寧的，在其日常生活世界裡，做為大眾的個體人往往會「沉默地」以各種間接而迂迴的方式（如怠工、假公濟私、

㉔根據布希亞的意思，內爆乃意謂著，把一個端點吸納進入另一個端點，使得意義本可能具有分化之體系的端點間產生短路，原本可能（如在媒體與實在之間）的明顯對彰性被拭除，因為一切無法有著明確的解讀（Baudrillard,1983:102-103）。

㉕雪圖這樣之對布希亞的批評是有失公允的，因為，事實上，布希亞早已注意到一般大眾在其日常生活世界裡所具有的主動反抗能量的（Baudrillard,1983:38-43,108）。只是，這並沒有成為他繼續發揮論證的課題而已。

消極抵制、拒看、轉台觀看、私底下咒罵、甚至進行破壞等等）抵抗
體制來展現主體能動性。但是，誠如上述的，當我們以「不斷吸納而
產生內爆的沉默多數」來刻劃大眾時，我們意圖呈現的，實際上只是
內涵在個體人身處為具大眾形態之社會生活處境（如面對電視螢幕）
的結構理路所可能衍生的因果權能效應作用而已。這樣的效應性並不
是人本身可能體現之主體能動的質地（即雪圖特別強調的部分）。因
此，還是同樣一句話，「沉默的多數」的說詞，乃是針對大眾做為
「均值人」承受某種特定社會機制內涵之結構理路的作用力時，所可
能牽引出來的一種潛在因果權能效應的描繪而已。易言之，它只是意
圖指出，導致多數人沉默乃是這種社會機制的結構理路所內涵之因果
權能作用力可能發揮的潛在效應而已，不多，也不少。固然這可以透
過人們的經驗予以概率性的檢驗與論斷，但是，在此，它意圖論證
的，是結構理路內涵的可能性，不是實然呈現的必然性。當然，這樣
之對大眾的結構性特質的概率說法，是刻意把人做為個體可能彰顯的
主體能動性予以忽略，這自然容易引起人們有著「宣告人的靈魂死亡
了」的疑慮。

　　就政治經濟學的立場來說，誠如前面提及到的，大眾一概念之所
以有了從事社會學探討的意義，乃拜十九世紀以來特別展現在歐美世
界裡之安逸與舒適生活場域的持續而廣泛出現所賜。當然，歐美世界
的安逸與舒適情境所以產生，有著諸多歷史因素交錯作用而促成的，
其中，科技的發展催化了生產效能，可以說是至為重要的關鍵之一。
但是，因為這並非此處關心的議題，所以予以懸擱而不論。在此，就
當代社會的基本結構表徵而言，我們需要特別關照的毋寧是這麼一個
命題：因應著大眾傳播媒體科技的發展，大眾一概念才顯得特別有著
社會學的意義。

　　從權力施放體系的角度來說，大眾可以說是一個社會裡某些人（特指產品造業者或政治野心家、大眾傳播媒體的經營者、廣告製作群等等的聯合共謀體）透過大眾傳播媒體，運用種種技巧（如提倡時尚），以予以驕縱與安撫的操弄方式來形塑、並予以行銷之典型「人」（尤其，品味人）的形象。所以說是「典型『人』的形象」，其意涵讓我不厭其煩地重申一遍：這只是人們對大眾傳播媒體做為一種社會機制內涵的結構理路所衍生出來的一種「人」的理念型圖像，基本上是有關因果權能之可能效應性的論斷說法。準此，底下論述（其實，也包含著諸多前述的）指涉的，均是這樣以「均值人」為典範形構之「人」的理念型圖像，而非（所有的）人們在日常生活世界中實際體現的情形。

　　在這樣的場景裡，就形塑其結構理路之機制的歷史形式而言，大眾乃是依附在以大眾傳播媒體為介體之權力體系中的在權者意圖宰制與操控的（假想）對象，儘管它或許只是一大片覆蓋在一個個之個體人身上的虛擬陰影（shadow）㉖而已。但是，弔詭的是，如前面所說的，人們卻經常肯確地認為，大眾的結構理路自身有著無比的魅力，可以如鬼魅一般地附靈在人們的身上，促使著人們不斷吸納著訊息，也不停地讓訊息產生內爆（或謂內捲〔involution〕），並形成為一股迅速氣化的虛擬漩渦，不斷往下沉捲。而且，當訊息愈是膨脹（inflation），意義就愈緊縮（deflation）著（參看 Baudrillard,1983:48-49,96）。這也就是說，當今的大眾傳播媒體做為溝通或傳遞訊息的介體，生產了過多的訊息。這些過多的訊息把意義給消融（或至少稀釋）掉，讓它在空氣中任意飄盪，以至於無法為一般人們帶來有效

㉖ 而且，僅止於是陰影，不會變成為實體的。

「社會化」的定型作用。布希亞即說過，這正是致使過去具實質價值（如使用價值）之線性意義的「社會的」一再遭受到無可阻擋的破壞，並內爆於大眾的擬像之中，以至於產生自我消融（與解體）的關鍵所在。尤有甚之的是，不只訊息在媒體中內爆，媒體本身在現實中也產生自我內爆，以至進而催化了所有的一切也均產生內爆，並消逝在純粹由符號以武斷、但多變的姿態推砌起來之超實在（hyperreality）世界的星曇之中（Baudrillard,1983:91,100-101）。無疑的，這段引述布希亞之觀點的說詞乃意味著，就其結構理路而言，大眾傳播媒體帶來的任何符號有著未確定性，它使得過去堅實之經驗可證的「社會實在」磐石不只是鬆動了，甚至完全被粉碎掉。結果是，一切看似實體的東西，可以立刻變成為具高揮發性的氣體，飄盪在虛幻的符號氤氳霧靄之中。

於是，針對人們曾經面對的種種困惑與疑難，當代大眾傳播媒體本身的任何發展基本上並無法帶來任何合乎邏輯的解答，有的，或許只是一種邏輯上的惡話與災難性的答案而已（Baudrillard,1983:106）。那麼，化解的可能答案在哪裡呢？基本上，這還是得從被歸類為大眾的個體人身上來尋找。對此，誠如上述的，儘管在態度上是有所保留，布希亞還是承認做為大眾的個體人還是有反抗的能力與意願的，而其情形正如雪圖提示的，最常見的形式乃是以沉默的姿態反抗著。然而，顯然的，這樣沉默反抗的情形畢竟有如人們面對著鏡子時一般，他們並不能以「正面」的方式把意義吸納進來，而只能以反射的方式把（媒體）體系自身的理路反彈出去而已。因此之故，人們還是無能力把大眾傳播媒體傳送出來的訊息予以完全消融、破壞或銷毀的。準此現實的情況，布希亞告訴我們的，或許值得深思。他認為，這樣之反應策略（假若這還算是策略的話）的說法，頂多只是多

少掌握了大眾的潛意識面向而已，但卻賭上了人做為歷史主體追求自由、解放、與自我振興時應當浮現的清澈意識，因為人們仍舊依著體系的理路而行，或者放任體系理路猖狂囂張地運行著，並沒有改變體系本身所帶來的意義過度生產和再衍生的強制性現象（Baudrillard, 1983:108-109）。

　　活在這樣一個大眾傳播媒體透過煽情與迷惑方式來操縱符號以「蠱惑」人們之情感與認知的歷史場景裡，布希亞所提出的另一個評論，似乎顯得更是有著道理。他說：「在一個時間裡，我們是生活在無反應、也不必負責任的時代裡」（Baudrillard,1981:170）。譬如，在這樣一個以強化基本人權的民主體制來成就「人是獨立自主而自由」的時代裡，人們用選票選出國家的領導，但是，他們卻往往沒有充分意識到需要對自己所行使的政治權利負責，而是在大眾傳播媒體所輸送之美麗詞藻與畫面的「蠱惑」下，經常輕率地把「神聖的一票」投了下去❷。況且，就現實情況來說，他們更是有著不用（事實上，往往也無能力）對自己的行為負責的權利，因為，在權力的正當性乃來自選票累積後的「多數」數字的前提下，整個選舉情境讓選民對選舉結果所可能帶來之種種後效現象的責任歸屬被分攤、也被稀釋掉，自己甚至可以有著不在場的證明，以至於不會（也不必）有著必須承擔任何實質責任的意識。至於被選出來的領導精英更往往只知玩弄權力，一昧地以足以保證掌握著「多數」的技倆來迎合他們自認的大眾口味和期待。責任倫理或貫徹公義的基本信念，成為一種僅具工具性的口號，只在需要時，拿出來虛張聲勢地宣示一下，以做為維持（或

---

❷ 這個例子顯現出的是，儘管歷史場景讓人民與大眾有著交錯糾結地作用的機會，但是，現實上，卻使得個體人做為具主體能動性之理性的人民的期待，在冥冥之中，被大眾做為一種擬像所吐納的氤氳霧靄稀釋掉了。於是，人民徹頭徹尾地為大眾所綁架。

鞏固）權力基礎的符碼。他們要求的只是，這個符碼有著令人炫惑的華麗能指（signifier）就行了，不必要有永恆穩固的所指（signified），更不需要有堅實的指涉對象（referent）。於是，一切端看能夠在大眾「均值人」當中產生多少的「蠱惑」效應來定奪，儘管這往往僅是透過民意調查的機制所形塑的擬像來表現，有的只不過是一種超實在的幻象而已，然而，至少在表象上，經常卻是管用的。

於是，處在大眾傳播媒體充斥的歷史場景裡，人們（如記者）企圖塑造公共意見，並以抽象而普全的命題方式來報導事件，然而，其實，這只是以捷徑短路的方式對事件的推進強施以一種突兀而無限制的發展狀態。在這樣具幾近線性的社會理路架構裡，人與人之間的關係被抽象化、甚至被架空，缺乏具象徵互惠性的單純互動機會所可能彰顯的豐富多元、堅實、又能夠令人感動的神聖意義。難怪，除了接受之外，構成大眾的個體人只有以諸如拒看或轉台的方式來表示抗議與不滿的最後權利，而正是這樣的間接迂迴的拒看或轉台，成為人們用來回應大眾傳播媒體之結構理路的「屠殺」最常見的策略，儘管這中間有著數不清的無奈❷❽。

第五節　只有公共意見，卻無倫理意涵的大眾

根據奧提嘉的見解，大眾被形塑出來的社會特質不是克制、禁慾、修養，而是宣洩、縱慾、任性、甚至是桀驁不馴❷❾（Ortega, 1989:

---

❷❽ 顯然的，當我們把網際網路的現象考慮進來的話，情形自然可能會有所不同。但是，基於註❷❿提示的理由，在此懸擱不論。

❷❾ 奧提嘉所以以這樣的方式來描繪大眾或許是因為有著當時（一九三〇年代）歐洲社會的歷史背景（如布爾什維克主義和法西斯主義的興起）的考量，以至於必須把諸如群眾與暴眾的概念範疇一併予以通盤涵蓋著（參看 Ortega, 1989:92）。

92）。這樣的說法直接運用在暴眾身上應當是相當恰切的，但是，施用在大眾，特別是諸如消費者、讀者或閱聽人的身上，似乎有待更細緻地予以分殊的必要。

基本上，倘若大眾具有著展現宣洩、縱慾、任性、桀驁不馴的潛在能量特質的話，這樣的能量，並不是如我們在暴眾身上看到之直接暴發奔放出來的情形，而是以前面一直提到之沉默、潛沉而迂迴的方式慢慢地釋放出來。因此，大眾內涵之宣洩、縱慾、任性、特別是桀驁不馴的能量力道，無形之中總是不斷地被掩飾、挪移、甚至讓渡著，而且，經常只是以潛勢的匿名姿態默默地隱藏於過程之中，以至於有著被稀釋掉的情形發生。不過，儘管情形可能是如此，大眾內涵之宣洩、縱慾、任性、特別是桀驁不馴的特質畢竟還是存在著，可以找到它的軌跡。這個軌跡最為明顯的莫過於是，剛剛在前面所提到布希亞的說法：大眾做為歷史主體的時代，是一個人們不必負責的時代。

當人們講求道德倫理時，必然是要求具有著相對明晰的責任義務與服務意識，而且，在某個程度上，是膺服某種特定的終極理念。然而，這些要件基本上都是依附在大眾之中的結構理路自身所無法開示而呈顯出來的，情形甚至是反過來予以壓制著。於是，在這樣之結構性特質的導引下，既然大眾具有著宣洩、縱慾、任性、特別是桀驁不馴的能量特質，那麼，一旦個體人隱藏在大眾所庇蔭的符號氤氳霧靄之中，他自然是不會、也不必承擔任何的道德與倫理負擔，因此，其行為是不必負任何責任的。換句話說，「不必負責任」正是彰顯大眾具宣洩、縱慾、任性、特別是桀驁不馴之能量特質的一種具體表現方式，儘管這樣的表現可能是相當迂迴而和緩。

說到這兒，讓我援引奧提嘉所提出一個看似相當詭異，但卻極為

有趣、也值得深思的說法來進一步引申。他認為，體現在現代社會之
大眾身上的宣洩、縱慾、任性、桀驁不馴的潛在特質，導使大眾反叛
了它自身的命運（Ortega,1989:152-154）。依我個人的意見，這樣的
說法是根植於歐洲之特殊歷史進程的一種評論性描繪，極具深刻的社
會意義。

　　就歐洲過去封建時代的歷史傳統而言，具備高尚的情操與自覺的
勇氣始終就被認為是身居領導者必要的條件。在奧提嘉的心目中，大
眾基本上是缺乏高尚的情操，也沒有自覺的勇氣與客觀條件的，因
此，他們沒有條件宣稱有權利為所欲為，而是必然要被別人導引著。
尤其，在不具備有倫理與道德性的前提下，他們除了缺欠需要負責的
客觀條件外，更是沒有可以進行追究責任的任何有效機制做為牽制後
盾。於是，一旦他們被供奉成為確立權力或論說之正當性的來源，同
時也成為行動主體來決定整個歷史的趨向（如法國大革命的場景）的
時候，無疑的，這樣的大眾是一匹脫了韁的怪獸，幾乎無以駕馭，因
為人們所能做的，只是根據他們所被認定（或想像）的意向，儘量地
討好他們。順著所謂公共意見的符號氤氳霧靄經營起來的氣體化擬
像，於是具有著一定的神聖性，被認為正是（特別人民）大眾之意向
的正統表現形式，儘管此一神聖性經常是短暫、弱化，並且不時地遭
受著褻瀆。

　　審視當今的自由民主社會，我們不免會發現，在諸如人民至上、
主權在民等等迷思的庇蔭下，尤其環繞著統計學的「均值」概念，為
「多數」此一數字概念營造了神聖的意義，大眾的公共意見擬像也因
此被供奉成為裁奪公共事務與臧否公眾人物的終極判準。它超越了一
切的道德名目與倫理信念，自身轉而成為確立道德與倫理的終極形
式，神聖不可侵犯，儘管，現實上，它經常是被操弄、包裝、甚至褻

瀆著，尤其是透過大眾傳播媒體。易言之，隱身於媒體背後的諸多藏鏡人才是操弄著公共意見的真正主角，他們以婉轉、迂迴而隱晦的方式形塑著大眾的公共意見，成為展示和證成大眾之行止的正當性依據。以諸如這樣的方式來營造公共意見擬像的至高性，除了證成大眾的公共意見擬像是提供終極判準的神祇之外，更重要的，這恰恰正是讓當代的大眾有著「不用負責任」之正當性的強而有力基礎。對隱身於媒體背後有著操縱能力的諸多藏鏡人，他們當然更是不用負任何責任，因為他們始終就有著不在場的鐵證。況且，隱藏地依附在操控背後的利益、認同、意識形態等等，總是可以讓他們編織出太多令自己相信的正當性來捍衛自己的行止，其中，自信、但卻輕率地假科學具客觀性與價值中立的迷思，正是為自己卸責最佳的藉口。在這樣的情況下，他們自然更加是不必問及道德或倫理上的責任問題，而且，人們更是不會、也不可能追究。

　　或許，有人會說，在當今的大眾媒體世界裡，我們看到了某種形式的回饋反應（如報紙的讀者投書、電視上談話節目的「叩應」）是存在著，在某個程度裡，這多少可以彌補單向壟斷所帶來的「不良」現象。縱然這樣的說法是可以接受，但是，畢竟，這樣的回饋反應是有限、迂迴、匿名而隱形。對絕大部分做為大眾的人們來說，他們始終還是沉默的聽（觀）眾或消費者（因而，大眾形態的樣態依舊）。準此，總地說，一個以大眾形態做為顯性特質的時代乃意味著，就具內涵的結構理路而言，大眾基本上是僅具反應性的，在絕大部分的場合裡，他們並不主動引發刺激，經常也無能引動刺激的，聽眾如此，觀眾如此，讀者如此，消費者亦復是。尤其，他們經常是被動地被引導而進行著快速的更動（如透過時尚的機制）。甚至，我們已經無法確知明天會發生甚麼，而且，也無所謂，更是不必堅持。於是乎，一

切成為「可能」，也同時是「不可能」，有的，只好委諸「天命」的機遇。

　　情形顯得特別的是，一旦大眾傳播媒體所呈現的這樣壟斷現象被推至極致，它的威力原則上並不是來自其體現在技術層面所衍生的結構理路，而是其所內涵之言說的特質本身（Baudrillard,1981:182, 註31）。就此而言，大眾傳播媒體所表述的整個言說，基本上缺乏具有可以使得正負情愫交融的象徵交換互動產生不斷踰越的共感共應迴盪特質，而只是呈現著單向的訊息傳遞，若多有的，頂多是一種對反（opposite）情愫的接續回流撞擊而已。因而，大眾傳播媒體總是難以讓人們彼此之間形塑深刻而純淨的共體感，假若這是需要，也是人們所期待的話。

　　依循著前面的論述脈絡往前推衍著，大眾一概念涵蘊著消費的成分是多於生產的成分的，而且，文化的意味又凌駕於政治，儘管經濟的幽靈一直纏繞著不放❸⓿。因此，大眾總是與文化消費做為一種狀態相聯在一起，在當今，更是與一種具特定歷史意涵的文化消費現象─消費文化結成為不了緣的親家。

　　在我的觀念裡，當大眾一概念與文化消費現象相聯在一起而被提出時❸⓵，它原本即意涵有具神聖性之遊戲（play）形式的意思，並賦予一種極富原始性的神秘色彩❸⓶。然而，一旦大眾被消費文化征服而

---

❸⓿ 相關的討論，參看葉啟政（2005b）。

❸⓵ 顯然的，當大眾總是以諸如觀眾、聽眾、閱聽人（尤其，消費者）等等的身份呈現其自身時，它基本上即是以文化消費者（非文化生產者）的姿態來界定的。尤其，當它處於龐大而強勁之消費文化體系的陰影下時，大眾所具有的文化消費屬性更是不言而自明了。

❸⓶ 有關把文化（消費）活動的本質看成是一種遊戲的形式，參看赫伊津哈（Johan Huizinga,2000）與皮柏（Josef Pieper,1952）。

成為消費大眾之後，儘管遊戲的痕跡或許仍然依稀可見，但是，依附在資本主義之市場機制的商品邏輯之下，消費文化商品化背後所依托的體系化理性，卻總是導使原始的神秘色彩蕩然無存，或者，也因被商品化之消費文化的生產體系進行著踰越性的轉化，導使在傳統社會所常見之遊戲的神聖元神盡失，無法產生集體共感共應的「社會聯帶」效果。再者，這樣的商品邏輯甚至使得啟蒙運動以來所倡導之具自我反省與自我批判的嚴肅「理性」彰顯的有效性，更是遭受到嚴厲的挑戰。這一切總是促使大眾以被引導的方式來帶動著時代巨輪往前轉動，理想不是被創造，而是經常被遺忘，頂多，只是以廉價的方式藉著「自然」之名予以安頓。難怪，奧提嘉會說，「大眾人」是一種原始人，他們相信一切文明都是像自然一樣，自動自發地自我生產著，一切來得那麼自然。基本上，這些人是具野蠻形態的人，是一種置身於文明世界中的自然人（*naturmensch*）（Ortega,1989:112, 121）。於是乎，它們是一群沒有高貴情操的新貴族，志高氣昂地享受著豐碩、富饒、且自認為是「文明」的生活。

　　行文到此，基於為底下所將進行的討論鋪設論述的基底，我們似乎有必要為上述的論說提出具階段性的總結批判說詞。簡扼地說，情形是：以統計學的「均值」搭架「多數」的絕對神聖來展現所謂的公共意見，基本上乃把人們之個別意見中諸多分歧、曖昧、矛盾等等之無形複雜的個別品質成分完全剔除，經常僅留下以「是」或「否」之簡化兩分選擇的回應形式來定義結果樣態，並且以為這即是真實的實際狀態。無疑的，以這樣的簡單兩分的回應形式來形塑的公共意見擬像，褻瀆了被視為具大眾形態之個體人的意志、認知與判斷能力，也踐踏了個體性可能具有的社會學意涵，更是扼殺了具共識共感性之倫理或道德情操背後應有的神聖性。說來，這樣的情形正是諸多西方社

會學家關心、並企圖予以化解的關鍵所在，前面提到的威廉斯與奧提嘉的論說即是明例，縱然布希亞的立場可以有所保留著。

第六節　兩個有關對共同體（community）有所期待的論述

自從西方社會學問世以來，追尋社會裡的成員們具整合協作、且有著相當程度之親密感的共屬意識的社會秩序基礎，一直就是許多社會學者夢想完成的思想任務。他們甚至以歐洲中古世紀之共同體形式的社會體做為典範來做為構思的基礎，滕尼斯（Ferdinand Tönnies, 1988）的區分社區（Gemeinschaft）與社會（Gesellschaft）類型的秩序樣態，就是一個典型的範例。齊美爾（Georg Simmel, 1950）更是以人與人之間具社會性（sociality）特質做為哲學人類學的存有預設來確立人類社會得以形成的初基基礎。涂爾幹（Durkheim, 1995）分析初民社會之人們在節慶時所呈現的集體亢奮（collective effervescence）與因此形成的集體意識，以及牟斯（Marcel Mauss, 1989）強調具全面性報稱（total prestations）的互惠互動等等的說法，在在均說明著，期待人們有著具整合協作性質的社會整體感、並共享著一些共同的感應、價值、態度與信念等等，乃構作理想社會的基本要件。因而，對具上述種種特質之大眾社會的來臨，許多的社會學者莫不有所擔憂，以為需要謀求補救與改造。

在此，讓我首先引述安德森（Benedict Anderson）對國族（nation）形成的一些說法做為進一步討論的分離點。當安德森指出國族是一種想像的共同體時，乃意味著國族是一種以認同方式被想像

出來的意義體現，「因為即使是最小的民族（按：即國族）❸的成員，也不可能認識他們大多數的同胞，和他們相遇，或者甚至聽說過他們，然而，他們相互連結的意象卻活在每一個成員的心中」（Anderson,1999:10）。

　　從上面的討論，我們可以很清楚地看到，安德森所鋪陳的「國族」此一概念，顯然是無法直接移植到大眾上面來的，而且，大眾的核心意涵更是不同於安德森所想像的共同體的概念。退一步地說，縱然大眾可以被宣稱是共同體，他們也只不過是一種共受體而已，人們彼此之間既未必有（而且，往往是沒有）相互共感共應的情形，更說不上分享有共同想像的認同意義（尤其，強烈的集體情緒）的。大眾有的，頂多是個別地感受著意義，而這往往只不過是因為人們具有著共同的「類」（species）屬性（即「人類」），所以，有著共享類似的情緒與認知模式的情形發生。正如馬費索利所說的，大眾有的是一種具擬情的社會性（an empathetic sociality），表現在一連串社會給予的感覺與情緒氛圍（ambience）當中，頂多讓人們彼此之間產生了一種有機的投獻感（organic sense of commitment），形成了具部落主義（tribalism）特質的一種情緒共同體（emotional community）（Maffesoli,1996b:11,27）。再次地使用馬費索利的用語，這也就是說，大眾頂多分享有由社會性引生出來的生機意趣（*puissance*）❸，但卻缺乏我們在初民社會所看到那種具共感共應的儀式性（rituality）❸，

---

❸ 使用此譯辭，乃尊重所引用中文版本之譯者的原有用辭。

❸ 法文中的 Puissance 一辭企圖表達的是人們所具有的一種具生機性的內在能量，乃與制度化的權力（*pouvir*）一概念相對反地使用著。馬費索利使用此一詞彙做為分析與理解「大眾」的核心概念，基本上乃呼應著伯格森之生機論（vitalism）的哲學觀。

❸ 有關的討論，參看布希亞（Baudrillard,1990a）。

而這體現在當代消費導向的社會尤其明顯。

　　顯而易見的，當馬費索利（Maffesoli,1996b）企圖以強調具生機意趣之氛圍的「部落」概念來刻劃當代的大眾做為一種共同體形式時，除了分享著伯格森（Henri Bergson）主張生命具生機性的基本哲學立場之外，無疑地乃承繼了涂爾幹肯確、且強調集體意識的社會思想中所意涵之哲學人類學的基本存有論立場，即以為酒神戴奧尼修斯的精神乃人類所具有的基本內在品質，而這體現在具超越且神聖意涵的集體意識裡頭，並在人們的日常生活世界裡（尤其節慶時）以不同的轉化形式呈現出來。施用於當今（特別是在大眾傳播媒體導引下）的大眾身上，這樣的生機意趣僅僅只是讓人們具有著類似「眾人一體」（being together）的情緒感受而已❸❻。運用馬費索利的說法，這即意味著：當代社會乃以美學做為塑造情境倫理的基礎，它以種種轉化的形式體現在人們的日常生活慣域（habitus）裡，形成為特定的「生活方式」，並因而產生了具備著情緒共同體特質的所謂「部落」（如「鄧麗君歌迷後援會」）。在這樣的場景裡，過去重視契約性價值信念之政治經濟組織的「社會」形式退了位，取代的是重視情感成分的大眾社會現象抬頭了。這樣的情緒共同體，借用包曼的說法，基本上則是一種具審美意涵的美學共同體（aesthetic community）❸❼，乃

---

❸❻ 有關涂爾幹對此一現象的論述，參看涂爾幹（1995），同時參看葉啟政（2005a: 第 2章 ;2008: 第 2,8 章）。

❸❼ 對包曼來說，另一種共同體形式是以道德做為基礎，他稱之為倫理共同體（ethical community）。基本上，這乃是傳統所認定、也是法訂意義上的個體（the individual de jure）認定與追求之共同體的基本形式。因有著制度化予以規劃之可預期的保證，這樣的共同體具有一定的長期承諾、且有著不可異化的權利與不可捍動的義務，對成員更是具有兄弟般的共同承擔感情。這些特質正是只具「事實上之個體」（the individual de facto）性質的美學共同體所缺乏的（Bauman,2001a:72-73;Bauman,2001b）。顯然的，包曼所認定、且認為是當代人應當追求的，是某種具倫理共同體意涵的社會形式（Bauman, 2001b:112）。

隨情境的轉移而不停地流動變易著。情形有如人們使用劇院的衣帽間一樣，看戲前，把衣帽寄掛在那兒的掛釘上，看完戲，就拿走。對此，包曼管稱之為衣帽間共同體（cloakroom community）或掛釘共同體（peg community）❸（Bauman,2001a:71; 2001b;2002:176;2004）。

　　情形若是如此的話，那麼，在「社會」死亡、「人民」一概念的有效性也跟著陣亡之後，我們如何供奉「大眾」此一概念神祇，才可能恰切、且具啟發性地彰顯它所可能衍生的意涵呢？這無疑地是一個值得追問的課題，而對這樣的一個課題，從過去西方社會學家企圖以共同體的「優質」形式來挽救大眾的「低俗」、「頹廢」、甚至是「墮落」的論述出發，可以說是一條身具歷史意義的進路。在這進路中，再度讓某種形式的「社會」與「人民」概念復活，順理成章地成為關鍵的課題。在此，讓我選擇在當代西方社會思想發展史上具有一定之代表性的兩位英國社會學家的看法來略加討論。這兩位社會學之一是前已論及的威廉斯，另一位則是包曼。

　　針對著大眾的現象，威廉斯即曾經企圖以共同體的「小」、具反應性與「優質」文化來對抗大眾內涵的「大」、被動性與庸俗文化（Williams,1963:301-305）。他認為，其中最關鍵的因素，乃在於資本主義體制下掌握大眾傳播媒體以謀求利潤的少數施為者（agents）所持有的意識形態（如強調自由選擇）。對威廉斯而言，這意識形態基本上違背了民主社會為大多數人謀福利的基本信念（Williams,1963:301-302）。他指出，假若人們關心著價值的建立，那

---

❸ 或者，如在另外的一個場合中，包曼指出，購物中心（shopping mall）乃是人們遠離平凡而單調的例行日常生活，而得以例外而多變地「共同」享受著夢想、且讓自己顯得有了自由選擇的非凡場所。他稱呼這樣的場所乃是為人們營造幽靈共同體（phantom community）的原型地點（archetypal site）（Bauman,2001b:106）。

麼，在強調參與民主的社會裡，追尋一種經驗的共同體是形塑這種價值標準的必要基礎，而這涉及的是有關以服務（service）與聯帶（solidarity）為本之共同體的社會關係形式的重建，以及經由具共同體意涵的生活來創造文化（Williams,1963:306）。

在威廉斯的眼中，文化是針對著自然的成長予以照料（the tending of natural growth）的一種隱喻表現，而照料本身則是一種社會實在的形式（Williams,1963:311, 314,320）。於是，「任何文化，在其整個過程中，是一種選擇、一種強調、一種特殊的照料。一個共同文化（a culture in common）❸的特異地方，即在於選擇是自由的，且亦是共同被製造、再製造出來著。照料是一個根據共同決定帶出來的共同過程，因而它本身即明白生命與成長的各種實際種類」（Williams,1963:322）。對此一說法，費瑟斯通（Mike Featherstone）的評論頗值得參考。他指出，威廉斯接受他所處之時代的發展現實，深知一般大眾的（共同、但卻是平庸，乃至低俗）文化是必須正面對待，但是，卻又得注入一些具選擇性的「高級」文化傳統，以形塑一個具有生命活力的「優質」文化（Featherstone,1991:130）。因此，在威廉斯的心目中，共同文化的經營乃在於人們的整體生活方式，它不只是構作較高尚的價值，而且是尊重與接受一般人的日常文化，重點在於營造一個具有共同體感的文化，以對抗體現在較高階層中的個體化文化（引自 Featherstone, 1991:134）。

晚近，包曼則採取另外的角度，從個體的社會性要求立場切入來

---

❸ 不過，根據費瑟斯通（Featherstone,1991:133）的說法，威廉斯在其後的著作中幾乎不再提到這個概念了。威廉斯（Williams,1979）自己即點明，當初所以在《文化與社會》一書中討論共同文化的議題，自有著時代背景上的需要，而如今（指一九七九年左右）已不那麼有所相關了。

重塑共同體的當代意義。首先，他以自由（freedom）與安全
（safety）❹做為兩個並重、但卻弔詭地對立著的軸線來看待現代人與
社會，並以之做為經營和觀照共同體的核心概念。在他的眼中，共同
體乃是

　　一個溫暖的地方，一個安逸而舒適的地方。它像一具遮頂，
讓我們可以躲避豪雨，像一座壁爐，讓我們可以在一個酷寒的日
子裡暖和雙手。然而，在其外，在街上，卻潛埋著種種的危險；
當我們外出時，我們必須保持警覺，無時無刻地戒防著我們談話
的對象和與我們搭訕的人。在這兒，在共同體中，我們卻可以放
鬆──我們是安全的，在黑暗的角落裡，絕無朦朧浮現的危險
（誠然，幾乎沒有任何角落是黑暗的）。在共同體裡，我們彼此
都相當瞭解，可以信賴我們所聽到的，而且，在絕大部分的時間
裡，我們是安全的，不會有困惑或感到反常意外。我們彼此從來
就不會是陌生人，……在共同體裡，我們可以依賴彼此的良意
（good will）。……（Bauman,2001a:1-2）。

從這段話，我們可以清楚地看到，除了威廉斯所未曾明顯注意到
存在於現代社會的風險（risk）現象之外，包曼基本上是分享著威廉
斯的意見。他承認威廉斯所指陳之大眾現象內涵的種種「致命傷」，
如無形狀、無以區分、被動、冷漠、陌生等等，而這成為他轉而肯定
共同體的形塑對當代人之所以重要的關鍵所在（Bauman,2001a:26-27;

---

❹ 對貝克夫婦（Ulrich Beck & Elisabeth Beck-Gernsheim）而言，則是自由與關愛（care
　）的問題（Beck & Beck-Gernsheim,2002:212）。

同時參看 Bauman,1998）。只是，對當代人這樣的處境，他有著更進一步的觀察，對問題的關鍵所在提出了更深一層的描述。對此，簡單說，他認為「安全」才是核心的問題。

在包曼的心目中，安全是人們生存所絕對需要的心理要素，也是社會條件。特別，面對著當前整個世界高度地都市化以及人際互動的流動快速、變易大、且又高度區隔化的情景，陌生人的特質確實是充斥在人與人之間，社會裡也處處布滿著危險的陷阱，以至於人們有著不確定和不安全感，幾乎可以說是無以避免的實際狀況（諸如，人們不知何時會遭受到陌生人攻擊，也不知何時可能發生車禍或意外）。尤其，固然科學技術發達為人們帶來甚多的便利或乃至安全保證，但是，卻也同時帶來了更多讓一般人未能充分理解與掌握的風險（譬如，我們不知所吃的食物或使用的器具是否有礙健康）。總之，凡此種種的風險無時無刻地存在於我們的日常生活當中。因此，假若我們可以建立一個人人可以信任、事事可以安心的社會形態，無疑地應當是相當理想的狀況，而共同體的樣態正是許多西方社會學家心目中的理想形式，包曼自也不例外。

理論上，共同體所可能提供的安全，相當程度地可以穩定地修補了人們因追求最大的個體自由可能經歷的風險、孤獨與挫折等等現象，進而使得自由與安全的弔詭關係獲得到一定程度的緩和性平衡。包曼認為，即使有權勢與事業成功者（特別是在全球到處走動、居住的「新階級」精英）經常埋怨著共同體所加予的約束，但是，他們也都感受到，生活在缺乏共同聯帶、且充滿風險的不確定世界中，一切還是顯得不盡滿意，甚至是令人感到驚恐的。因此，他們也共同肯定共同體的營建是必要的，儘管，他們認定與期待的共同體的意涵，和

基層弱勢者心目中所存有的形象之間，確實是有著一大段的距離❹
（Bauman,2001a:59-64）。

　　包曼說的或許是對的，他告訴我們，面對著這樣多元、多變之高
度分化的社會，我們是不能如一些社群主義者（communitarianist）所
主張的，以簡化的方式來營造共同體的，因為，這樣的作法其實只是
把人們的種種差異區隔開，窄化人們彼此溝通的範圍與降低相遇的機
率而已。它帶來的是使得某種人與另外一種人保持距離、隔離、區分
開，並無法解決當代人類文明中最根本的問題──難以保全的不安全
焦慮（Bauman,2001a:148-149）。於是，包曼認為，在今天這樣一個
高度個體化、卻又同時全球化的社會裡，假若我們需要一個共同體的
話，「它只能（也需要）是一個由分享與共同關懷編織起來的共同
體；一個對有著平等權利做為人類（to be human）來予以關懷與具有
責任、且對此權利又有著相等能力之作為的共同體」
（Bauman,2001a:149-150）。然而，在尊重具多元而差異之個體性的
前提下，我們如何能在廣袤遼闊而分岐、且又讓大眾形態的特質猖伭
囂張地彰顯著的世界裡，編織此一具倫理意涵的心理特質、且又能廣
為披及於人群之中、並讓人們同時保有平等與自由機會的共同體呢？
無疑的，這是一個相當棘手的課題。

---

❹ 根據包曼的意見，這些精英所強調的是以身份認同為基礎的流動共同體，生活風格是其
　中重要的指標。譬如，為了自身的安全、也為了得以有自由行動之機會的利益考慮，他
　們著重種種保全設施，以隔離方式來保護其住所，形成了所謂的住所共同體（如台北市
　仁愛路上的〈帝寶〉大廈）（Bauman,2001a:117-118）。甚至，他們要求公部門對種種
　足以威脅他們身心與財產安全的犯罪予以嚴格管控、尤其預防發生，而一旦發生了，則
　主張嚴格制裁。如此一來，這些精英可以儘可能地同時擁有了自由與安全。

第七節　共同體化解得了大眾氤氳霧靄雲團的「毒性」嗎？需要嗎？──代結語

在此需要特別提示著，包曼採取「自由／安全」兩難的角度來審視（也是重建）共同體，基本上，乃是接受「個體化乃當代社會的基本結構原則」這樣的命題做為不可避免的前提。同時，在長期推動個人主義之信念的歷史背景下，強調個體性的證成已經根深蒂固地成為當代人的基本信念。人們想當的是有具體臉面、且有特定姓名的單一（自然也就是少數的）個體人，而不是沒有臉面、也沒有姓名的多數大眾。因而，如何在已經被「大眾化」的社會結構裡，讓人們尚能有效地保有具特定姓名、且有具體臉面的個體人形象，自然成為俗世裡之人們關心的重要現實課題（Bauman,2001b）。

包曼這樣的考量，可以說是從個體人立場出發之一種極具實用主義性格的觀點。依我個人的意見，採取這樣從個體自身出發的實用主義立場來思考當代的共同體議題、並謀求化解人類所面對之困境的出路，基本上是可以接受的，甚至，應當可以說是一條具有啟發性的必要途徑。我的理由是，既然個體化做為當代社會的基本結構原則乃是不可避免的趨勢，那麼，以追求最大自由來證成個體性，且「社會」本身也以提供最有利的制度性條件來協助個體成員證成這樣的價值，遂成為可以理解、也是必須接受的基本前提。顯然的，在這樣的歷史場景裡，從個體人的角度來構思共同體的問題與提引重建的契機，應當是極為順理成章的主張，有著一定的妥貼性。如此一來，整個問題的關鍵只是在於如何切入？或者，轉個更為實際而具體的方式來說，即是：在接受其進路立場的前題之下，包曼所提出的化解策略是否適宜？

　　畢竟，在前面引述之包曼所提出的「……由分享與共同關懷編織起來的共同體；一個對有著平等權利做為人類予以關懷與具有責任、且對此權利又有著相等能力之作為的共同體」這樣的構想，只是一種深具期待性的理想。在當今的現實世界裡，這樣的理想共同體是否能夠實現，還是難以意料的。其中有一個類似「解鈴還需繫鈴人」的問題存在著；簡單說，這個問題是：社會的體系結構性問題是否可能透過個體的各自努力成就來化解，還是只能透過體系自身之結構性的自我改造才得以完成？

　　採取著貝克（Beck,1992）的觀點，包曼即認為，至少，難以保全（insecurity）原就是有著社會體系性的結構因素（如充滿著不確定的風險機會）使然的，乃內涵在當代風險社會的結構裡頭，是無法完全克服的。只不過，今天，整個問題的關鍵並不在於人們已經體認到這樣之不可抗拒的事實，而是處在社會結構本身日漸個體化的時代裡，人們卻以為這是純屬於個人的問題，可以、也必須僅僅依靠著個人的力量來解決（Bauman,2000:148;2001a:144;2002:69-70）。尤其，在自由民主的社會裡，當擁有最大的自由被視為是證成個體性的最佳要素時，社會的權威對個人私領域基本上乃以儘可能不介入為原則來運作。再者，在今天的許多社會（特別西方社會）裡，消費面向逐漸取代了生產面向，成為人們在日常生活世界裡實際予以重視的課題。於是，人們以過剩的消費（我們經常稱之為「富裕」）作為彰顯自由的基本內涵，並且蔚成潮流，而這無疑地取代了傳統以規範約束來保證人們有著自由的種種作為（Bauman,2001a:125; 同時參看Bauman,1992）。此時，人們之互動關係的基本典範，乃是以非整合性的個人自願窩聚（swarms）模式來進行協作（coordinated），而非如過去以具線性指揮體系的縱隊（marching columns）模式來予以強

制約束（Bauman,2001a:128）。於是，在如此之個體化、且亦私人化日趨明顯的社會裡，假若安全保障是重要的話，對個體而言，它經常變成為只是一種僅能謀求自助（do-it-yourself）的功課❷。包曼即以希臘神話中坦塔羅斯（Tantalus）遭受致命懲罰的故事刻劃這樣的現象，稱為坦塔羅斯的致命苦楚（agony）❸（Bauman,2001a:12）。

尤有進之的，假如平權主義（egalitarianism）是任何民主社會的基本信念的話，那麼，它體現在像今天這樣的所謂後現代社會裡的，並不是讓體現在人們彼此之間的差異現象予以完全削平或乃至消失，而是肯定各種不同社會類別（如表現在種族、性別、性趨向、宗教等等）的差異具有相等的正當性，應當同等地被接受。在當代的民主社會裡，這更是展現「政治正確」的基本模式，人們期待的，是對趨向多樣多元的諸多文化表現形式（包含生活方式）予以相同的尊重。如此一來，人們不必要為了追求平等，讓彼此之間顯現的差異消逝，當然，更是不需要因此予以撤銷❹。相反的，在這樣的社會格局裡，「差異」與「無差異」產生了一種極為弔詭的相互輝映關係。簡單說，差異本身被人們以（也被要求「必須以」）一種無差異的平等方式供奉著，這就成為「多元」的基礎。正如在前面提示過的，在現實社會裡，這樣的多元而（理念上）平等的狀態，卻總是讓歸屬不同社會類別的人們得以以相互隔離的方式各自生活著，彼此之間基本上是

---

❷ 紀登斯（Giddens,1991）則稱這樣具自我選擇性質的自助個人經驗為反身傳記（reflexive biography）。

❸ 坦塔羅斯因洩露天機而被罰站在深齊脖子的水中。當口渴難忍而低頭喝水時，水卻流走。儘管他的頭頂上懸掛著香甜的水果，但是，只要他想伸手去抓來解饑渴時，總是有一陣風把這份珍品吹走。共同體就是如同這樣的，可望不可及。

❹ 否則的話，情形將變得相當弔詭，因為，追求完全「無差異」的平等，毋寧地倒反而會成為一種不可原諒的一元專斷論。

互相不聞問的。顯而易見的，在這樣的場景裡，對一般芸芸眾生來說，他們既無追求與肯定威廉斯所強調之具社會整體意涵之共同文化的必要，甚至可以說已無此可能了。人們追求、且看重的毋寧地是，他們所認同之特殊社會類別的非共同文化，尤其是庶民通俗文化（參看 Collins,1989;Bauman,2001a: 135）。

　　然而，情形一再顯得弔詭的是，誠如包曼告訴我們的，任何的共同體均有阻止其成員做出自由地自我選擇的必要，也必須有此力道。因此，在以個人主義做為基本典範信念的現代民主社會裡，如何在同時尊重個人（或某種次群體）有選擇權與承認共同體具有阻止個人選擇的壓力（即具某種形式的共同文化）之間找到一個平衡點，乃是一項有趣的嚴肅課題（Bauman,2001a:164）。對此，費瑟斯通提出了一個說法。他認為，共同文化若是必要的話，它指涉的不是內容的層次（如高級精緻，而非低俗粗鄙的），而是形式的層次。如涂爾幹所強調之文化內涵的共同道德情操部分（如愛與關懷或平等與自主）可以說即是典型的形式，儘管它可以衍生出許多不同的社會表徵樣態，但卻必須是分享有一些共同、且相對恆定而持續的意涵（Featherstone,1991:143）。因此，這樣的共同體本質上不是隨著時空與人事而不斷流動轉移的所謂美學共同體❹❺，而是具有深度倫理意涵、且指涉恆定持續的共同體（譬如揭櫫著愛與關懷做為信念），儘管它們兩者分享著同樣的社會元素——即情緒的成分絕不可缺少（也就是說，都得具備著情緒共同體的基本特徵），但是，情緒的社會內涵顯然是不一樣❹❻。

---

❹❺ 當然，更不是包曼所說的掛釘、衣帽間或幽靈共同體。

❹❻ 由於這並不是此處關心的課題，所以，存而不論。

　　總之，倘若前面所提到費瑟斯通的見解可以接受，又如包曼認為的，社會結構性的問題終究還是需要依靠結構層面的改造來解決的話，那麼，透過某種社會力來經營某種共同文化形式以締造共同體，無疑地是化解當代人類困頓之歷史際遇的途徑，甚至是唯一的途徑，而別無選擇。然而，情形顯得弔詭的是，大眾形態的浮現本身也是某種特殊歷史條件所形塑出來之具結構性的結果。一旦我們接受「此一條件乃內在衍生著特定之結構性的因果權能效應」做為必要的前提，我們自然是無法期待，任何形式之共同體的經營有著足以取代或消滅大眾形態的可能，縱然，我們（如許多社會學家一般）可以承認，共同體與大眾社會做為兩種社會形式，在人類文明發展的歷史進程中，具有著時序接續之演進意涵的關係。所以如是說，乃因為縱使演進的接續關係本身或許意味著後來的大眾形態有著取代或消滅（至少威脅或削弱著）過去的共同體形態的現象發生著，但是，倒轉歷史的潮流而讓過去的（倫理）共同體元型回來奪取大眾形態的魂魄以重振昔日榮景，基本上是相當難以令人想像、並予以期待的。

　　撇開彼此之間是否具有著歷史演進意涵的接續關係不談，共同體是不同於大眾形態（或謂大眾）的另類結構形式，兩者之間有著不可共量性，既無法相互取代，也不可能相互消滅，除非我們預設（或有充分的現實證據證明）著它們彼此之間在結構上有著具歷史毀滅性之意義的取代關係❹。然而，發展至今的種種歷史跡象都不足以讓我們

---

❹ 縱然這樣的關係是存在，嚴格來說，也只有後來的大眾形態取代過去的倫理共同體形態，而難以讓歷史發展潮流倒轉，使得後者的完全形式得以復甦。或許，正是這樣的緣故，儘管包曼對傳統的倫理共同體形式有所心儀，卻也只能默許著種種新現的共同體形式（諸如掛釘、衣帽間、居住或幽靈共同體等等）。至於現代人應當有所歸屬之共同體的具體理想圖像到底為何，他並沒有明說，只提出一些原則性的宣示而已（如強調關愛、平等等）（參看 Bauman,2001a,b）。

有著充分的現實證據來支持情形是如此，同時，也沒有足夠的論證基礎可以讓我們提出這樣的預設。易言之，就現況來看，共同體與大眾仍然是分屬（或指涉）兩種不同的社會情境範疇，它們必然是同時存在著。頂多，只是，它們對人們有著不同強度的效應作用力，以至於人們對它們有著不同的期待與渴求態度而已。因此，在處理它們之間的問題時，有的只是個體人以怎樣的方式發揮主體能動力來面對的「偏好」或「適當地予以確立」的課題。

　　準此，以威廉斯與包曼為範例的西方社會學家期待以經營具共同文化形式的（倫理）共同體，或透過共同體為個人在自由與安全之間安排一個平衡點，以來「拯救」概如前述之種種大眾社會所呈現的「徵候」，無疑地只是企圖在兩個結構上不可共量的社會範疇之間確立出一定的倫理階序，而讓自己成為一個具有代表性的倫理發言人而已。無疑的，這樣一個深具倫理性的期待作為，當然是反映著知識分子一向關懷社會與文明發展的古典風格，但是，若說用來矯正、甚至消滅大眾形態的現象，那將只是脫離了現實的浪漫夢想，是行不通的，固然其展現的努力精神令人敬佩。所以這麼說乃因為，在大眾傳播媒體的威力幾近全面籠罩、且向符號消費導向極端傾斜的資本主義體制乃是一時不可能更動的結構形態的前提下，大眾形態現象所內涵的因果權能效應是一股絕不能忽視的力量。現實上，這股力量絕非任何倫理共同體可以予以消滅、甚至只是稍加彌補的，縱然此一共同體確實是具有著一定的威力。在現實世界裡，兩者之間多有的，總是相互忽略地擦身而過，圖的僅是和平共存而已。

　　縱然退一步來看，假如當代的社會需要倫理共同體的話，它也將不會是如前述之涂爾幹與牟斯在初民社會裡所看到的那種源自人們自然孕生之共感共應而來的先賦（ascribed）共同體（如宗親會），而

毋寧地是靠著人為努力來形塑的成就（achieved）共同體（如慈濟功德會）。顯而易見的，要成就這樣之人為努力以致的共同體，我們是不能不考量社會裡既有的優勢文化模式，並以之做為基礎來設想。以今天人類文明發展的趨勢來看，理性化與個體化即是我們不能不接受的優勢文化模式。在這樣之優勢文化模式的主導下，人類所成就的共同體（即此處所謂的成就共同體）具有一些基本的特點，是不能不予以關照的。

依據涂爾幹與牟斯的見解，概如前面提過的，在初民社會裡所發現之那種源自人們自然孕生的共感共應情緒，對社會的形成與持續運作，是具有著絕對重要的意義的。對他們而言，這是人類社會所以形成的哲學人類學源起狀態，更是任何社會形式得以「順利而有效地」運作的必要條件。這樣的共感共應情緒是確立社會成員之間產生神聖性（sacredness）的基礎，更是人們互動時彼此予以互惠（reciprocal）的象徵內容本身，而別無他物。借用布希亞（Baudrillard, 1975, 1981）的說法，這樣的互惠即是純粹的象徵交換，並無任何的附加價值。尤有進之的，這樣之具神聖性的情緒，基本上經常是在非凡而例外的場合經營出來的，所謂的節慶（festival）即是最為典型的場合。在這樣的場合裡，人們共聚歡樂，引來集體亢奮的現象，以至於使得人們容易在冥冥之中感應到神聖「神祉」的存在，涂爾幹（Durkheim, 1995）認為，這其實即是「社會」的化身。

在二十世紀裡，涂爾幹與牟斯這樣的見解形成為法國社會學的傳統，影響左派的思想尤其明顯。其中，透過勒菲伏爾，繼而歷經蓋洛（Roger Caillois）、巴塔耶與雷里斯（Michel Leiris）等人所組織的「社會學學院」（*the College of Sociology*）、德波（Debord）等人所領導的所謂「國際情境主義」（*the Situationist International*）、而至勒菲

伏爾的學生布希亞，可以說均分享著這樣的基本立場，以至於使得他們致力於推動（特別是無產階級）「革命」（或謂社會改造）時，莫不重視如何在人們的日常生活世界裡經營類似節慶的情境，希望透過這樣的準「共同體」情境來喚醒（或建構）人們的集體情緒以達成社會改造（或革命）的目的㊽。然而，在現代社會裡，顯然的，整個情境的經營顯得是事與願違，因為，以個體化為基礎所經營起來的（特別是強調工具性的）理性化在在地「阻礙」了這樣之集體情緒（因而集體意識）的形成與經營。在樣樣強調以理性來架設（並實現）個人價值的歷史場景裡，內涵在涂爾幹以降之法國社會學論述中有關節慶所具有之相對確定而嚴肅的集體神聖性流失掉了，這同時使得形塑共同體的聯帶繫鍊不夠堅實，也不夠恆定持續，人們並無法以整個身心狀態投入來積極參與的，有的往往只是以具有特定利益價值或興趣指向做為歸依的功利主義態度主導著，並且，僅是以部分的自我來投入，而這成為經營成就共同體的社會與心理基礎，也正是前面提到包曼所指稱、且具馬費索利強調生機意趣之美學情緒意涵的掛釘、衣帽間、幽靈或居住共同體等等所彰顯的基本特質。它們的形成與存在（也是人們所以參與的動機），基本上是基於個體化的特定信念、價值、利益的（特別是後者），其本質是理性（而非感性）的，因而是後設，而非前置的。同時，其所展示的象徵意義儘管可能是對反的，但是，卻是二元對彰並立的對反（更替），缺乏初民社會的人們進行象徵交換時所常見正反情愫交融糾結錯綜的搓揉現象（如愛恨情愫或生死意念的糾結錯綜並存）。換句話說，現代社會裡這樣被理性化後的意義

㊽ 有關作者對此一議題之更多、但簡扼的討論以及有關文獻的介紹，參看葉啟政（2008，第 8 章）。

對反更替現象,有的只是二者之間具相互排斥性的取代與更替㊽。

　　行文至此,讓我補上艾利斯楊(Iris M. Young ,1990)從不同的立論角度來切入、但卻分享著相類似的見解來充做為結論的註腳。他指出,當今的文明人既不可能完全避開滋生陌生人性格之城市生活的基本結構形式,也無法擺脫由個人主義信念所衍生的「差異政治」(politics of difference)做為一種具政治正確性的標竿。在這樣的現實條件下,傳統強調「面對面互動」、「有著某種程度的相互認同感與同質性」、「同處於一個特定的時空範域之中」、「彼此之間顯現出一定的同一性」等等屬性的理想共同體,事實上是不可能存在,更是難以刻意加以形塑的。因此,推到極端來看,共同體是消逝了,固然我們不能確知是否將會是永遠地「死亡」。

　　顯然的,在這樣的歷史條件下,人類是無法期待過去在初民社會(乃至歐洲中古世紀)裡所看到的先賦共同體有著復現的機會。尤有進之的,儘管被個體且理性化的成就共同體與大眾現實上是共享著相同的歷史宿命,但是,在結構理路的鋪陳上面,它們卻有著不可共量性。我們是無法期待以共同體(尤其,讓過去之倫理共同體復魂)來完全取代(或消滅)大眾社會的形式。看來,現代人只能讓主體能動性在這樣的結構夾縫之中尋找自己的出路,假若讓主體能動性發揮作用依舊是生活在個體化社會裡之人們的一種共同期待(因而,共同文化)的話。(原文刊登於《社會分析》第 1 期,頁 51-96,2010)

㊽ 譬如,現代人把死亡完全排除在「活生」之外,人們期待的只是無限延之永恆的活生狀態。於是,人們才會感覺到需要讓意義不斷地翻轉、並展示著,而且,對死亡也才會感到焦慮與恐懼。

參 考 文 獻

葉啟政
    2004 《進出「結構─行動」的困境─與當代西方會學理論論述對話》。(修訂二版)台北：三民書局。
    2005a 《觀念的巴貝塔：當代社會學的迷思》。台北：群學。
    2005b 《現代人的天命：科技、消費與文化的搓揉摩盪》。台北：群學。
    2008 《邁向修養社會學》。台北：三民書局。

Anderson, Benedict
    1999 《想像的共同體：民族主義的起源與散布》(*Imagined Communities: Reflections on the Origin and Spread of Nationalism*)。(吳叡人譯) 台北：時報文化。

Baudrillard, Jean
    1975 *The Mirror of Production*. Translated by Mark Poster. St Louis, Mo.: Telos Press.
    1981 *For a Critique of the Political Economy of the Sign*. St. Louis, Mo.: Telos Press.
    1983 *In the Shadow of the Silent Majorities*. Translated by Paul Foss, Paul Patton and John Johnston. New York: Semiotext（e）.
    1990a *Seduction*. Translated by Brian Singer. New York: St. Martin's Press.
    1990b *Fatal Strategies*. Translated by Philip Beitchman and W. G. J. Niesluchowski. New York: Semiotext（e）.

Bauman, Zygmunt
    1992 《自由》(*Freedom*)。(楚東平譯) 台北：桂冠。
    1998 *Work, Consumerism and the New Poor*. Buckingham, England: Open University Press.
    2000 *Liquid Modernity*. Cambridge, England: Polity Press.
    2001a *Community: Seeking Safety in an Insecure World*. Cambridge, England: Polity Press.

2001b "On mass, individuals and peg communities" in Nick Lee & Rolland Munro（eds.）*The Consumption of Mass*. Oxford; Blackwell, 102-113.

2002 *Society under Siege*. Cambridge, England: Polity Press.

2004 *Conversation with Benedetto Vecchi*. Cambridge, England: Polity Press.

Beck, Ulrich

1992 *Risk Society: Towards a New Modernity*. London: Sage.

Beck, Ulrich & Elisabeth Beck-Gernsheim

2002 *Individualization: Institutionalized Individual and Its Social and Political Consequence*. London: Sage.

Benjamin, Walter

1970 *Illumination*. London: Jonathan Cape.

Bourdieu, Pierre

1988 "Viv la Crise: for heterodoxy in social science," *Theory & Society* 17:733-787.

Canetti, Elias

1984 *Crowd and Power*. New York: The Noonday Press.

Certeau, de Michel

1984 *The Practice of Everyday Life*.（translated by Steven F. Rendall）Berkeley, Ca.: University of California Press.

Collins, Jim

1989 *Uncommon Cultures: Popular Culture and Post-Modernism*. London: Routledge.

Cooper, Robert

2001 "Interpreting mass: collection/dispersion," in Nick Lee & Rolland Munro（eds.）*The Consumption of Mass*. Oxford, England: Blackwell, 16-43.

Coser, Lewis A.

1992 *Maurice Halbwachs on Collective Memory*. Chicago, Ill.: The University of Chicago Press.

Durkheim, Emile

1995 *The Elementary Forms of the Religious Life*.（a new translation by K. E. Fields）New York Free Press.

Featherstone, Mike

1991 *Consumer Culture and Postmodernism*. London: Sage.

Ferrarotti, Franco

1988 *The End of Conversation: The Impact of Mass Media on Modern Society*. London: Sage.

Giddens, Anthony
　　1976　"Classical social theory and the origin of modern sociology,"
　　American Journal of Sociology 81:703-729.
Halbwachs, Maurice
　　1960　*Population and Society*. Glencoe, Ill.: Free Press.
Huizinga, Johan
　　2000　*Homo Ludens: A Study of the Play-Element in Culture*.
　　London: Routledge.
LeBon, Gustave
　　1969　*The Crowd: A Study of the Popular Mind*. New York:
　　Ballantine Books.
Maffesoli, Michel
　　1996a　*Ordinary Knowledge: An Introduction to Interpretative*
　　Sociology. (translated by David Macey) Cambridge: Polity Press.
　　1996b　*The Time of the Tribes: The Decline of Individualism in Mass*
　　Society. London: Sage.
Mauss, Marcel
　　1989　《禮物：舊社會中交換的形式與功能》(*The Gift: Forms*
　　and Functions of Exchange in Archaic Societies)。(何翠萍譯) 台
　　北：遠流。
McClelland, John S.
　　1989　*The Crowd and the Mob: From Plato to Canetti*. London:
　　Unwin Hyman.
Morgan, Edmund S.
　　1988　*Inventing the People: the Rise of Popular Sovereignty in*
　　England and America. New York: Norton.
Ortega y Gasset, Jose
　　1989　《群眾的反叛》(*The Revolt of the Masses*)。(蔡英文譯)
　　台北：遠流。
Pieper, Josef
　　1952　*Leisure: The Basis of Culture*. translated by Alexander Dru.
　　New York: Pantheon.
Simmel, Georg
　　1950　*The Sociology of Georg Simmel*. (translated by Kurt H. Wolff)
　　New York: Free Press.
Tarde, Gabriel
　　1903　*The Laws of Imitation*. New York: Henry Holt.
　　Tönnies, Ferdinand
　　1988　*Community and Society*. (translated by Derek Coltman) New
　　Brunswick, N. J.: Transaction Books.

Vattimo, Gianni

    1992   *Transparent Society*.（translated by David Webb0 Cambridge, England: Polity Press.

Williams, Raymond

    1963   *Culture and Society 1780-1950*. New York: Penguin Books.

    1983   *Keywords: A Vocabulary of Culture and Society*. London: Fontana.

Young, Iris M.

    1990   "The ideal of community and the politics of difference," in Linda J. Nicholson（ed.）*Feminism/Postmodernism*. New York: Routledge, 300-323.

國家圖書館出版品預行編目（CIP）資料

深邃思想繫鏈的歷史跳躍：霍布斯、尼采到佛洛
依德以及大眾的反叛／葉啟政作. -- 初版. -- 臺
北市：遠流, 2013.11
面；　公分. --（綠蠹魚叢書；YLC82）
ISBN 978-957-32-7302-8（平裝）

1.社會學理論　2.社會哲學

540.2　　　　　　　　　　　　　　102020944

綠蠹魚叢書 YLC82

深邃思想繫鏈的歷史跳躍：
霍布斯、尼采到佛洛依德以及大眾的反叛

作　　者／葉啟政

主　　編／吳家恆

校　　對／蘇碩斌、黃厚銘、傅士哲

編輯協力／郭昭君、侯京吾

出版五部總監／林建興

發　行　人／王榮文

出版發行／遠流出版事業股份有限公司

　　　　　地址：臺北市南昌路二段 81 號 6 樓

　　　　　電話：（02）2392-6899

　　　　　傳真：（02）2392-6658

　　　　　郵撥：0189456-1

著作權顧問／蕭雄淋律師

法律顧問／董安丹律師

排　　版／中原造像股份有限公司

2013 年 11 月 1 日　初版一刷

行政院新聞局局版臺業字第 1295 號

新台幣售價 320 元（缺頁或破損的書，請寄回更換）

ISBN 978-957-32-7302-8

遠流博識網

http://www.ylib.com

E-mail: ylib @ yuanliou.ylib.com.tw